AU SOMMAIRE

Actualité de l'histoire

En couverture

L'esprit des lieux

Société du Figaro Siège social 23-25, rue de Provence, 75009 Paris.
Président **Charles Edelstenne**. Directeur général, directeur de la publication **Marc Feuillée**. Directeur des rédactions **Alexis Brézet**.

Le Figaro Histoire. Directeur de la rédaction **Michel De Jaeghere**. Directrice adjointe de la rédaction **Isabelle Schmitz**.
Rédacteur en chef **Geoffroy Caillet**. Enquêtes **Luc-Antoine Lenoir**, **Albane Piot**. Chef de studio **Françoise Grandclaude**.
Secrétariat de rédaction **Caroline Lécharny-Maratray**. Rédactrice photo **Carole Brochart**. Editeur **Robert Mergui**.
Directrice de la fabrication **Emmanuelle Dauer**. Directrice de la production **Corinne Videau**.
Le Figaro Histoire. Commission paritaire : 0624 K 91376. ISSN : 2259-2733. Edité par la Société du Figaro.
ISBN : 978-2-8105-1046-7 Rédaction 23-25, rue de Provence, 75009 Paris. Tél. : 01 57 08 50 00. Régie publicitaire **MEDIA.figaro**
Président-directeur général **Aurore Domont**. 23-25, rue de Provence, 75009 Paris. Tél. : 01 56 52 26 26.
Imprimé en France par RotoFrance Impression, 25, rue de la Maison-Rouge, 77185 Lognes. Septembre 2024.
Origine du papier : Finlande. Taux de fibres recyclées : 0 %. Eutrophisation : Ptot 0,002 kg/tonne de papier. **Abonnement** un an (6 numéros) : 45 € TTC, deux ans (12 numéros) : 80 € TTC. Etranger, nous consulter au 01 70 37 31 70, du lundi au vendredi, de 7 heures à 17 heures, le samedi, de 8 heures à 12 heures.

Ce numéro a été réalisé avec la collaboration de Jean-Louis Voisin, Philippe Maxence, Frédéric Valloire, Marie Peltier, Thierry Lentz, Éric Mension-Rigau, Henri-Christian Giraud, Blandine Huk, secrétaire de rédaction, Sophie Suberbère, rédactrice photo, Guébila Zafati, rédactrice graphiste, Key Graphic, photogravure, Sophie Trotin, fabrication.
En couverture : création graphique : Françoise Grandclaude et Charlotte Paroielle. Images : © Adobe Stock.

© LEA CRESPI/LE FIGARO MAGAZINE

La Bible et le revolver

S'ils se sont longtemps abstenus de se mêler des affaires du monde, c'est qu'elles leur paraissaient régies par des principes pervers. Les Etats-Unis étaient nés de la répudiation des mœurs de la vieille Europe monarchique dont les nations avaient, par leurs ambitions, leurs conflits religieux, leurs régimes tyranniques, leurs guerres de frontières, transformé la vie internationale en enfer. Eux s'étaient constitués par libre association, dans toute la rigueur des règles de la démocratie moderne : sous le signe de la liberté de conscience et de l'égalité des droits. Ils se pensaient, partant, étrangers au péché originel comme à l'instinct de domination. A la pureté de ces origines s'accorderaient les bénédictions de l'Eternel, qui ne pourrait manquer de favoriser leurs desseins.

Le paradoxe est que ces ennemis intraitables de l'expansion guerrière et de la colonisation s'emparèrent du territoire sur lequel s'exerce aujourd'hui leur souveraineté par la plus brutale des guerres de conquête – celle qui leur permit d'expulser Espagnols et Mexicains de ce qui leur apparaissait comme leur espace vital, de réduire les Indiens qui en avaient été les premiers occupants à une poussière de peuples parqués dans des réserves, en même temps qu'étaient mises en valeur, au sud, les terres, par le recours massif à l'esclavage. Cela n'avait en rien entamé leur inaltérable bonne conscience : Espagnols et Mexicains étaient après tout des colonisateurs auxquels l'expatriation avait fait gagner en férocité, en paresse et en corruption ; la démocratie leur était étrangère ; Indiens et Noirs d'Afrique étaient les représentants d'une humanité inférieure, sur lesquels, nouveau peuple élu, ils avaient des droits naturels du fait même de l'excellence des principes qui avaient présidé à leur constitution.

Lorsque, ayant atteint à leur plein développement, surmonté, par le fer et le feu de la guerre civile, leurs propres divisions, et substitué à l'esclavage une politique de ségrégation raciale, ils se soucièrent au XIXe siècle de faire leur entrée sur la scène internationale, ils le firent naturellement au nom de la morale. Au Japon en 1854, en Chine en 1859, en Corée en 1871, ils pratiquent une diplomatie de la canonnière que rien ne distingue à vrai dire de la politique impériale des Européens. Dans les îles du Pacifique (Midway, 1867 ; Samoa, 1878 ; Hawaï, 1898), ils se constituent une zone d'influence selon les procédés de l'expansionnisme le plus traditionnel. A Cuba en 1898, à Saint-Domingue, à Haïti, au Nicaragua, leurs interventions font des Caraïbes une « Méditerranée américaine » propre à servir leurs intérêts politiques et commerciaux. Cuba n'est libérée des Espagnols que pour être privée d'une partie de sa souveraineté ; Porto Rico et l'île de Guam font l'objet d'annexions qui ne s'embarrassent guère du consentement de leurs populations. Les Philippines voient les Américains se substituer à l'Espagne dans la position de puissance coloniale. N'importe ! Comme le résume Gérard Chaliand : leur *« manière particulière »* est *« celle de la mission salvatrice, de la croisade où le bon droit est de leur côté et où la guerre doit déboucher sur la victoire totale »*.

La contradiction tient moins de l'hypocrisie qu'elle ne procède de la rencontre qui est au cœur même de l'identité américaine.

La foi protestante des fondateurs des Etats-Unis faisait un lien étroit entre bienveillance divine et prospérité matérielle : Dieu ne leur avait donné le pays de cocagne et les espaces infinis où il leur appartenait de se déployer que pour les récompenser d'avoir quitté, avec la vieille Europe, une terre d'iniquité pour faire régner, sur cette terre promise, le droit et la justice.

Les hasards de la géographie firent que l'expérience de la société internationale qu'acquirent leurs successeurs fut d'emblée celle de la disproportion des forces. Les combats de la seconde guerre d'Indépendance (1812-1815) les avaient définitivement détournés de songer à disputer, au nord, le Canada à la Couronne britannique. Au sud, le Mexique ne comptait guère, en 1900, que 13 millions d'habitants, Cuba et Haïti 1,6, la République dominicaine 600 000, le Nicaragua 550 000, quand l'immigration européenne avait fait des Etats-Unis un pays de 76 millions d'habitants. Pour eux, l'expérience première avait été celle d'un géant au milieu des nains. Elle ne les avait pas habitués aux guerres contre des pairs, à l'équilibre des forces, à la nécessité du compromis avec un adversaire, un rival dont il fallait prendre le point de vue en considération. Bien plutôt à des conflits asymétriques où il leur appartenait d'imposer leurs raisons. Tout leur art politique avait dès lors consisté à concilier leur inspiration spirituelle avec leur situation. A estimer que leur noblesse tiendrait à ce qu'ils n'exerceraient jamais leur supériorité naturelle qu'au service du Bien. Quitte à donner ce nom à ce qui, conformément à leur élection, servait en définitive leurs intérêts les plus matériels.

Leur guerre contre les Espagnols à Cuba déboucherait ainsi sur la création d'une zone d'influence visant à assurer leur suprématie des Caraïbes au cœur du Pacifique, dont les étendues seraient, sous leur contrôle, reliées entre elles par le canal de Panama (1903). Elle avait été déclarée, en 1898, en mettant en avant l'horreur que suscitait, dans l'opinion américaine, la manière dont l'Espagne coloniale traitait ses ressortissants. C'est en leur qualité de *« nation civilisée »* que Theodore Roosevelt revendiquerait de même en 1904 le droit pour les Etats-Unis de se faire, en Amérique latine, le « gendarme » des gouvernements au comportement *« erratique »* : proclamation qui justifierait pour un siècle leur hégémonie sur le sous-continent. Telle était, telle serait la « destinée manifeste » des Américains. Il leur appartenait de faire briller la liberté hors de leurs frontières, comme ils l'avaient fait sur leur propre territoire avec pour tout sésame la Bible et le revolver.

Leur passivité put parfois détonner avec leurs proclamations officielles. Leur intervention dans la Première Guerre mondiale ne se produisit, en 1917, qu'après que la guerre sous-marine eut compromis, dans l'Atlantique, leur liberté de navigation, que le conflit eut mis en danger leur fructueux commerce avec la France et l'Angleterre et que l'Allemagne eut envisagé une alliance avec le Mexique en lui promettant de l'aide pour reconquérir les territoires perdus du Texas, du Nouveau-Mexique et de l'Arizona. Leur entrée en guerre ne s'en fit pas moins au nom de la défense du droit, et ils imposèrent aux Alliés, après la victoire, un découpage de l'Europe conforme à leurs principes (les Quatorze Points de Wilson), quand même, tournant le dos à la realpolitik, décevant les attentes italiennes, débouchant, au nom du droit des peuples, sur le démantèlement de l'Empire austro-hongrois, et légitimant par avance les revendications de Hitler sur les territoires habités par des minorités allemandes, ils se traduisaient

Par Michel De Jaeghere

par un morcellement qui préparait, comme Jacques Bainville l'annoncerait dès 1920, les tragédies de la Seconde Guerre mondiale. Leur désir de modeler le monde à leur image avait été le plus fort. Il avait fait fi de la prudence politique et contribué à préparer la plus tragique conflagration de l'histoire universelle.

Confrontés, avec l'avènement du nazisme et son expansion territoriale en Europe, comme avec la montée en puissance de la tyrannie stalinienne, à ce qui pouvait apparaître comme la justification même de la mise en place d'une « croisade des démocraties » contre le totalitarisme, les Etats-Unis refusèrent de remettre en question l'isolationnisme qui avait repris le dessus au lendemain de la guerre de 1914-1918. Ils assistèrent à l'annexion de la région des Sudètes, à l'Anschluss, à l'invasion de la Pologne par les armées conjointes de l'Allemagne et de l'URSS, puis à celle de la France sans sortir d'une neutralité que nul ne songe à incriminer, quand les accords de Munich sont devenus au contraire le symbole du renoncement européen devant les ambitions de l'Allemagne de Hitler. Jetés en 1941 dans la guerre par l'attaque de Pearl Harbor et soucieux de maintenir leurs intérêts dans le Pacifique, ils s'imposèrent aussitôt, du seul fait de leur prééminence économique et militaire au sein de l'alliance formée contre Hitler, comme les architectes d'un « partenariat » avec Staline (Roosevelt avait pressenti en lui un patriote un peu fruste, disposé à évoluer pour peu qu'on lui en laisse le temps) destiné à donner au monde une paix plus solide que celle qu'avait échoué à garantir la SDN : illusion mortifère qui se traduirait par le partage de l'Europe et la condamnation de sa partie orientale à un demi-siècle d'assujettissement.

La guerre froide a marqué dans cette histoire une parenthèse : parce que les Etats-Unis y étaient désormais confrontés à un ennemi capable de déjouer la sanctuarisation de leur territoire, de les vaincre sur le terrain. Ils y firent l'apprentissage des semi-victoires et des défaites, de la négociation et du compromis en même temps que de la diplomatie (il est significatif que ces années aient vu l'émergence d'une personnalité comme celle de Henry Kissinger, quand leurs affaires étrangères étaient menées jusqu'alors par des juristes, des politiciens et des hommes d'affaires). En Corée, à Cuba, au Vietnam, en Afrique, en Amérique latine, en Afghanistan, au Proche-Orient, les Etats-Unis s'opposèrent à l'expansionnisme soviétique en proclamant que leur cause était celle de la liberté (c'était effectivement le cas), et que leur ennemi était « *l'empire du Mal* ». Mais ils renoncèrent, pour la première fois, à demander aux armes de remporter contre lui une victoire eschatologique. L'ultime paradoxe est qu'ils finirent par l'obtenir quand même, avec l'effondrement d'une Union soviétique minée par la faillite de son système politique et ruinée par la course aux armements que lui avait imposée son rival.

Cette victoire par KO n'a pas seulement porté au pinacle l'idée que la destinée manifeste des Etats-Unis était de promouvoir les idéaux de la démocratie et du libéralisme dans le monde entier. Elle les a rendus pour un temps à leur solitude. Avec elle, à leur propension à tenir la société internationale pour le théâtre muet de leur domination sans partage, leurs alliés pour des domestiques, les contrevenants pour des gangsters qu'il leur appartenait de mettre promptement hors d'état de nuire.

On a moqué Francis Fukuyama pour avoir proclamé alors la fin de l'Histoire. Il y a là quelque chose d'un malentendu. Il n'avait pas voulu, partant, prophétiser l'avènement d'un monde sans conflits. Il avait entendu bien plutôt affirmer que la quête hégélienne du progrès avait abouti. Que de tâtonnement en tâtonnement, de tentative en tentative, la recherche d'un idéal politique indépassable avait débouché, avec le double échec du nazisme et du communisme, sur le triomphe désormais sans rival de la démocratie libérale telle que l'incarnait la société américaine. Cela ne voulait pas dire qu'il n'y aurait plus de guerres. Seulement que celles-ci ne seraient plus que des accidents de parcours : les écarts faits par des délinquants qu'il appartiendrait aux Etats-Unis de ramener à la raison avec l'assentiment de tous. Telles furent, dans leur esprit, les deux guerres du Golfe, les conflits nés du démantèlement de la Yougoslavie, l'intervention réalisée pour le compte de l'Otan par les Français et les Britanniques en Libye. Convaincus de la supériorité indiscutable de leurs mœurs et de leur régime, les Américains ne tentèrent de les imposer aux peuples réticents que pour leur faire gagner du temps sur le chemin d'une inéluctable émancipation. Le malheur est que, négligeant les réalités religieuses, historiques, ethniques ou tribales, ils firent basculer plus d'une fois des sociétés qui n'y étaient pas prêtes dans l'anarchie et le chaos.

Les Etats-Unis ont été attaqués pour leur impérialisme. Ils s'en défendent et, de fait, leur hégémonie n'a nullement abouti à la constitution d'un empire comparable aux exemples qu'en fournit l'histoire ancienne et moderne. Elle ne s'est pas manifestée par une emprise territoriale sur les pays sur lesquels s'exerce leur domination. Elle agit par d'autres moyens : la puissance économique et financière, l'avance technologique, le contrôle des communications, l'influence culturelle et le caractère écrasant de leur supériorité militaire. Et elle ne les met en œuvre que pour offrir la liberté à tous. Le problème est qu'elle fonde, par le fait, une suprématie instable qui impose, sous les artifices de la persuasion et de l'influence, des liens de sujétion à des peuples qu'elle prive de la faculté de chercher ailleurs que dans l'épiphanie des libertés individuelles et l'accumulation de biens de production le sens de l'existence et de défendre en toute indépendance traditions historiques et attachements nationaux, sans toujours procurer en échange une tranquillité de l'ordre propice à l'épanouissement des arts de la paix.

La nouveauté qu'apportent la guerre d'Ukraine et le rapprochement de la Russie avec la Chine qu'ont provoqué l'appui américain au gouvernement de Kiev et plus généralement le désir des Etats-Unis de marginaliser la Russie en la séparant de son « étranger proche » est d'avoir révélé que cette parenthèse se referme. Les Etats-Unis auront désormais devant eux, quelle que soit l'issue du conflit, un bloc eurasiatique hostile et prompt à rallier à lui ceux qui contestent l'unilatéralisme occidental. Ce n'est pas, pour eux, une bonne nouvelle. Mais leur échec était déjà inscrit dans le fait que leur hégémonie sans partage ne s'était pas traduite par une paix perpétuelle, marquée par l'irrésistible diffusion de leur modèle, libéral et démocratique. Bien plutôt par l'extension du domaine du désordre suscité par les guerres permanentes qu'il leur fallait mener pour imposer à une réalité rétive le carcan de leur utopie.

ACTUALITÉ DE L'HISTOIRE

8
EURIPIDE SAUVÉ DES SABLES

C'EST UN MIRACLE COMME SEULE L'ARCHÉOLOGIE SAIT EN FAIRE : UN PAPYRUS RETROUVÉ DANS UNE SÉPULTURE ÉGYPTIENNE DU IIIe SIÈCLE A RÉVÉLÉ DES DIZAINES DE VERS INÉDITS DU GRAND TRAGIQUE GREC.

16
LE GRAND FOSSÉ

DANS UN LIVRE QUI FERA DATE, GEORGES-HENRI SOUTOU DÉCRYPTE L'ENCHAÎNEMENT DES ÉVÉNEMENTS QUI, DE LA CHUTE DU MUR DE BERLIN À LA GUERRE D'UKRAINE, ONT EMPÊCHÉ LA RÉCONCILIATION DES BLOCS ISSUS DE LA GUERRE FROIDE.

Et aussi

Trésors des siècles
Ci-contre : tabernacle de Saint-Aignan, XIIIe siècle (Chartres, cathédrale Notre-Dame). Page de gauche, en haut : masque tragique, bronze, IVe siècle av. J.-C. (Le Pirée, Musée archéologique).

Par Caroline Fourgeaud-Laville

Euripide sauvé des sables

Des dizaines de vers inédits du grand tragédien grec ont été retrouvés dans une tombe égyptienne. Les savants qui se sont penchés sur cette découverte exceptionnelle ont accepté de nous livrer leur analyse.

Ce 19 novembre 2022, l'archéologue égyptien Basem Gehad, directeur des fouilles de la nécropole de Philadelphie, à 85 km au sud du Caire, explorait une tombe du IIIe siècle contenant deux sépultures : une momie de femme âgée de 40 à 45 ans et celle d'un enfant. Soudain, dans un recoin de la fosse, son regard fut attiré par un papyrus d'un format relativement imposant (26 x 26 cm) et dans un assez bon état de conservation. Aussitôt, il comprit qu'il avait affaire à un document de première importance. Il en transmit une photographie à l'une de ses collaboratrices régulières, Yvona Trnka-Amrhein, helléniste et papyrologue de l'université du Colorado, à Boulder (Etats-Unis). La réponse de la spécialiste ne devait pas tarder : miraculé des sables d'Egypte, le papyrus contenait deux passages inédits d'Euripide, l'une des plus grandes voix du théâtre grec antique !

TRIO GAGNANT Ci-dessus : Basem Gehad *(au milieu)*, directeur des fouilles de la nécropole de Philadelphie, en Egypte, entouré des hellénistes et papyrologues américains Yvona Trnka-Amrhein et John Gibert, de l'université du Colorado à Boulder. Page de droite : statuette d'Euripide et une liste de 37 de ses tragédies, IIe siècle (Paris, musée du Louvre).

Un monde englouti

Eschyle, Sophocle et Euripide forment, on le sait, le trio le plus célèbre des auteurs de tragédies grecques. Ce genre majeur de l'Athènes du Ve siècle av. J.-C. a inspiré tous les auteurs de notre répertoire classique et continue d'être adapté par les créateurs contemporains. Or, des trois grands tragiques, très peu de textes nous sont parvenus, et chaque ligne découverte au hasard d'une fouille provoque une véritable déflagration dans l'univers feutré des hellénistes, d'ordinaire si discrets. Euripide (v. 485-406 av. J.-C.) est certes celui dont on a conservé le plus d'œuvres : 18 pièces sur les 92 qu'il aurait composées, contre 7 pour Eschyle et Sophocle. Mais le fait majeur est que, sur les 1 200 tragédies qui furent jouées dans l'Athènes du Ve siècle av. J.-C., nous n'en possédons qu'une trentaine, qui nous ont été transmises par les copies qui en avaient été faites à Athènes, à Alexandrie, à Rome ou à Byzance, puis par les grandes bibliothèques de la Renaissance.

Pourquoi si peu d'œuvres nous sont-elles parvenues alors que le théâtre était un art sacré et ses auteurs vénérés au point d'être

ΑΛΚΗΣΤΙΣ
ΑΡΧΕΛΑΟΣ
ΑΙΓΕΥΣ
ΑΙΟΛΟΣ
ΑΛΟΠΗ
ΑΝΤΙΓΟΝΗ
ΑΛΕΞΑΝΔΡΟΣ
ΑΥΓΗ
ΑΥΤΟΛΥΚΟΣ
ΔΙΚΤΥΣ
ΔΑΝΑΗ
ΙΦΙΓΕΝΕΙΑ
ΕΛΕΝΗ
ΕΚΑΒΗ
ΕΡΕΧΘΕΥΣ
ΕΥΡΥΣΘΕΥΣ
ΚΡΗΤΕΣ
ΚΡΗΣΣΑ
ΚΡΕΣΦΟΝΤΗΣ
ΚΥΚΛΩΨ
ΛΙΚΥΜΝΙΟΣ
ΜΕΛΑΝΙΠΠΟΣ
ΜΗΔΕΙΑ
ΜΕΛΕΑΓΡΟΣ
ΟΙΝΕΥΣ
ΟΙΔΙΠΟΥΣ
ΟΡΕΣΤΗΣ

Laisser parler les p'tits papiers Ci-contre : le papyrus, sur le lieu de sa découverte à Philadelphie, en Egypte. Ci-dessous : le texte déployé et restauré du papyrus. Il est composé de 98 lignes parmi lesquelles 76 vers d'Euripide sont totalement inédits. Page de droite : *Les Bacchantes*, d'Euripide, dans une mise en scène de Bernard Sobel, au Théâtre de Gennevilliers, en 2019.

statufiés dès le IVe siècle av. J.-C. et honorés comme des demi-dieux ? C'est que les textes furent bien souvent les victimes de l'histoire. Sur de fragiles supports tel le papyrus, livrés aux affres des intempéries, au feu des guerres et, pire, aux choix opérés par ceux qui prétendaient les préserver, les textes ont pour la plupart disparu, au point qu'il ne nous resterait que 2,5 % de ce qui fut produit.

Les critères qui présidèrent au choix de conservation des textes de la bibliothèque d'Alexandrie répondaient aux exigences du moment : la qualité intrinsèque des œuvres, certes, mais aussi leur valeur morale et leur qualité pédagogique. L'excellence a un prix, qui coûta cher à de nombreux textes qui nous auraient pourtant sans doute dévoilé bien plus que ne pouvaient le présumer les savants d'Alexandrie, Démétrios de Phalère, Apollonios de Rhodes ou Aristophane de Byzance.

Les textes « élus » ou hasardeusement réchappés de ce grand tamis de l'histoire furent conservés soit intégralement en rouleaux de *papyri*, soit partiellement répertoriés sous forme de recueils, florilèges de citations qu'affectionnaient tant les hommes de l'Antiquité, amateurs de banquets. La commensalité supposait en effet de manier l'art du verbe, la joute poétique et le dialogue savant. Les recueils de textes, avec de courtes citations ou de simples résumés d'œuvres, firent florès. Bien utiles pour briller en public, ils étaient aussi appliqués à l'éducation pour instruire tout en formant l'âme et l'esprit, donnant à goûter avec une appréciable facilité la fine fleur des principaux philosophes et poètes que la Grèce avait portés.

Les chercheurs se sont donc astucieusement appuyés sur ces recueils, écrits par des compilateurs, des grammairiens ou des lexicographes dès l'Antiquité, qui font référence de façon parfois seulement allusive à des auteurs ou à des œuvres, afin d'établir un catalogue en creux de ce que nous ne possédons pas. Nous disposons aujourd'hui d'environ 2 000 noms cités de sources indirectes, mais nous ne connaissons réellement qu'un peu plus de 200 auteurs, dont les œuvres sont parfois seulement fragmentaires. De telles proportions conservées ne peuvent dès lors nous donner qu'un faible aperçu de ce qui fut écrit et certains vont jusqu'à penser que nous portons de ce fait un regard erroné sur le paysage littéraire de l'Antiquité grecque.

Une découverte exceptionnelle

Retrouver une œuvre tient donc du miracle, tant sont rares les découvertes, et plus encore lorsqu'il s'agit de *papyri* portant un texte littéraire, la plupart étant de nature administrative. C'est pourquoi le papyrus retrouvé à Philadelphie relève de l'exception. Selon Yvona Trnka-Amrhein, « *nous ne pouvons pas dire si la fosse où il a été trouvé est romaine, mais seulement qu'elle date de la période où l'Egypte était une province de Rome. La tombe appartenant à une personne de faible statut socio-économique, les biens funéraires ne peuvent être attribués à une culture ou à une autre. Et il est impossible de savoir avec certitude si le papyrus y a été placé intentionnellement ou s'il a été utilisé comme simple matériau de remplissage, ajouté aux morceaux de plâtre peint utilisés pour recouvrir les corps* ».

Le papyrus, désormais entre les mains des experts, porte le nom de « P. Phil. Nec. 23 ». Basem Gehad précise : « *Nous datons le papyrus du IIIe siècle de notre ère sur des bases paléographiques et par le contexte archéologique des objets retrouvés dans la fosse.* » Yvona Trnka-Amrhein ajoute que « *les caractéristiques de l'écriture et du format des colonnes suggèrent que le papyrus était peut-être écrit pour un usage personnel* » et note que le papyrus pourrait être « *un fragment d'une anthologie de scènes extraites de pièces d'Euripide* ».

Depuis son laboratoire, Yvona Trnka-Amrhein a réussi à déchiffrer les 98 lignes du document (un titre et 97 vers : 37 lignes appartenant à une tragédie perdue intitulée *Ino* et 60 à une autre : *Polyidos*), puis,

PHOTOS : © BASEM GEHAD. © PASCAL VICTOR/ARTCOMPRESS VIA OPALE.PHOTO.

en les comparant à une banque de données qui rassemble l'ensemble des textes grecs antiques, le *Thesaurus Linguae Graecae*, elle s'est aperçue que 22 d'entre elles étaient reconnues et attribuables à Euripide, avec des variantes textuelles relativement mineures. Parmi les vers initiaux du papyrus, précédant la ligne où figure le titre « Polyidos » (l.38), quatre étaient considérés comme attribués avec certitude à *Ino* d'Euripide, trois autres à Euripide, certes, mais à une pièce inconnue, l'un d'eux figurant sur une inscription rupestre d'Armavir (Arménie) sans avoir pu être identifié jusqu'alors. Parmi les vers qui suivent le titre « Polyidos », huit étaient considérés comme attribués avec certitude à *Polyidos* d'Euripide et quatre attribués à Euripide mais extraits d'une pièce inconnue.

La découverte du papyrus de Philadelphie permet ainsi de résoudre en cascade de nombreuses énigmes et de compléter le puzzle des deux tragédies. Le papyrus révèle en outre au monde 76 vers d'Euripide parfaitement inédits.

Mais encore fallait-il s'assurer qu'ils étaient bien d'Euripide et non d'un auteur qui aurait pu l'imiter. Pour répondre à cette question sensible, Yvona Trnka-Amrhein s'est rapprochée de son collègue de l'université du Colorado, John Gibert, spécialiste de la tragédie grecque qu'elle considère comme son mentor, afin d'expertiser, comme on le ferait d'un tableau, les vers du papyrus : « *Bien des auteurs ultérieurs imitaient le style d'Euripide, mais le choix des mots et le style métrique sont en parfaite adéquation avec les autres pièces d'Euripide. Il aurait donc fallu un excellent imitateur ayant une extraordinaire maîtrise de l'œuvre tant par les thèmes que par le style, ce qui paraît peu envisageable* », assure-t-elle. Yvona Trnka-Amrhein et John Gibert ont donc conclu sans l'ombre d'un doute qu'ils avaient affaire à des extraits de deux œuvres d'Euripide : *Polyidos* et *Ino*.

Pour Yvona Trnka-Amrhein, il s'agit de l'une des découvertes les plus significatives depuis 1967, date à laquelle on retrouva des fragments comportant une centaine de vers de l'*Erechthée* d'Euripide dans des cartonnages de momie – sorte de papier mâché à base de papyrus – appartenant au fonds de papyrologie de la Sorbonne. Euripide, à la fois adulé et controversé de son vivant, avait connu une grande popularité bien après sa mort. « *Les papyri d'Euripide sont relativement courants puisqu'on en possède 170 – à titre de référence, on possède* 1 695 *papyri d'Homère et 208 de Démosthène –, mais ces deux pièces sont rares et les* papyri *comportant des extraits aussi longs de pièces d'Euripide sont exceptionnels, et à notre connaissance, il n'existe rien de comparable à P. Phil. Nec. 23* », souligne Yvona Trnka-Amrhein, qui ajoute que « *ce n'est que la troisième occurrence de* Ino *sur un papyrus, et la deuxième de* Polyidos ».

Ces deux pièces sont en effet très peu documentées et le papyrus augmente considérablement notre connaissance de celles-ci. Par ailleurs l'artefact est en soi une rareté par la manière dont les extraits sont associés, qui révèle la connaissance profonde que le créateur du manuscrit semble avoir eue de la tradition textuelle euripidienne. Bien que les deux passages traitent de la mort d'enfants, il semble qu'ils aient été réunis moins pour leur sujet que pour le choix des scènes qu'ils exposent, d'une grande intensité dramatique.

A travers *Ino* et *Polyidos* se révèle toute l'originalité d'Euripide, qui renouvela le regard que les Grecs portaient sur les personnages féminins de la tradition mythique. L'argument d'*Ino* est connu. Ino est une princesse thébaine, qui découvre que son mari, Athamas, a épousé une autre femme, Thémisto, qui lui a donné des jumeaux. Déguisée en servante, Ino apprend alors que Thémisto complote pour tuer ses deux fils.

VOUS LES FEMMES
Ci-contre, à gauche : fragment de mosaïque représentant Ino, trouvé dans une villa romaine à Saint-Rustice, en Haute-Garonne, IVe ou Ve siècle (Toulouse, musée Saint-Raymond). A droite : *Les Bacchantes*, d'Euripide, dans une mise en scène de Peter Hall, à l'Olivier Theatre de Londres, en 2002. En bas, à gauche : adaptation de *Médée*, d'Eschyle, par Philippe Brunet et sa troupe Démodocos, à l'hôtel Dupanloup de l'université d'Orléans, en 2022. En bas, à droite : *Glaucos et Polyidos au tombeau*, kylix (coupe), attribuée au peintre Sotades, 460-450 av. J.-C. (Londres, The British Museum).

Elle se venge en échangeant les enfants à la dernière minute, de sorte que Thémisto tue ses propres jumeaux, puis se suicide. Le texte découvert à Philadelphie raconte le moment où Ino triomphe de Thémisto après avoir orchestré la mort de ses enfants : « *Quelle belle victoire que de vaincre pour une juste cause.* » Ainsi, Euripide a-t-il choisi de faire d'Ino une victime rusée.

« *Peut-être que la chose la plus importante que ce papyrus nous permet d'apprendre concerne le personnage d'Ino*, confirme Yvona Trnka-Amrhein. *D'autres auteurs anciens ont rapproché Médée et Ino, par exemple* Horace (Ars Poetica, 123), *qui associe* "la féroce Médée" *à* "l'Ino en pleurs" : "Sit Medea ferox invictaque, flebilis Ino". *Mais le nouveau papyrus dévoile une Ino très vengeresse et vantarde. En fait, le mot qu'Horace utilise pour Ino* (flebilis) *pourrait soit signifier "en pleurs", soit "causant des pleurs", ce qui est une interprétation beaucoup moins courante mais qui correspond pourtant au passage du papyrus.* »

Dans *Polyidos*, Euripide revisite un épisode de la mythologie crétoise où le roi Minos et la reine Pasiphaé enjoignent au devin Polyidos de ressusciter leur fils Glaucos, qui s'est noyé dans une jarre de miel. Ce mythe était bien connu des Grecs du Ve siècle av. J.-C., notamment par une comédie d'Aristophane, hélas perdue, qui pourrait bien avoir été une parodie de la tragédie d'Euripide. Le nouveau texte du papyrus contient une scène dans laquelle Minos et Polyidos débattent des enjeux que représente le fait de ramener un être à la vie. Polyidos met en garde Minos qui, par excès de pouvoir et usant de sa richesse, entend contrevenir au destin décidé par les dieux. La tragédie connaît ici un heureux dénouement, ce qui nous permet de balayer le préjugé inscrit depuis des siècles dans nos manuels de littérature selon lequel une tragédie se clôt toujours sur un malheur. Une telle découverte est donc particulièrement stimulante car elle nous offre une nouvelle

lecture d'un genre littéraire, la tragédie, qui ne semble pas répondre aux codes qu'on lui prêtait et bat en brèche nos idées reçues.

L'Égypte, terre promise

Si seulement 2,5 % de ce qui fut écrit par les Grecs ont révolutionné notre pensée, nos sciences, nos techniques et notre sensibilité, il est fascinant d'imaginer ce qui pourrait encore se produire si nous parvenions à débusquer la part manquante de la pensée grecque. Or, de prochaines découvertes se feront très certainement en Egypte où, sous les sables, demeure une véritable bibliothèque endormie. Cœur battant de l'hellénisme après sa conquête par Alexandre, siège de la célèbre bibliothèque, l'Egypte avait été en effet, tout au long de la période hellénistique (IVe-IIe siècle av. J.-C.), la destination privilégiée des érudits et de leurs écrits. La moitié des *papyri* contenant des œuvres d'Euripide provient d'Oxyrhynque (160 km au sud du Caire), cité peuplée de Grecs venus en Egypte à la suite de la conquête d'Alexandre et site où furent mis au jour les principaux *papyri* dits « littéraires ». Fouillé dès le XIXe siècle par Grenfell et Hunt (Queen's College, Oxford), Oxyrhynque se révéla une véritable mine d'or. Les deux archéologues avouèrent leur stupéfaction de n'avoir qu'à gratter un peu le sol du bout de leur sandale pour en voir surgir des manuscrits. Oxyrhynque fut à l'époque romaine (30 av. J.-C.-330 apr. J.-C.) une cité politiquement et économiquement florissante, mais à l'époque ptolémaïque (332-30 av. J.-C.), Philadelphie avait été aussi puissante. Elle pourrait donc bien dévoiler un second gisement d'importance à explorer puisqu'on y a déjà exhumé non seulement des *papyri* d'Homère mais surtout les archives de Zénon de Caunos, secrétaire d'Apollonios, illustre ministre des Finances des pharaons grecs Ptolémée II et Ptolémée III, qui offrent un accès de première main à ce que fut la vie économique à l'époque ptolémaïque et représentent une source inestimable sur la vie quotidienne de l'Egypte hellénistique au IIIe siècle av. J.-C.

De nouveaux *papyri* qui en proviennent vont bientôt parler, puisque l'équipe vient de trouver un autre papyrus d'Homère, qui sera prochainement publié.

Pour déchiffrer et comprendre ces œuvres qui réapparaîtront un jour, la technologie est un appui capital, et certains *papyri* illisibles aujourd'hui ne le seront peut-être plus demain. Mais une chose est sûre, nous ne pourrons jamais nous passer du logiciel indispensable, de l'outil de pointe, du révélateur essentiel : le grec ancien.

Cette langue dite morte pourrait bien ranimer notre savoir car, comme le dit Yvona Trnka-Amrhein, « *les* papyri *nous aident à élargir notre regard* ». En nous permettant d'accroître considérablement nos connaissances du passé, ils pourraient contribuer à réinventer le monde dans lequel nous vivons. Ces 98 lignes issues d'une tombe viennent ajouter une part de beauté vivante à notre imaginaire, ce dont nous avons grand besoin. « *Sache-le bien : tout ce que la nature fait germer sur la terre doit vivre et mourir, car avec le temps, toutes choses grandissent et se transforment. Chaque homme devient tour à tour jeune et vieux, ne vivant pas deux, mais une seule vie* », avertit Polyidos au vers 30 du papyrus de Philadelphie. Pourtant, sa découverte prouve le contraire : la pensée se fraie toujours un chemin, outre-temps, outre-tombe, bien plus librement que ne le peuvent de simples mortels et c'est là son si puissant philtre d'éternité.

Docteur ès lettres, Caroline Fourgeaud-Laville a fondé en 2018 l'association Eurêka, qui introduit l'enseignement du grec ancien en classes primaires.

À LIRE de Caroline Fourgeaud-Laville

Eurêka.
Mes premiers pas en Grèce antique
Les Belles Lettres
296 pages
9,50 €

Grec ancien express
Les Belles Lettres
312 pages
15,90 €

Par Isabelle Schmitz

© FRANÇOIS BOUCHON/LE FIGARO.

CŒUR ROYAL

La réformatrice de l'abbaye de Port-Royal fut une âme de feu incarnée dans une femme d'exception. Agnès Walch en relate la vie, dans les tumultes d'un Grand Siècle où les controverses religieuses furent aussi politiques.

« *Pures comme des anges, orgueilleuses comme des démons.* » La formule de l'archevêque de Paris, Hardouin de Péréfixe, a traversé les siècles. Ces huit mots assassins tiennent lieu d'épitaphe aux religieuses de Port-Royal, passées à la postérité comme des « *pimbêches* » (le mot est encore de l'évêque) que leur orgueil aurait emmurées et condamnées à la stérilité, tout aussi sûrement que les envoyés du roi condamnèrent, le 1er août 1661, les issues extérieures du couvent de Port-Royal des Champs, après en avoir fait sortir les novices, les postulantes et les jeunes pensionnaires éduquées là, pour n'y laisser que les religieuses « rebelles ». Louis XIV avait décidé de la fin de ce monastère établi en deux couvents, l'un en vallée de Chevreuse, l'autre à Paris, faubourg Saint-Jacques. Les adieux des petites écolières de Paris avaient été déchirants. Elles agrippaient, en larmes, la robe d'une vieille religieuse, au risque de la faire tomber. « *Quoi ? mes filles, je pense qu'on pleure ici ! Et où est votre foi ? Et de quoi vous étonnez-vous ? Quoi, les hommes se remuent ! Eh bien, ce sont des mouches. En avez-vous peur ? Vous espérez en Dieu et vous craignez quelque chose ? Croyez-moi, ne craignons que lui et tout ira bien.* » Mère Angélique Arnauld n'en était pas à sa première tempête. Au soir de sa vie, elle savait combien les tumultes des hommes étaient peu de chose à côté de la grandeur de Dieu. Loin de l'image racornie et grise parfois accolée à l'abbaye de Port-Royal, le portrait que nous offre Agnès Walch de sa réformatrice est au contraire haut en couleur, plein de vie et d'ardeur, au cœur de ce Grand Siècle dont elle brosse avec finesse l'histoire politique, sociale et spirituelle, toutes trois imbriquées dans cette affaire.

Quand elle entre en religion à l'âge de 8 ans, Jacqueline Arnauld est en effet loin de répondre à une vocation, mais au choix de position sociale de son grand-père, l'avocat Simon Marion, qui a obtenu du roi Henri IV deux titres d'abbesse pour ses petites-filles, avec les rentes qui leur correspondent. Le seul argument qui convainc la fillette d'accepter est la perspective de commander les autres. Elle entre donc à l'abbaye de Maubuisson pour y apprendre le métier de religieuse, auprès de la ravissante Angélique d'Estrées, sœur de Gabrielle, la favorite du roi. Cette bien curieuse abbesse laisse ses filles libres de sortir autour du monastère, de retrouver les moines de l'abbaye voisine de Saint-Martin de Pontoise pour danser ; Angélique d'Estrées n'est pas en reste : on lui prête douze enfants, de pères différents… A 9 ans, Jacqueline fait sa profession et prend le nom d'Angélique, avant de devenir abbesse de l'abbaye cistercienne de Port-Royal à 11 ans. Elle adjoindra bientôt à Angélique le nom de Madeleine, « *comme la sainte Madeleine en pleurs,* explique Agnès Walch. *Se lamentant non pas sur ses péchés, mais sur ceux qu'elle ne peut commettre, retirée du monde* » : à 15 ans, la jeune fille est malheureuse comme les pierres, dans cette vie bien éloignée de ses inclinations. Elle en tombe malade.

Pourtant, le 25 mars 1608, le soir de l'Annonciation, un capucin venu prêcher trouve les mots pour réveiller cette âme alanguie. L'amour de Dieu la transperce. Comprenant que son rôle est un service qu'il lui confie pour mener les autres à lui, elle accepte « *la nécessité de la vraie obéissance, le mépris de la chair et de tous les plaisirs sensuels et le mérite de la vraie pauvreté* » (*Mémoires*). Angélique se lance alors dans la réforme de son ordre, qu'elle veut plus authentique dans sa quête de Dieu : elle n'accepte que de vraies vocations, peu importe qu'elles apportent ou non une dot. La pauvreté est la règle absolue, elle vend la vaisselle d'argent, fait du logis abbatial une infirmerie et choisit pour elle une chambre mal commode, dans le passage, qui fait d'elle la plus mal logée du couvent. Elle voudrait un habit pauvre, grossier, un cadre de vie le plus dépouillé possible, y compris à la chapelle. Elle s'impose les pénitences les plus rudes. En tout cela, les directeurs spirituels qui l'accompagnent dans sa réforme la tempèrent, à commencer par François de Sales, dont la finesse psychologique a décelé chez « *sa chère fille* » un désir de bien faire mêlé d'orgueil et une aptitude au commandement qui peut être tyrannique. Il lui enseigne la mesure et la douceur, tant et si bien qu'une religieuse témoignera, après sa mort, qu'« *on s'étonnait qu'elle ne faisait point l'abbesse comme les autres et de ce qu'on agissait envers elle avec grande liberté* ». Pour ses religieuses, réticentes au changement, elle prêche par l'exemple. A 18 ans, elle refuse à son propre père l'entrée dans la clôture, lors de la fameuse « journée du guichet », qui consacrera le retour à la règle cistercienne. Le supérieur des cisterciens ne voit pas ce zèle d'un bon œil, d'autant que la jeune abbesse veut réserver ses soins à de vrais pauvres, et non aux ecclésiastiques nantis qui profitent de son hospitalité en parasites. On sollicite sa perspicacité pour réformer l'abbaye de Maubuisson, où elle était entrée, première d'une série d'invitations à œuvrer à la rénovation de la vie religieuse. Enfin, Angélique veut revenir à l'ancienne tradition de faire

DEUX RÉFORMATEURS Philippe de Champaigne, dont la fille était élève à Port-Royal, immortalisa vers 1645 Jean Duvergier de Hauranne, abbé de Saint-Cyran *(ci-contre, Grenoble, musée des Beaux-Arts)*, confesseur de la mère Angélique Arnauld, qui avait réformé et revitalisé son ordre *(à gauche, 1654, Paris, musée du Louvre)*.

élire l'abbesse par ses religieuses et non par ordre du roi et au bénéfice de sa famille. D'abord décontenancés par la volonté réformatrice de leur fille, les Arnauld l'aideront finalement à fonder son ordre du Saint-Sacrement, en 1626. A la mort de François de Sales, Angélique cherche un autre directeur spirituel : ce sera l'évêque Sébastien Zamet, puis l'abbé de Saint-Cyran.

Brillant théologien, qui passe même pour le meilleur du royaume, ce dernier prône un retour à l'Eglise primitive et à son dépouillement. Son tempérament rigoriste va de pair avec un amour vivant du Saint-Sacrement, dont il encourage l'adoration nocturne. On murmure dans Paris qu'il incite ses accompagnées à ne pas communier, et ce pendant des mois, ce qui, explique Agnès Walch, est largement exagéré, car s'il considère que la privation des sacrements peut aider au repentir, il affirme aussi que « *pour la sainte communion, tant s'en faut que je dissuade ce qui est aussi nécessaire aux âmes* », et qu'un chrétien peut communier tous les dimanches. Mais Richelieu le sait proche de l'évêque d'Ypres, Cornelius Jansen dit Jansénius, auteur d'un pamphlet contre sa politique d'alliance avec les protestants contre l'Espagne catholique. Il le soupçonne par ailleurs d'avoir signé avec l'oratorien Séguenot un commentaire de saint Augustin qui affirme que pour être pardonné, il faut éprouver le regret d'avoir offensé Dieu et la ferme volonté de s'amender, et non seulement la peur du châtiment éternel, ce qui pourrait aggraver les scrupules de Louis XIII. Enfin, Antoine Le Maistre, neveu d'Angélique et brillant avocat tenu en haute estime par le Premier ministre, a renoncé à sa carrière pour se retirer à Port-Royal des Champs en solitaire. C'en est trop : Richelieu fait embastiller Saint-Cyran. C'est le début d'une hostilité affirmée envers Port-Royal, attisée au fil des décennies par les Jésuites, adeptes de la casuistique et d'une « *dévotion aisée* », dénoncée par Antoine Arnauld, dernier frère d'Angélique, qui prend la suite de Saint-Cyran dans le combat théologique.

Les fondements théologiques de la doctrine janséniste ont inspiré des milliers de pages, parfois obscures. Le remarquable ouvrage *Le Jansénisme, une théologie* de Simon Icard, chercheur en histoire de la théologie au CNRS, expose avec une rare clarté le point d'achoppement qui motiva de la part de l'Eglise la condamnation de la lecture de saint Augustin par Jansénius et Saint-Cyran, qui pensent la relation entre la grâce et le libre arbitre comme une domination inversée par le péché originel. La difficulté, dans l'affaire de Port-Royal, tient cependant à ce que la justesse théologique n'est pas du côté de ceux qui vivent le plus saintement : les proches de Port-Royal sont de plus vivants exemples de charité chrétienne et de dévouement que leurs détracteurs, même quand ils ont raison, théologiquement. Selon le mot de Jean de Wert, un mercenaire embastillé avec Saint-Cyran, il semblait bien étrange de voir en France « *les évêques à la comédie et les saints en prison* ». Si Antoine Arnauld et plus tard Blaise Pascal combattent les Jésuites à coups d'éloquence et d'un brio qui éclate dans *Les Provinciales*, la mère Angélique et ses sœurs ne prennent pas parti, et se contentent d'offrir en silence les épreuves que leur cause une persécution de plus en plus franche, malgré ou en raison de nombreux soutiens dans la noblesse. Le jésuite Annat, confesseur de Louis XIV, convainc le roi de faire signer à tous les ecclésiastiques un formulaire qui condamne cinq propositions de Jansénius. En pratique, pour les religieuses, cela revient à renier l'héritage spirituel de leur réformateur, Saint-Cyran. Angélique accepte cette humiliation, mais avant même la signature, le roi décide l'expulsion des novices, postulantes et pensionnaires du monastère. Cinq jours après la venue de ses inspecteurs pour murer les accès extérieurs de Port-Royal des Champs, Angélique meurt, le 6 août 1661. Elle n'avait pas eu le réconfort de lire le rapport de l'inspection religieuse menée depuis le printemps 1661 par le grand pénitencier de Notre-Dame, à la demande de l'archevêque de Paris : rendu le 30 août 1661, il était excellent en tous points, louant la grande charité des sœurs entre elles et envers les pauvres, l'orthodoxie de leur foi et leur obéissance. On se garda bien de le montrer au roi.

À LIRE

Angélique Arnauld. Dissidente et janséniste, **Agnès Walch, Tallandier, 384 pages, 23 €.**
Le Jansénisme. Une théologie, **Simon Icard, Les éditions du Cerf, 168 pages, 22 €.**

Entretien avec Georges-Henri Soutou

Propos recueillis par Michel De Jaeghere

Le grand fossé

De la chute du mur de Berlin à la guerre d'Ukraine, Georges-Henri Soutou décrypte dans *La Grande Rupture* l'engrenage qui a conduit de l'euphorie de la fin de la guerre froide à l'affrontement de l'Occident avec la Russie.

Comment en est-on arrivé là ? Pourquoi est-on passé en trente-cinq ans des illusions de la fin de l'histoire à une confrontation qui a fait renaître la crainte d'une troisième guerre mondiale ? Historien des relations internationales, spécialiste mondialement reconnu de la guerre froide, professeur émérite d'histoire contemporaine à Paris-Sorbonne, membre de l'Académie des sciences morales et politiques, Georges-Henri Soutou a entrepris, dans *La Grande Rupture*, de replacer la guerre d'Ukraine dans le temps long en analysant en détail chacune des étapes qui a conduit de l'entente cordiale de l'Occident avec la Russie de Boris Eltsine à la confrontation violente avec celle de Vladimir Poutine. Loin de toute vision manichéenne, il décrypte les faits, les documents, les discours, les conflits avec une impartialité souveraine, un sens du détail qui ne désarme jamais en lui la capacité de synthèse pour faire la part des responsabilités russes et occidentales dans le déclenchement d'une guerre qui risque fort de ne faire, en définitive, que des vaincus.

Votre livre nous emmène des illusions de paix perpétuelle nées au lendemain de la chute du Mur à la reviviscence de l'affrontement Est-Ouest qui se manifeste avec la guerre d'Ukraine. Comment expliquez-vous qu'une idée aussi étrange que celle de la fin de l'histoire ait pu avoir un tel crédit ? S'agissait-il de la poursuite du rêve de Woodrow Wilson ?

Le rêve d'une fin de l'histoire par la victoire définitive de la démocratie libérale, telle qu'il fut défendu, après la chute du mur de Berlin et l'effondrement du communisme, par Francis Fukuyama, est incontestablement un prolongement de la pensée de Wilson et de Roosevelt qui avait elle-même des racines profondes dans la tradition américaine. L'idée centrale de Wilson au lendemain de la guerre de 1914-1918 était que l'on devrait régir la société internationale selon des règles analogues à celles du droit interne, avec un système juridictionnel chargé de pourvoir aux difficultés en imposant des sanctions aux contrevenants, comme s'ils étaient des personnes privées. A la fin de la guerre froide, avec la victoire par KO des démocraties sur le totalitarisme et, à travers lui, le discrédit porté sur toutes les idéologies mortifères du XXe siècle (le nazisme ayant lui-même été vaincu en 1945 : avec lui, les dérives nées d'un impérialisme outrancier), s'est ajoutée à cette conception première l'idée qu'on allait enfin pouvoir mettre en œuvre le « patriotisme constitutionnel » théorisé, parmi d'autres, par Jürgen Habermas, et qui consistait à affecter son loyalisme non à une terre ou un peuple particuliers, mais à un système constitutionnel garantissant les libertés individuelles. La convergence de ces deux idées a conduit à la conviction que le passé était dépassé, et que cela allait se traduire par la disparition des conflits et le règne de l'harmonie universelle sous le signe de l'état de droit et du libéralisme économique. Cette illusion a été très vite balayée par les événements qui ont témoigné de la persistance des passions, des appétits et des idéaux qui animent, depuis toujours, l'histoire humaine.

Vous racontez comment la place de la Russie en Europe fait débat depuis le XIXe siècle. Quel est votre propre sentiment ?

Du point de vue de la culture, de l'essence historique et culturelle, la Russie est indiscutablement européenne : elle est le pays de Pouchkine, Dostoïevski et Tolstoï, de Tchaïkovski, Borodine, Moussorgski et Prokofiev. L'idée qu'il s'agirait d'une puissance asiatique ou eurasiatique relève de l'idéologie.

Du point de vue des structures politiques, c'est plus discutable. Notre

À la croisée de l'Europe
Page de gauche : les troupes russes en action en Ukraine, dans le secteur d'Avdiivka, près de Donetsk. Ci-contre : Georges-Henri Soutou. Professeur émérite à Paris-Sorbonne, membre de l'Académie des sciences morales et politiques et spécialiste de la guerre froide, il publie avec *La Grande Rupture* un récit qui replace la guerre d'Ukraine dans la longue durée, en analysant toutes les étapes qui ont présidé au divorce entre les Occidentaux et la Russie de Vladimir Poutine.

conception de la vie politique est fondamentalement différente, et la Russie est tout simplement un trop gros morceau. Il serait impensable de tenter de l'intégrer à l'Europe de Bruxelles.

Si l'on considère que l'Europe, depuis la paix de Westphalie en 1648 et depuis le « Concert européen » établi à Vienne en 1815, est aussi un système de relations internationales codifiées, dans ce cadre la Russie a eu sa place, comme l'un des grands vainqueurs de Napoléon en 1814. Ce sont la Première Guerre mondiale et la révolution d'Octobre qui l'ont fait sortir de ce système. Certains, De Gaulle et, à sa manière, François Mitterrand, d'autres par la suite, ont pu penser que l'on pourrait un jour rétablir des liens de ce type entre l'Europe et la Russie. Leurs projets ont échoué, même si la conférence d'Helsinki de 1975 et la mise en place d'un ensemble de règles de conduite et la tenue, par la suite, de conférences régulières ont un peu rejoint cette inspiration, avec, point crucial, la participation des Etats-Unis et du Canada. C'est la seule façon réaliste d'espérer équilibrer la Russie.

Comment caractériseriez-vous le pouvoir russe ?

Il a fait l'objet d'une recentralisation très nette autour de Moscou. Mais ses arcanes sont paradoxalement beaucoup plus difficiles à saisir que celles du pouvoir soviétique, où le Parti s'était substitué à l'Etat, et que l'on avait fini par décrypter et comprendre au début des années 1980. Il est clair que le pouvoir russe a dérivé depuis vingt ans vers des formes de plus en plus autoritaires, voire dictatoriales, même si Vladimir Poutine bénéficie sans doute du soutien de la majorité silencieuse de la population russe, qui lui fait crédit d'avoir présidé au retour à l'ordre et d'avoir mis fin au bradage des ressources du pays, quand la Russie était au bord du gouffre et beaucoup de Russes dans la misère. Comme à l'époque soviétique, la structure essentielle n'est pas le gouvernement : les ministres sont bien plutôt des porte-parole que des décisionnaires (cela paraît singulièrement vrai du ministre des Affaires étrangères). La décision émane de l'administration présidentielle, environ 2 000 personnes qui ont hérité des missions de l'ancienne administration du Comité central, qui préparait les décisions du Politburo. La grande différence avec l'époque soviétique est la disparition de l'idéologie communiste. Celle-ci était pour les dirigeants soviétiques une référence ultime : cela les rendait plus prévisibles qu'aujourd'hui. Le caractère soi-disant scientifique du marxisme leur donnait en outre le sentiment qu'ils avaient le temps, et que triompherait de toute manière la Révolution. La disparition du secrétaire général avait peu d'importance : un autre prendrait sa succession. Nous avons désormais affaire, avec Poutine, à un homme qui n'est guidé que par la volonté de rétablir la puissance russe et de défendre l'intérêt national de son pays, tel au moins qu'il le conçoit (or, celui-ci peut aller très loin) et à un homme pressé par le temps, conseillé par une administration opaque, dont nous connaissons mal les ressorts. Cela peut rendre parfois la situation plus dangereuse que du temps de la guerre froide.

Vous montrez que la Russie a d'abord accepté la main tendue par l'Occident lors de la chute du Mur. Quelles étaient alors les visées des Etats-Unis ?

Il y a toujours eu aux Etats-Unis une tendance qui rêvait de profiter des circonstances pour réduire la puissance russe à néant. Mais l'idée majoritaire était, en 1990, qu'elle allait adopter l'économie libérale et la démocratie politique. Alors, les problèmes qu'elle avait posés se résorberaient d'eux-mêmes. Les Etats-Unis n'avaient jamais hésité, depuis la Seconde Guerre mondiale, à utiliser leur *soft power,* avec l'appui, parfois, de leurs services secrets, pour modeler à leur image la vie politique de leurs alliés. Ils pensaient faire de même en Russie. Il y avait aussi chez eux une confiance assez idéologique dans la supériorité des principes libéraux qui ne pouvaient manquer, à terme, de triompher.

JOURS DE FÊTE En haut : Mstislav Rostropovitch célébrant en 1989 la chute du mur de Berlin. Ci-contre : le fou rire de Bill Clinton et de Boris Eltsine, lors d'une conférence de presse à Hyde Park le 23 octobre 1995. Page de droite : le Premier ministre tchèque Milos Zeman, le chef du gouvernement polonais Jerzy Buzek et, à droite, le Premier ministre hongrois Viktor Orban fêtant, avec le secrétaire général de l'Otan Javier Solana, l'adhésion de leurs trois pays à l'Alliance atlantique le 12 mars 1999.

C'est dans ce contexte que fut faite la promesse que l'Otan ne s'élargirait pas à l'est. Pourquoi celle-ci a-t-elle été remise en question dès 1994 ?

Cette promesse n'a jamais été qu'une promesse orale (comment aurait-il pu en être autrement ? Un tel engagement ne pouvait donner matière à traité !). Mais nous en avons la trace par les témoignages des diplomates britanniques et américains qui étaient en poste à Moscou à l'époque et qui en ont fait le récit très précis. Elle ne fait pas de doute. Cela n'excluait pas, naturellement, les arrière-pensées, et l'idée qu'elle n'était pas forcément définitive. Le changement s'est fait sous Clinton. Les raisons en ont tenu pour une bonne part à la politique intérieure. Les pays d'Europe orientale désiraient passionnément cette adhésion, qui garantirait définitivement à leurs yeux leur sécurité face à un éventuel retour offensif de la Russie (on peut les comprendre !). La leur accorder, c'était se concilier les nombreux électeurs américains qui étaient eux-mêmes originaires d'Europe orientale dans le contexte de la préparation d'une réélection qui s'annonçait difficile. Mais cela a relevé aussi, dans l'esprit des Américains, d'un changement d'affectation de l'Otan. L'alliance avait été maintenue en dépit de la disparition de la menace qui en avait justifié la constitution. Elle avait été destinée à défendre l'Europe occidentale d'une invasion soviétique, mais elle s'était révélée aussi précieuse pour donner aux Etats-Unis une base avancée pour la poursuite de leur politique au Moyen-Orient ou en Asie centrale. Les bases américaines en Allemagne et en Italie sont essentielles pour servir de relais aux Américains lors de leurs interventions dans ces régions. Est apparue, en même temps, dans l'administration américaine, l'idée qu'il ne fallait peut-être pas manquer cette occasion historique pour marginaliser une Russie qui avait été, dans un passé proche, un adversaire redoutable. Les Américains n'ont pas anticipé le fait que cela susciterait une réaction agressive de sa part, sans doute parce qu'ils estimaient alors qu'elle n'en aurait plus avant longtemps les moyens (il faut rappeler qu'elle était alors en crise profonde : le président Eltsine avait, quelques mois plus tôt, fait bombarder le parlement de Moscou). Cette sous-estimation des capacités de la Russie s'est prolongée, pour une part, jusqu'aux premiers mois de la guerre d'Ukraine.

Vous parlez dans votre livre d'une inversion du rôle de l'Otan, qui ne serait plus là pour que l'Amérique garantisse la sécurité de l'Europe mais pour que l'Europe serve aux projets stratégiques américains !

Cela s'est fait progressivement, mais 1994 a marqué à cet égard un tournant. Les Etats-Unis ont commencé à estimer que les Européens devaient prendre leur part de la charge de l'alliance (ce qu'ils font assez peu d'un point de vue budgétaire). Ils ont trouvé dès lors légitime qu'ils « *fassent la vaisselle* », selon les propres termes de certains experts américains. Je veux dire : qu'ils paient leur écot en se faisant les auxiliaires de la politique étrangère américaine ; en se chargeant par exemple du ravitaillement ou du maintien de l'ordre en complément de leurs propres interventions. Les tentatives françaises d'aller contre cette évolution (notamment de la part de Jacques Chirac lorsqu'il a tenté de négocier le retour de la France dans le commandement intégré de l'Otan contre un grand commandement confié à un officier français, qui traduirait concrètement l'émergence d'un pôle européen de l'Otan) se sont heurtées à l'intransigeance américaine et au fait que les autres Européens n'en veulent pas : ils préfèrent encore subir la tutelle des Etats-Unis que réclamer une autonomie qui se traduirait par le leadership de l'un d'entre eux (singulièrement la France). Ils n'ont en outre aucune envie

TERRAINS MINÉS Ci-dessus : le crash d'un avion de combat libyen abattu par des forces franco-britanniques, le 19 mars 2011, à Benghazi. En bas : les Ukrainiens protestant, le 22 novembre 2004, contre la victoire à l'élection présidentielle du candidat prorusse Viktor Ianoukovitch sur le pro-occidental Viktor Iouchtchenko. La Révolution orange permettra l'inversion des résultats. Page de droite : les manifestations de la place Maïdan, à Kiev, en février 2014. Soutenues par les Américains, elles déboucheront sur le renversement de Ianoukovitch, élu en 2010. En réaction, la Russie annexera, le mois suivant, la Crimée.

(et sans doute pas les moyens) de faire l'effort financier nécessaire à leur indépendance militaire. C'est dans ce contexte que l'Otan s'est ouverte en 1999 à la Pologne, à la République tchèque et à la Hongrie, ce qui la rapprochait considérablement de la Russie.

Du côté Russe, observe-t-on un retournement entre Eltsine, partisan d'une entente avec l'Ouest, et Poutine, qui lui aurait été d'emblée hostile ?

C'est plus compliqué que cela puisque, dès la période d'Eltsine, des voix s'étaient fait entendre en Russie pour contester un trop grand alignement sur l'Occident. Eltsine n'était pas toujours suivi par tout l'appareil d'Etat. Dès la première guerre du Golfe et l'occupation du Koweït, certains hiérarques avaient estimé que la Russie devait faire ce qu'elle pouvait pour contrer la politique américaine en Irak, qui était son client traditionnel. Par ailleurs, c'est bien Eltsine qui avait lancé la première guerre de Tchétchénie en 1994 de manière extrêmement brutale. L'arrivée au pouvoir de Vladimir Poutine, en 1999, a eu valeur de clarification. Avait-il dès alors le projet de rupture avec l'Occident qu'il a fini par mettre en œuvre ? Les preuves font défaut et il est impossible de parler avec certitude, mais je ne le pense pas. Poutine s'est d'abord inscrit dans la continuité d'Eltsine en témoignant, après le 11 septembre 2001, de sa solidarité avec les Etats-Unis au point de mettre à leur disposition deux bases en Asie centrale pour mener leur intervention en Afghanistan. Son évolution s'est faite au rythme des maladresses, et parfois des provocations occidentales.

Quelles ont été les étapes clés de cette rupture ?

On ne peut les citer toutes car il s'agit d'un processus étalé sur vingt ans. Cinq d'entre elles me paraissent particulièrement significatives.

La première est la « Révolution orange », qui a vu en 2004 l'éviction du président ukrainien prorusse au profit de son rival soutenu par les Occidentaux. Venant après la « révolution des Roses », qui avait vu en 2003 le renversement de Chevardnadze en Géorgie, avant la « révolution des Tulipes », qui secouerait l'année suivante le Kirghizistan, elle a donné aux Russes le sentiment que, comme l'avait annoncé Soljenitsyne en 1998, dans *La Russie sous l'avalanche*, les Occidentaux étaient passés de l'anticommunisme au soutien méthodique des forces antirusses dans l'ancien empire soviétique. Cela a donné une couleur particulière à l'entrée dans l'Otan, en 2004, non plus seulement d'anciens pays de l'Est comme la Slovaquie ou la Bulgarie, mais des trois pays Baltes, anciens membres de l'Union soviétique, repoussant alors la limite de l'Otan jusqu'aux frontières de la Russie.

La deuxième est un discours prononcé par Poutine au début de 2007 à Munich devant la *Wehrkunde*, le « Davos de la défense ». Il y avait déclaré, devant un parterre international qui comptait nombre d'influenceurs occidentaux, qu'il était prêt à participer à la construction d'une société internationale régie par le multilatéralisme dans le cadre des Nations unies, mais que celle-ci ne pouvait se traduire par l'obéissance à des règles fixées unilatéralement par les Américains. Il n'a pas été pris au sérieux : on voit sur l'enregistrement vidéo qui en a été fait que le public occidental avait réagi en riant à ces protestations. Il avait tort. On pourra le mesurer l'année suivante, lorsque la Russie s'opposera par une opération militaire brutale et victorieuse à la prétention de la Géorgie de récupérer deux de ses Républiques séparatistes soutenues par Moscou. Nos experts découvriront à cette occasion l'ampleur de la réorganisation et du rééquipement de l'armée russe (qui était, à l'époque d'Eltsine, tombée très bas). George W. Bush réagira alors

par une proposition de faire entrer l'Ukraine et la Géorgie dans l'Otan. Elle se heurtera à l'opposition des Français et des Allemands, soucieux de faire retomber la tension.

La troisième étape a été constituée par l'affaire libyenne en 2011. Parce qu'alors, l'intervention de l'Otan, fondée sur une résolution de l'ONU de 2005, qui autorisait une action visant à protéger les populations civiles, a débouché sur un changement de régime imposé par les Occidentaux, et singulièrement la France, en dehors de toute légalité internationale. Russes et Chinois ont estimé qu'ils avaient été floués et sans doute se sont-ils dit qu'on ne les y reprendrait plus. Et de fait, les interventions russes se feront désormais de plus en plus en marge des structures internationales, elles seront de plus en plus unilatérales, elles aussi, ce cavalier seul culminant pour eux avec l'occupation de la Crimée en 2014, puis avec le déclenchement de la guerre d'Ukraine en 2022.

La quatrième étape a été marquée par la discussion du traité d'association proposé en 2013 par l'Union européenne à l'Ukraine. Personne ne l'a étudié sérieusement, car il faisait un millier de pages. Mais il proposait à l'Ukraine rien de moins que de rompre tous ses liens économiques avec la Russie en échange de son intégration à l'Union européenne. Il y avait là quelque chose d'énorme, dans la mesure où les économies russe et ukrainienne avaient été étroitement imbriquées au temps de l'Union soviétique (de nombreux produits industriels, y compris militaires, étaient produits sur des sites répartis des deux côtés de la frontière). Les Russes ont immédiatement fait savoir qu'il y avait là matière à rupture définitive. C'est dans ce contexte que se sont inscrits les événements de Maïdan, avec le renversement du président prorusse au profit de son concurrent pro-occidental, puis l'invasion de la Crimée par la Russie, première remise en cause des frontières issues de la dislocation de l'Union soviétique.

L'affaire de Syrie a joué enfin à partir de 2013 un rôle important. Les Russes ont vu dans une menace d'intervention américaine (à la suite d'une frappe chimique contre les opposants à Bachar el-Assad) un remake de l'invasion de l'Irak. Il s'agissait, là encore, de l'un de leurs anciens clients. Ils ont forcé Washington à renoncer et ils ont victorieusement soutenu Assad contre ses opposants à partir de 2015. Poutine en a tiré un prestige considérable, par contraste avec les échecs successifs des Etats-Unis, de l'Irak à l'Afghanistan. L'engagement a fait apparaître le formidable renforcement de l'appareil militaire russe. Cela a rebattu les cartes diplomatiques, en donnant de nombreux alliés à Poutine dans la région, et notamment l'Iran. Cela a contribué, par ailleurs, à le convaincre qu'il lui était loisible de remettre en question les équilibres nés de la fin de la guerre froide.

Quels objectifs poursuit-il depuis ?

Je ne pense pas qu'il vise, comme on le dit, à reconstituer l'Union soviétique (il me semble qu'il n'a jamais sérieusement pensé à reprendre le contrôle des pays Baltes). Mais l'ensemble formé par la Russie, l'Ukraine, la Biélorussie d'une part, les républiques d'Asie centrale, où vivent beaucoup de Russes, de l'autre, forme un cercle auquel il estime qu'on ne peut s'attaquer sans mettre en cause les intérêts vitaux de la Russie. En s'engageant dans la guerre d'Ukraine, il a renoncé cependant en fait à exercer sur elle une influence déterminante pour se concentrer sur la maîtrise territoriale de ses provinces russophones. Quoi qu'il en soit de l'issue de la guerre, elle se traduira de ce point de vue pour lui par un recul, par rapport à la présence historique de la Russie à Kiev. Et on ne sait ce qu'il restera alors de l'influence russe en mer Noire. L'entrée de la Finlande et de la Suède dans l'Otan constitue par ailleurs pour

lui un autre échec, puisque, au rebours du rêve de Pierre le Grand, elle lui a fermé la Baltique. Je ne suis pas sûr que son rapprochement avec la Chine, la Corée du Nord et l'Iran compense à long terme ces reculs.

Qu'est-ce qui a provoqué, côté occidental, le retournement contre la Russie dont témoigne, bien avant la guerre d'Ukraine, cette succession d'événements ?

Indiscutablement, la pression des anciens pays de l'Est (notamment la Pologne et les pays Baltes) a joué un grand rôle : eux voyaient dans l'intégration dans l'Otan la seule garantie de leur sécurité dans l'avenir. Ils ne se souciaient pas de ce qu'en penserait la Russie. Or, ils bénéficiaient aux Etats-Unis du soutien des Américains originaires d'Europe orientale. Ils ont aussi obtenu l'appui de la Grande-Bretagne, qui a très vite poussé à la confrontation avec la Russie, pour des raisons encore assez obscures (pour retrouver un rôle international après le Brexit ? Ou par la suite de réflexes historiques contre les grands trouble-fête continentaux, depuis Napoléon ?). A partir de Maïdan en 2014, on peut estimer, quoi qu'il en soit, que les cercles dirigeants américains se sont alignés sur la position qu'avait théorisée Zbigniew Brzezinski dans son *Grand échiquier*, selon laquelle il était de l'intérêt des Etats-Unis de détacher définitivement l'Ukraine de la Russie, parce qu'alors, celle-ci deviendrait une puissance régionale et que cela la rendrait incapable de rivaliser à l'avenir avec les Etats-Unis.

N'y a-t-il pas un paradoxe dans le fait qu'alors que les cercles dirigeants américains désignent depuis une décennie de plus en plus ouvertement la Chine comme le grand rival du XXIe siècle, ils aient poussé à l'affrontement avec la Russie ?

C'est le grand paradoxe, et la seule explication cohérente est l'hubris occidentale. Les Etats-Unis se sont sentis tellement plus forts que la Russie qu'ils ont jugé inutile de prendre en considération ses réactions. Ils ont estimé qu'il leur fallait écarter définitivement la Russie de leur chemin pour se consacrer au seul affrontement qui compte, celui qui va les opposer au XXIe siècle à la Chine. Ils ne semblent cependant pas avoir prévu qu'ils allaient, partant, jeter la Russie dans les bras des Chinois (alors même que les deux pays ne cessaient de se rapprocher depuis 2004) et susciter la création d'un bloc eurasiatique hostile. Ils ont complètement sous-estimé la résilience de Poutine et la capacité de nuisance qu'aurait une Russie redevenue une ennemie. Ils pensaient par ailleurs que, dépendante du marché occidental pour écouler ses produits, la Chine s'abstiendrait de venir à son secours, alors même que le rapprochement des deux pays était inscrit dans la géographie, compte tenu des convoitises de la Chine à l'égard des immenses ressources naturelles de la Sibérie.

Quel a été, côté russe, le facteur déclenchant de la guerre d'Ukraine ?

A partir de 2015, les Américains, les Britanniques et les Polonais ont accentué leur aide militaire à l'Ukraine, afin de lui permettre de moderniser son armée et d'accroître ses capacités de renseignement. On a formé des officiers ukrainiens en Allemagne sur des bases américaines, tandis que les Britanniques se chargeaient de former les sous-officiers. Les Occidentaux considéraient cela comme des mesures défensives, mais les Russes tenaient cela pour des provocations. Ils ont eu le sentiment que s'ils attendaient, l'Ukraine leur échapperait complètement. D'où la mise au point de l'« opération militaire spéciale » de février 2022, qui ne visait nullement, comme on l'a dit, à une invasion de l'Ukraine (les effectifs étaient très insuffisants) mais (sur le modèle de ce qui avait été fait avec succès en 1968 à Prague) à soutenir un coup d'Etat par quoi on aurait changé ses dirigeants. L'opération a échoué du fait de l'efficacité de la défense ukrainienne, qui a liquidé les parachutistes qui tentaient de s'emparer de l'aéroport de Kiev, et la colonne de chars envoyée pour défiler dans la capitale ukrainienne a dû faire demi-tour piteusement. Ce n'est qu'alors que Poutine a opté pour une autre option : un soutien militaire massif aux séparatistes russophones que la Russie assistait depuis 2014, avec l'objectif d'annexer à la Russie leurs Républiques autonomes, et avec elles, les lignes de communication vers la mer d'Azov et la mer Noire. L'idée de

reprendre le contrôle de l'Ukraine a-t-elle été alors définitivement abandonnée au profit d'une ambition plus limitée, plus locale : le rattachement à la Russie des régions russophones, ou les deux objectifs subsistent-ils parallèlement ? Je ne peux pas le dire.

Jeux d'alliance Page de gauche : la formation des soldats ukrainiens par des instructeurs de l'Otan, en Grande-Bretagne. Ci-dessus : la rencontre entre Bachar el-Assad et Vladimir Poutine, à Moscou, le 20 octobre 2015. L'intervention militaire russe en Syrie, de septembre 2015 au printemps 2016, sauvera le régime. En bas : exercice de la marine de l'Otan au sud de la Norvège. L'entrée de la Suède et de la Finlande dans l'Alliance atlantique, après celle des pays Baltes, a fermé la fenêtre ouverte par Pierre le Grand sur la Baltique lors de la fondation de Saint-Pétersbourg.

Quelles conséquences cette guerre a-t-elle eues pour l'Europe ?

L'Union européenne a démontré son incapacité à devenir une puissance internationale autonome. Elle a perdu, avec la Russie, sa capacité de se ravitailler plus facilement en énergie, et en même temps un débouché pour ses exportations. Cela a eu d'ores et déjà pour l'économie européenne des conséquences désastreuses. Cela a contribué à sa déstabilisation politique, tant en Allemagne qu'en France. Mais les premières victimes de cette guerre absurde sont naturellement les Ukrainiens.

Comment un retour à la paix vous paraît-il possible ?

Pour le moment, le scénario le plus vraisemblable me paraît celui d'un conflit gelé, à la coréenne. La paix ne pourra procéder que d'une négociation débouchant sur une rectification des frontières qui permette aux deux Etats de vivre à l'avenir pacifiquement, avec évidemment un système de garanties internationales. Ceux qui s'y opposent en proclamant que ce serait donner une victoire indue à l'agresseur croient-ils que le scénario d'un effondrement militaire de la Russie et d'un retrait penaud de ses troupes soit crédible ? Ont-ils dès lors à proposer une autre formule qu'une guerre interminable, avec de considérables risques d'escalade incontrôlable, et par quoi la Russie serait, de fait, mise hors-jeu de la société internationale, mais au prix de la destruction complète de l'Ukraine, et du sacrifice sans fin de sa jeunesse et de sa population ?

À LIRE

La Grande Rupture, 1989-2024
Georges-Henri Soutou
Tallandier
352 pages
23,90 €
A paraître le 24 octobre

Par Geoffroy Caillet

© STÉPHANE CORRÉA/LE FIGARO.

Contes et légendes de la Révolution

Du serment du Jeu de paume à la prise de la Bastille, Emmanuel de Waresquiel explore l'histoire et la mémoire des mythes fondateurs de la Révolution.

Il y a du moraliste en Emmanuel de Waresquiel. Un moraliste du Grand Siècle qui aurait vécu assez longtemps pour traverser les deux siècles suivants et la rupture fondamentale autour de laquelle ils s'articulent. Pourtant, comme il l'explique lui-même, ce n'est pas en descendant le temps qu'il est arrivé à la Révolution, mais en le remontant : partie de la Restauration, son œuvre d'historien l'y a mené à rebours, comme on remonte aux causes pour comprendre les effets, à travers les figures successives de Talleyrand, Fouché, Marie-Antoinette, puis, l'année dernière, Mme du Barry. Qu'importe. C'est bien un moraliste qui emprunte l'épigraphe de son nouveau livre à un enfant des Lumières, le naturaliste Latapie : *« Je ne m'instruis qu'en apprenant continuellement une chose triste, c'est que les mensonges nous rendent ordinairement plus heureux que la vérité. »*

Au vrai, ce constat ne semble nullement affliger Emmanuel de Waresquiel. C'est que, pour être aiguë, sa lucidité n'est jamais chagrine. Lestée d'un solide scepticisme, elle serait plutôt légère, avec une certaine tendance à l'indulgence amusée. C'est cet esprit que l'on retrouve à chaque page d'*Il nous fallait des mythes. La Révolution et ses imaginaires de 1789 à nos jours* (Tallandier). Matériau même de l'histoire au temps d'Homère, le mythe a été longtemps cantonné à la littérature avant de revenir à l'histoire, cette fois comme objet d'étude. C'est donc ès qualités qu'Emmanuel de Waresquiel décrypte le processus de dépassement de la réalité historique par lequel, dès leur apparition ou au fil du temps, des épisodes furent exaltés en événements, des objets en symboles, des personnages en icônes, pour traduire la nouveauté inouïe que constitua la Révolution.

Parce que Waresquiel ne fait rien comme ses confrères, son livre n'est pas une simple histoire de ses représentations. Loin de cette tendance péniblement démissionnaire qui tend à affirmer que toute vérité historique est par nature inaccessible et que l'historien doit se borner à étudier la succession de ses mises en scène, lui ne renonce pas, comme il l'avait fait dans *Jeanne du Barry*, à traquer au plus près l'être ou l'événement et à arracher aux Mémoires privés comme aux écrits officiels un peu de ce qui fut. Des parcelles de vérité, bien sûr, comment en serait-il autrement ? Waresquiel, c'est heureux, ne croit pas à la vérité nue sortant du puits. Mais comment, sans ces miettes, prétendre démêler la pelote de leurs transformations ?

« L'unanimité de la Révolution n'a été que de façade et, pourtant, nous ne cessons de nous en réclamer », fait valoir l'auteur avant de plonger son scalpel dans les mythes de la période pour y faire saillir les jointures de l'histoire et de la mémoire. Premier d'entre eux, le serment du Jeu de paume, *« presque un non-événement »* comparé à la journée du 17 juin 1789, au cours de laquelle les députés du Tiers s'étaient constitués en Assemblée nationale. Le 20 juin, dans cette banale salle de sport de Versailles, les députés craignent surtout l'arrestation et le renvoi dans leur province. Mais il suffit d'une proclamation griffonnée sur un coin de table dans le brouhaha (*« l'Assemblée nationale considérant qu'appelée à fixer la constitution du royaume... »*) pour que la souveraineté change de camp. Ne reste plus qu'à jurer, à la romaine, d'y rester fidèle, à signer – surtout pour garantir sa sûreté – et à menacer le premier dissident de la Révolution, Martin-Dauch, qui a osé dénoncer ce coup d'Etat en écrivant *« opposant »* à la suite de son paraphe. Le crayon de David, qui réinvente la scène à plaisir pour en exalter le caractère sublime, puis la plume de Michelet, qui sacre la salle *« temple de Bethléem de la Révolution »*, achèvent de ciseler le mythe.

Ce qui ressort de cet éblouissant travail de dissection, c'est le caractère éminemment religieux de chaque instant de la Révolution. On recourt à tout bout de champ aux grands hommes de l'Antiquité païenne, avec une prédilection marquée pour les héros de la République romaine produits à foison par la peinture néoclassique depuis le début du règne de Louis XVI. Comme des couronnes déposées sur le front de Mucius Scaveola ou Cincinnatus, on décerne des prix de vertu aux grands hommes de la Révolution. Comme les Horaces peints par David en 1785, on multiplie les serments. Cette ivresse jureuse se fera de plus en plus menaçante à l'égard des dissidents : qui ne promet pas la *« haine à la royauté »* est bientôt décrété ennemi de la liberté.

Mais c'est surtout le catholicisme dont la Révolution se révèle en tout point la réplique inversée. Sans même parler des cultes de la Raison et de l'Etre suprême organisés en 1793-1794, la religion chrétienne est convoquée sans cesse pour en épouser chaque facette. Pas une fête révolutionnaire qui n'ait son église (le Panthéon), son autel (de la patrie), ses prêtres (les députés), ses textes sacrés (les constitutions successives), sa liturgie (les serments) et surtout, le 21 janvier 1793, sa victime sacrificielle (le roi). Pas une proclamation qui ne s'accompagne, dans les premiers temps, d'une messe ou d'un *Te Deum* et ne soit imbibée du lexique chrétien. Les mots de la Révolution sont ceux de la Révélation : tout y

LÉGENDE DORÉE Ci-dessus : *Le Serment du Jeu de paume, le 20 juin 1789*, par Jacques-Louis David, 1791-1792 (Paris, musée Carnavalet). En peignant les rideaux soulevés par une bourrasque imaginaire, le peintre a insufflé à la scène un caractère mythique.

est « saint », « sacré », « auguste ». Sans doute parce que les révolutionnaires sont des hommes de leur temps, qui ont puisé dans le vocabulaire de la transcendance pour exprimer leur adhésion à un dessein immanent derrière ses atours messianiques. Mais Emmanuel de Waresquiel l'explique d'abord par l'impérieux besoin de légitimité de la Révolution : seuls les mots et les formes du sacré pouvaient légitimer le transfert de souveraineté instantané du roi au peuple et l'œuvre de régénération qu'il imposait.

Parmi les mythes de la Révolution, la Bastille occupe sans doute la première place. On le sait, la vieille forteresse ne fut pas visée comme le symbole d'un arbitraire royal qui ne concernait guère les artisans du faubourg Saint-Antoine mais les rares fils de famille qui y étaient enfermés à la demande des leurs pour mettre un terme à leurs débauches. Elle fut encore moins prise d'assaut, mais envahie après avoir été livrée. Qu'importe : grâce à elle, la Révolution faisait entrer en scène son acteur principal, le peuple, incarnation suprême de sa légitimité. Au fil des années et des siècles, les métamorphoses mémorielles se sont multipliées : la cocarde tricolore est passée de la gauche à la droite, la guillotine a vu son statut d'instrument sacré devenir un objet d'horreur, Marie-Antoinette, figure du mal absolu, s'est muée en reine martyre, Valmy, *« victoire sans bataille »*, annonçait la « *défaite glorieuse* » de Waterloo.

S'il est vrai que la Révolution *« compte autant par ses rêves que par ce qu'elle a été »*, la capacité d'*Il nous fallait des mythes* à démêler les brins de l'écheveau de l'histoire et de la mémoire, à distinguer les songes et les faits, a quelque chose de salutaire. Il en faudra sans doute davantage pour que les Français, abreuvés par deux siècles d'une lecture idéalisée de la période et pétris par l'abstraction politique qu'elle a engendrée, se déprennent de l'une et de l'autre. Mais l'historien Waresquiel peut avoir la satisfaction du devoir accompli – sans compter celle du bel œuvre. Quant au moraliste, il nous aura prévenus : *« La connaissance du passé est le secret de notre liberté. »*

À LIRE

Il nous fallait des mythes. La Révolution et ses imaginaires de 1789 à nos jours
Emmanuel de Waresquiel
Tallandier
448 pages, 24,60 €

Par Luc-Antoine Lenoir

Agents troubles

Avec *La Guerre Mondiale des services secrets*, Rémi Kauffer nous entraîne dans la folle – et burlesque – épopée du renseignement que fut la guerre de 1939-1945.

Des héros qui périssent dans les bas-fonds, des vermines au firmament. Des bars d'hôtel et des femmes, beaucoup, au courage ou au charme insensé : il y a bien dans ce livre tout ce qui, dans l'imaginaire commun, fait le sel des services secrets. Ainsi va en effet ce monde souterrain, dont les chefs d'Etat se méfient tant il promet, déçoit, déboussole en permanence. Les agents des Alliés font les pires coups à ceux de Hitler, qui eux-mêmes parviennent sans difficulté à duper le NKVD d'un Staline au cynisme frustré. Les opérations se suivent et ne se ressemblent pas. Se croisent des Polonais clandestins en France, des Chinois proposant leurs services aux Américains, des mafieux siciliens, des militants du négus aux prises avec la guérilla fasciste... Dans une impressionnante – et souvent hilarante – leçon de sociologie et de psychologie, cette *Guerre mondiale des services secrets*, écrite par le spécialiste incontesté du sujet, dévoile un nouveau pan de l'immense toile de fond de 1939-1945.

On se ravise bientôt : et si tout cela ne changeait finalement rien ? Dans le grand enchaînement mécanique de l'histoire des peuples, quelles incidences peuvent avoir quelques coucheries et gadgets radio ? Mais les semaines passent et l'on observe concrètement comment parfois, les explosions sanglantes résultent bien de variables d'apparence minimes ou d'« informations » vraies ou fausses, qui entraînent des décisions cataclysmiques. On contemple notamment l'enchaînement qui aboutit au raid japonais sur Pearl Harbor, « Trafalgar » d'un renseignement américain engoncé dans la bureaucratie, inapte à percer les communications d'un ennemi trop lointain. Du côté du Soleil levant, l'ultranationalisme avait cependant tissé sa toile au sein de l'armée et de l'espionnage, quitte à éliminer les amiraux velléitaires ; et c'est un Japon trop fier qui commet l'irrémédiable, qui le mènera à sa perte.

Les services secrets amorcent ou désamorcent : c'est dans un manoir de Bletchley Park, dans la campagne anglaise, que la machine allemande Enigma passe aux aveux et que la bataille de l'Atlantique tourne à l'avantage des Alliés. Le 6 juin 1944 est précédé d'une immense opération de *deception* (d'intoxication) d'une précision étonnante, qui anticipe jusqu'aux moindres états d'âme des agents doubles ou triples. En revanche, les secrets du programme nucléaire américain, malgré une extraordinaire discipline, ne résisteront pas longtemps aux coups tordus des agents soviétiques.

D'une plume à la bonne humeur contagieuse, Rémi Kauffer nous promène au fil de chapitres en apparence déconnectés les uns des autres comme dans un jardin, mais dont on aurait retourné la terre pour découvrir, ahuri, l'entrelacs secret des racines. De toute cette guerre parallèle, sort-il un vainqueur ? Forts de leur expérience, de la fantaisie de Churchill et de la rigueur de leur personnel, les Britanniques auront peut-être un peu mieux su soupeser l'âme humaine et la manipuler. Mais tous les protagonistes ont leurs coups d'éclat et leurs ratés. Chaque nation les siens. Chaque service aura parfois eu trop d'imagination ou en aura manqué. Les démocraties maîtrisent mal les querelles d'ego de leurs technocrates de l'ombre ; les dictatures sont à la peine entre espions fanatiques et dissidents. L'homme est rempli de mystères et il y a tant de manières de les déchiffrer.

• *1939-1945. La Guerre mondiale des services secrets*, de Rémi Kauffer, Perrin, 496 pages, 25 €.

Côté livres

Par Jean-Louis Voisin, Michel De Jaeghere, Philippe Maxence, Frédéric Valloire, Marie Peltier, Geoffroy Caillet, Thierry Lentz, Eric Mension-Rigau, Henri-Christian Giraud et Luc-Antoine Lenoir

La France de la préhistoire. **Romain Pigeaud**

Préface de Jean Guilaine

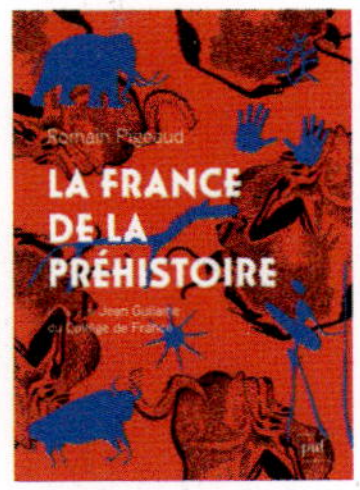

Avouons-le : la préhistoire m'ennuie. Je me perds dans les noms et dans la chronologie. Miracle ! Cet ouvrage m'a passionné. Il est clair, répond aux questions que l'on est en droit de se poser sur le climat, les populations, ne s'enferme pas dans des débats de spécialistes, regorge d'exemples concrets et dresse un tableau compréhensible de notre pays qui a bénéficié d'un bagage naturel varié, d'espaces accueillants et de ressources à foison. De l'occupation du territoire depuis Néandertal jusqu'à l'âge du bronze, des maladies aux premiers conflits, d'un savoir qui se construit patiemment, de l'apparition d'ingénieurs et de techniciens, des tombes individuelles aux collectives, tout est abordé sans jargon, même la domestication du chat dont aucune trace n'est relevée au néolithique. Conformément aux souhaits de l'auteur, le lecteur ressent l'épaisseur stratigraphique des aventures humaines de notre pays ainsi que la profondeur des racines de ce qui nous constitue. ***J-LV***

PUF, 480 pages, 30 €.

Prendre la mer. La Méditerranée et l'Atlantique de la préhistoire à 1500. **Barry Cunliffe**

La mer n'a pas d'histoire. L'homme a bien pu la sillonner depuis des millénaires : il n'y a pas laissé de traces. C'est pourtant grâce à elle que l'histoire s'est faite : parce qu'en rendant possibles, par la pratique du cabotage, des trajets de longue distance qui restaient, sur terre, impensables, elle a permis aux hommes de se découvrir et de se rencontrer, d'approfondir leurs connaissances, de partager leurs savoirs. Archéologue, Barry Cunliffe nous dit dans cette somme tout ce que l'on peut savoir de la navigation en Méditerranée et dans l'océan Atlantique depuis la préhistoire (les premiers vestiges de bateaux remontent à 5500 av. J.-C.) jusqu'aux grandes découvertes en 1500. Comment la navigation maritime a-t-elle pu commencer ? Pourquoi la Méditerranée orientale a-t-elle été, de 5300 à 1200 av. J.-C., le berceau des premières civilisations ? Quand les confins du monde, ce que l'on tenait pour l'« Océan extérieur » et les côtes de l'Afrique, ont-ils été explorés ? Les Grecs ont-ils navigué jusqu'à l'Islande ? Et les Vikings en Amérique ? On n'en finirait pas de citer les pistes qu'ouvre ce livre-monde superbement illustré, riche de cartes innombrables, et qui revisite l'histoire en inversant notre point de vue sur elle pour nous la faire redécouvrir comme un monde nouveau. ***MDeJ***

Nouveau Monde Editions, 654 pages, 35 €.

La Survie des civilisations. Après 1177 av. J.-C. **Eric H. Cline**

Le thème de la fin des civilisations n'a pas bonne presse. Il heurte la pensée dominante. L'Américain Eric H. Cline l'avait abordé de front en racontant, en 2014, comment s'étaient effondrées presque simultanément, au XIIe siècle av. J.-C., toutes les sociétés de Méditerranée orientale, de la Grèce mycénienne à l'Egypte pharaonique en passant par les Assyriens, les Hittites, les Cananéens, les Babyloniens, sous l'effet d'une concaténation de phénomènes multiples, allant du changement climatique aux séismes, en passant par les épidémies et les invasions. Il revient aujourd'hui au sujet avec un livre consacré à la réapparition de la civilisation dans chacune de ces régions. C'est bien sûr l'occasion de réfuter, ici comme ailleurs et toujours, l'expression de « siècles obscurs » en montrant que l'effondrement n'eut pas partout la même ampleur, et que ces époques méprisées furent en réalité celles d'une longue renaissance. Son tribut payé au relativisme contemporain, l'auteur n'en offre pas moins un récit passionnant de la manière dont renaissent et se réorganisent, au lendemain d'un désastre, sociétés, cultures et civilisations. ***MDeJ***

La Découverte, 368 pages, 24 €.

La Mer sans limites. Une histoire humaine des océans. **David Abulafia**

Peut-on faire l'histoire universelle des océans, comme d'autres ont fait celle des continents ? C'est le pari tenu par David Abulafia dans un livre de près de 1 000 pages, qui est aussi l'œuvre d'une vie. Professeur émérite à Cambridge, l'auteur avait publié en 2022 une passionnante histoire de la Méditerranée et des Méditerranéens. Il traite ici du Pacifique autant que de l'océan Indien ou de l'Atlantique dans une somme où les boutres arabes croisent les pirogues malaises ou indonésiennes, où Angles et Saxons envahissent la Grande-Bretagne tandis que les moines bouddhistes chinois du Ve siècle vont étudier les textes sanskrits en Inde ; où les Vikings sèment la terreur sur leurs « *dragons bardés de fer* » au moment où les souverains Song organisent des batailles navales fictives sur leurs côtes pour leur agrément ; où Henri le Navigateur envoie ses caravelles à la découverte des îles Vierges au large de l'Afrique tandis que Christophe Colomb découvre l'Amérique en croyant aborder au Japon. Marchands d'esclaves, chasseurs de fourrures, découvreurs de terres nouvelles, pirates sillonnent les pages de cet océan d'érudition comme le planisphère. L'ouvrage est d'une richesse telle qu'il est impossible à lire d'une traite. On se plonge à la volée sur ses chapitres avec un plaisir toujours plus vif, un constant émerveillement. ***MDeJ***

Les Belles Lettres, 992 pages, 39,50 €.

Confucius à la plage. Antoine-Joseph Assaf

Sous un titre estival, Antoine-Joseph Assaf, ancien élève de Pierre Boutang et ancien otage au Liban, offre au lecteur occidental de découvrir avec clarté la vie et la philosophie de Kong Qiu, occidentalisé en Confucius, né en 551 av. J.-C. Celui qui a beaucoup été comparé au Christ en raison de sa sagesse et de la haine qu'il suscita de son vivant fut un conseiller politique, un temps gouverneur et même ministre de la Justice. Fondée sur la recherche de l'équilibre et des valeurs intemporelles, comme la bonté ou le désintéressement, la voie qu'il préconisa fut érigée en religion d'Etat et façonna en profondeur la Chine, incompréhensible aujourd'hui encore sans un retour à Confucius. ***PM***

Dunod, 144 pages, 15,90 €.

Les Femmes des Césars. Guglielmo Ferrero
Présenté par Alexandre Grandazzi

Redécouvrir Ferrero et ses ouvrages est urgent. Ecrit il y a un siècle, cet essai n'a pas pris une ride : clarté d'exposition, fraîcheur d'expression, acuité psychologique, hauteur de vue. L'enquête porte sur l'influence réelle ou supposée que les femmes des Césars impriment au pouvoir. Riches, ayant noué des réseaux d'amitiés et d'alliances haut placées, elles disposent d'une certaine latitude d'action, mais sauf exception (Agrippine, mère de Néron), elles n'affichent pas ouvertement une inclination pour le pouvoir politique. Trop dangereux. Seul l'entourage féminin des empereurs julio-claudiens est abordé. Dommage, les épouses des Sévères, par exemple, ne manquent ni de caractère ni d'ambition. ***J-LV***

Tallandier, « Texto », 224 pages, 9 €.

Imperator. Une histoire des empereurs de Rome
Mary Beard

On aurait tort de s'attarder sur la couverture, un peu rébarbative. L'auteur est une excellente spécialiste de l'histoire romaine, professeur émérite à Cambridge. Son choix de commencer son ouvrage par un dîner avec Héliogabale, qui régna de 218 à 222, peut aussi surprendre, car il n'est en rien représentatif des empereurs romains. De même, adopter une thématique quasi hors chronologie peut dérouter le lecteur peu familier avec la succession des souverains. Cela dit, en dehors d'appréciations personnelles tel Antonin le Pieux qui *« se gave de son pain sec »* ou le dîner impérial perçu comme un *« événement à haut risque »* pour le souverain et ses invités (il ne faudrait pas généraliser), cet ouvrage aux pages attrayantes et bien venues (la grotte de Sperlonga de Tibère) se lit avec plaisir, même si parfois on ne comprend pas certaines allégations (les *« empereurs à l'étranger »* alors qu'ils se trouvent dans l'empire, tel Hadrien) ou certains jugements (les conquêtes de Trajan). Le plus grave, à mon sens, c'est l'arrêt brutal avec la dynastie des Sévères (193-235). L'empire leur survivra deux siècles. ***J-LV***

Seuil, 528 pages, 33 €.

Rome et les Barbares. Histoire nouvelle de la chute d'un empire. Peter Heather

L'intérêt renouvelé des historiens pour l'Antiquité tardive s'est essentiellement traduit, depuis cinquante ans, par des publications thématiques. Parue en 2005 en Angleterre, la somme de Peter Heather représentait l'une des premières tentatives de mettre le fruit de la recherche contemporaine au service d'un récit faisant apparaître la dynamique des événements qui ont conduit à la disparition de l'Empire romain d'Occident. Servi par une connaissance hors du commun du monde barbare, un sens inné de la mise en scène, une capacité à mettre en lumière le jeu des causes et des conséquences qui ne désarme pas sa volonté d'incarner sans cesse l'histoire dans la destinée d'êtres de chair et de sang, une érudition qu'équilibre un irrésistible sens de l'humour, l'historien britannique en a fait un récit plein de couleurs, de suspense et de rebondissements, qu'entrecoupent les plus subtiles des analyses des sources littéraires, juridiques ou archéologiques. Il y met en évidence le rôle déstabilisateur joué dans le *Barbaricum* par l'avancée des Huns, attirés par la soif de pillage vers le monde romain, le cercle infernal qui conduisit l'empire à se priver, par ses propres concessions territoriales aux envahisseurs barbares, des ressources fiscales qui seraient nécessaires à l'organisation de leur reconquête, le caractère décisif joué, au dernier acte, par la conquête de l'Afrique par les Vandales et par la dislocation de l'empire d'Attila, déversant sur le monde romain la poussière de peuples tenus jusqu'alors sous le joug. Négligé par les tenants français de l'historiographie dominante, toujours englués dans leur vision iréniste d'une transition douce entre l'Empire romain et les royaumes barbares qui lui ont succédé en Occident, ce livre s'impose, à la relecture qu'offre aujourd'hui la réédition de sa traduction en français, comme un chef-d'œuvre. ***MDeJ***

Les Belles Lettres, « Le goût de l'Histoire », 806 pages, 21 €.

Les Peuples du Nord. Ier-XIe siècle. **Lucie Malbos**

Pendant longtemps, l'histoire des peuples nordiques avait été négligée, en partie du fait de la rareté de sources écrites. Actuellement, les synthèses à leur sujet se multiplient, souvent plus fantasmées qu'historiques. L'intérêt de cet ouvrage est de présenter un millénaire (Ier-XIe siècle) sans verser dans l'imaginaire ni se limiter aux raids vikings considérés comme l'un des signes du dynamisme des sociétés scandinaves. Plus qu'un résumé du phénomène viking, il s'agit d'une approche historique centrée sur l'espace scandinave et ses sociétés, qui connaissent de profondes mutations : débuts de l'urbanisation, constitution de trois monarchies chrétiennes (Danemark, Norvège, Suède), essor de l'agriculture, intensification de l'exploitation des ressources, renouveau des échanges et des voyages maritimes avec le franchissement de l'Atlantique autour de l'an 1000. Dans la seconde moitié du XIe siècle, le monde scandinave entre pleinement dans le Moyen Age occidental. Intéressantes annexes sur les runes, système d'écriture qui remonterait peut-être au Ier siècle de notre ère et qui n'était pas cantonné à l'origine à la seule Scandinavie. ***FV***

Belin, 640 pages, 49 €.

Atlas des guerres. Moyen Age. Occident, Byzance et Orient du Ve au XVe siècle

Loïc Cazaux (texte) et Guillaume Balavoine (cartographie)

Un millénaire de guerres ? Fin de l'Empire romain, installation des Barbares, conquêtes de l'Islam, chute de Byzance, formation de l'Empire ottoman, guerre de Cent Ans, croisades, guerres civiles. Et des figures, réelles ou imaginaires, toutes guerrières, Roland, le Cid, Godefroy de Bouillon, Jeanne d'Arc, Lancelot, les chevaliers de la Table ronde. Où les situer ? De quoi donner le tournis. En prenant la guerre comme vecteur de développement des sociétés et des pouvoirs, cet atlas propose une approche globale de l'évolution de l'Occident et de l'Orient. Avec ses 200 cartes, générales (conquêtes de Charlemagne ; origines des croisés à la fin du XIe siècle), plus détaillées (chevauchées anglaises sous Edouard III ; zones de ravitaillement des armées royales à la fin du règne de Louis XI) et ses croquis (évolution de l'architecture castrale en France et en Angleterre), il est un outil indispensable à qui veut s'informer sur l'histoire médiévale. ***FV***

Autrement, 192 pages, 29,90 €.

Aliénor d'Aquitaine. **Philippe Tourault**

Reine de France puis d'Angleterre, femme de pouvoir et d'intuition, rebelle tombée en disgrâce, péniblement et tardivement réhabilitée, Aliénor d'Aquitaine fascine, qu'elle suscite l'adhésion ou la répulsion. Dans un récit où l'on pourra regretter le manque de contextualisation de certaines sources, l'auteur livre son interprétation du personnage en le replaçant dans un contexte médiéval où la femme serait de facto entravée dans son désir de s'affirmer, d'où l'accusation facile de rébellion qui la poursuit. Si l'on croise avec délectation les grandes figures du siècle qu'elle a côtoyées, Aliénor, au crépuscule de sa vie les surpasse de sa royale dignité, malgré les épreuves et les humiliations. Son sens du devoir et la conscience zélée de son rang n'y sont pas étrangers. ***MP***

Perrin, 288 pages, 21 €.

La Mémoire des croquants. Chroniques de la France des campagnes, 1435-1652

Jean-Marc Moriceau

Selon un mot de Fernand Braudel, « *les campagnes françaises ont peut-être été longtemps "le livre de raison" de notre pays, auquel il convient de se reporter pour le bien comprendre* ». Spécialiste de ces gens de la terre qui ont dessiné la France, Jean-Marc Moriceau restitue leurs traces et leur univers dans la diversité des situations régionales de 1435 à 1652. Comment vivaient-ils ? Peinaient-ils ? Que pensaient-ils ? Comment imaginaient-ils leur monde ? Avec cet historien, cette masse de petites gens s'anime à la lumière de documents. A sa suite, entrons dans les villages, arpentons terres, bois et vignes, pénétrons à l'intérieur des fermes, craignons « gens-pille-hommes », participons à des processions blanches : une immersion complète, souvent déroutante, dans l'histoire de nos vieilles campagnes. ***FV***

Tallandier, « Texto », 864 pages, 13,90 €.

Histoire des ninjas

Pierre-François Souyri

Popularisés en Occident par la littérature, le cinéma et les mangas, les ninjas restent pourtant un objet historique (presque) non identifié. Ce n'est que récemment qu'au Japon même, des historiens en ont fait un thème de recherche. Spécialiste de l'ère médiévale de ce pays, Pierre-François Souyri entraîne donc son lecteur à la fin du XVIe siècle, qui voit émerger les ninjas, terme dont la signification renvoie à l'idée de se cacher mais aussi à celle d'endurer. Personnages interlopes, hommes de main et espions au service d'un seigneur, les ninjas furent par la suite élevés au rang mythique de combattants à l'efficacité redoutable, dont témoignent des textes visant à les réhabiliter, avant de les présenter comme des magiciens et d'en faire des personnages de théâtre. ***PM***

Tallandier, 288 pages, 20,90 €.

A paraître le 3 octobre.

Une autre histoire de la Renaissance. Paroles d'objets. **Elisabeth Crouzet-Pavan**

En lisant et relisant la littérature de la Renaissance, l'historienne a été stupéfaite du nombre impressionnant d'outils et d'objets luxueux qui parsèment ces écrits où ils tiennent un rôle important. S'y ajoutent les inventaires après décès et l'iconographie. De quoi les décrire et les « faire parler » : parures de lit, majoliques, coupes de verre, encriers, tapisseries, panneaux peints, tapis du Levant (les plus chics) – Laurent le Magnifique en possédait 70, commandés à Constantinople. Le statut de l'artiste commence à se distinguer de celui de l'artisan. Ces créateurs sont aussi une bande d'amis qui comptent dans leur clientèle l'élite des villes. L'enquête de l'historienne porte sur le monde des objets dont le nombre augmente alors et qui révèlent une distinction sociale. Ainsi l'encrier valorise la quête du savoir et le travail des lettrés et l'assiette personnelle accompagnée de couverts en métal précieux (fourchette en argent) ne concerne qu'une élite. Des pots à basilic au lit, *« un meuble d'exception »*, décoré, rouge si possible, la plus coûteuse des teintures, qui peut atteindre une valeur supérieure à un tableau peint par le plus coté des maîtres, l'auteur dégage une *« anthropologie du quotidien »*. Elle porte à la fois sur l'histoire sociale, économique et culturelle. ***FV***

Albin Michel, 384 pages, 24,90 €

La Vraie Histoire des corsaires. **Dominique Le Brun**

Si l'homme a toujours chéri la mer, que dire des corsaires qui, tout en servant leur pays, ont adoré aussi leur liberté ? Le plus célèbre d'entre eux, Robert Surcouf, rappelle Dominique Le Brun dans cette histoire passionnante, n'accepta jamais les offres de Napoléon d'entrer dans la Marine, à la différence, avant lui, d'un Jean Bart et d'un Duguay-Trouin, devenus chefs d'escadre de la Royale. Le corsaire est avant tout un civil qui a reçu de son gouvernement l'autorisation d'attaquer les navires ennemis, pratiquant une forme particulière de guerre, essentiellement économique, puisqu'il s'attaque surtout aux navires marchands. La Première Guerre mondiale change la donne et le corsaire participe à la guerre totale ou, aujourd'hui, aux croisades humanitaires ou considérées comme telles. ***PM***

Tallandier, 336 pages, 22 €.

Nouvelle histoire économique du Consulat et de l'Empire
Thierry Lentz (dir.)

Il fallait bien la vingtaine d'historiens et d'économistes emmenés par Thierry Lentz pour brosser cette passionnante fresque, longtemps négligée car dissimulée derrière les guerres du Consulat et de l'Empire. Parce qu'elle coïncide avec le début de l'économie envisagée comme science (une note de lecture de Bonaparte sur *La Richesse des nations* d'Adam Smith le rappelle opportunément) et qu'elle fut riche en création d'institutions ad hoc (la Banque de France ou le Code de commerce), la période napoléonienne est un moment de choix pour étudier les transformations à l'œuvre en France dans ce domaine. Divisée en cinq parties (« Hommes et idées », « Cadres et institutions », « Conjonctures et événements »…), son histoire économique est décortiquée ici par le menu, passant en revue ce que l'on connaît un peu (les institutions, l'interventionnisme de Napoléon), mais dévoilant aussi des éléments méconnus comme le coût de la vie – du salaire d'un journalier à celui d'un avocat –, proposant des focus sur l'économie de Lyon ou de Marseille, ou un bilan chiffré de l'économie de la guerre. Une analyste financière propose même une évaluation du risque souverain de la France napoléonienne à la manière des fameuses agences de notation contemporaines ! ***GC***

Passés/Composés, 588 pages, 27 €.

Les Premiers Préfets maritimes. 1800-1815. **Patrick Le Carvèse**

Dans son *Napoléon, ou le mythe du sauveur*, Jean Tulard avait invité ses lecteurs à se pencher sur des *« questions à étudier »* dont certaines sont longtemps restées orphelines. L'une d'elles vient de trouver son historien, avec la formidable étude en deux volumes (!) de Patrick Le Carvèse sur les préfets maritimes, de 1800 à 1815. Il est réconfortant de voir qu'un auteur et un éditeur ont consacré autant de temps, d'énergie et de moyens pour parvenir à un tel résultat. A l'étude systématique et définitive de l'institution, de ses missions et moyens, Le Carvèse a ajouté une minutieuse prosopographie des titulaires qui furent tous de grands marins et d'excellents administrateurs. ***TL***

SPM, « Kronos », vol. 1, 586 pages, 55 € ; vol. 2, 472 pages, 50 €.

La France au XIXe siècle
Guillaume Cuchet

Spécialiste d'histoire contemporaine et de religion, Guillaume Cuchet revisite de manière synthétique la succession de régimes qui suivit la chute de Napoléon. Dans cette plongée dans l'instabilité mais aussi dans chacune des phases politiques qui ont marqué la vie institutionnelle française, il entend déterminer pourquoi la République parvint à s'imposer durablement après 1870. Une des raisons est certainement l'épuisement dynastique, aussi bien du côté des royalistes que des bonapartistes. L'autre facteur, l'auteur le situe dans l'assagissement de Paris, dû en partie à « l'haussmannisation » de la ville, qui déplace les populations et les foyers de contestation révolutionnaire en les éloignant de la proximité du pouvoir. ***PM***

Calype, 112 pages, 11,90 €.

L'Armée allemande, 1870-1945. **Benoît Rondeau**

« *L'armée allemande fut-elle la meilleure armée de son temps à un moment ou à un autre de son histoire ?* » C'est la question à laquelle l'auteur entend répondre en décryptant la réputation d'excellence et d'invincibilité qui auréole une armée bâtie autour du modèle prussien. Premier ouvrage de synthèse sur le sujet, ce livre d'un accès facile et bien mené parcourt successivement ses origines au XVIIe siècle, l'apogée que représenta le moment de l'unité allemande, puis les deux terribles guerres mondiales jusqu'à l'actuelle Bundeswehr, ombre de ce qu'elle fut, en passant en revue le commandement, l'appareil militaire, la tactique ou la discipline. Malgré ses faiblesses, notamment une stratégie minée par l'absence d'une vision à long terme, le constat s'impose : l'armée allemande prend place « *parmi les plus formidables outils militaires de l'histoire* ». ***GC***

Buchet Chastel, 320 pages, 25,50 €.

Les Français d'une guerre à l'autre. **Antoine Prost**

Excellent connaisseur de la Belle Epoque et de la Grande Guerre, Antoine Prost dresse ici un portrait des Français de l'entre-deux-guerres, en expliquant comment ils vivaient et comment ils ont changé. L'auteur, qui s'appuie sur une masse considérable d'informations statistiques et une grande connaissance de la presse de l'époque, dresse un tableau aussi synthétique que remarquablement complet de la société des années 1920 et 1930. Il souligne la rupture de la Grande Guerre, qui crée dans l'urgence des droits et des impôts nouveaux, impose de gros chantiers de reconstruction, provoque une inflation dramatique (100 francs-or de 1913 ne valent plus que 12 francs en 1939 et 90 centimes en 1948) et accroît la main-d'œuvre féminine dans les usines. L'ouvrage contient des chapitres très intéressants sur la fin des rentiers, l'essor d'une bourgeoisie dont les représentants font des études pour devenir cadres, les classes intermédiaires qui se recomposent et le monde rural. ***EM-R***

Gallimard, 448 pages, 24,50 €.

Histoire de la vie quotidienne en France au XXe siècle

Eric Alary (dir.)

Le livre s'ouvre à la fin du XIXe siècle, sur la Belle Epoque et une vie principalement rurale, aux habitudes ancrées dans une lointaine histoire. La Première Guerre mondiale représente un choc, bientôt absorbé par les Années folles, appelées ici « *années grises* » car si elles apportent un confort relatif, le gaz et l'électricité, elles témoignent aussi d'un grand vide démographique : absence des hommes morts au combat et absence d'enfants. La Seconde Guerre mondiale malmène encore les populations. Avec la paix retrouvée, dans les années 1950, un changement s'opère définitivement qui s'épanouit dans les années 1960 avec l'irruption brutale de la jeunesse sur la scène politique et morale. Les vingt ans qui suivent sont ceux de la crise économique qui renforce l'hédonisme des baby-boomers devenus adultes. « *L'approche du troisième millénaire* », dans les années 1990, annonce les innovations que nous voyons s'opérer sous nos yeux : individualisme et internet. On peine à trouver une cohérence à ce XXe siècle qui fonce à toute allure, comme les chapitres de ce manuel, qui aurait gagné à commencer dans les années 1930 lorsque la France bascule dans un monde définitivement urbain et à étoffer la description des modes de vie ultracontemporains. ***EM-R***

Nouveau Monde Editions, 320 pages, 24,90 €.

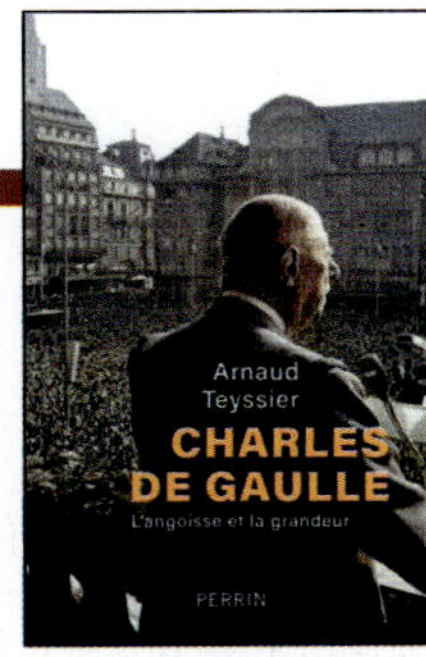

Charles De Gaulle. L'angoisse et la grandeur. **Arnaud Teyssier**

Les biographies du général De Gaulle se suivent et se ressemblent plus ou moins, mais celle-ci se distingue radicalement des autres par le parti pris de son auteur d'inscrire la vie de son héros sous le ressort de l'angoisse et de la grandeur. L'angoisse, cette « *disposition fondamentale qui nous place face au néant* », De Gaulle l'éprouvait déjà à sa façon dès son adolescence, marquée, comme il l'a confié, par une « *certaine fierté anxieuse* » à l'égard de la France. Quant à la grandeur, il faut croire qu'il y était prédestiné puisqu'on lui prête ce mot à l'âge de 10 ans : « *N'ai-je pas mon étoile ?* » C'est muni de cette double clé qu'Arnaud Teyssier, familier des Grands (on lui doit déjà un *Richelieu* et un *Lyautey* réédités dans la collection « Tempus »), revisite les grandes étapes de ce destin hors normes, animé – de bout en bout d'une vie de lutte pour se faire admettre comme le représentant, le porte-parole et l'incarnation de la France, puis pour faire reconnaître à la France son statut de grande puissance – par la force de conviction d'un « *jacobinisme dressé contre la décadence* », selon le mot de l'essayiste Stanley Hoffmann. Démonstration réussie, servie par une belle écriture, que cette réflexion sur la mystique gaullienne à l'œuvre dans la politique gaulliste. Mais il ne faut s'attendre à aucune révélation d'ordre factuel dans cette étude passionnante, et l'on a du mal, parfois, à y retrouver le politicien retors que De Gaulle fut aussi ; voire, surtout. ***H-CG***

Perrin, 656 pages, 26 €.

Le Salon vert. A l'Elysée, au cœur du pouvoir. **Marie-Béatrice Baudet et David Gaillardon**

Marie-Béatrice Baudet, grand reporter au journal *Le Monde*, et l'historien David Gaillardon ont uni leur talent pour retracer l'histoire du Salon vert, situé au premier étage de l'Elysée. Il doit sa couleur tilleul à l'impératrice Eugénie qui transforma le quartier général des aides de camp en une salle à manger aux décors XVIIIe siècle. Jouxtant le bureau présidentiel, il a une situation stratégique. Là ont été prises de nombreuses décisions économiques, sociales et internationales ; là se sont déroulés des événements insolites : un souper où Louis-Napoléon Bonaparte convia Victor Hugo en 1848, la veillée funèbre du président Paul Doumer en 1932, et, plus près de nous en 2008, le mariage de Nicolas Sarkozy et de Carla Bruni. Cette visite, réalisée au pas de course, non sans humour, repose sur des documents d'archives et sur les confidences de responsables politiques et de hauts fonctionnaires. ***EM-R***

Grasset, 144 pages, 16 €.

Les Grands Ministres qui ont fait la France. **Jean-Christian Petitfils (dir.)**

Alors que la France a vécu pendant plusieurs semaines dans l'attente d'un nouveau chef de gouvernement, voici un livre qui tombe à pic. Il ne se propose pas tant de présenter le rôle et la fonction de Premier ministre, pour reprendre l'appellation actuelle qui a connu des variantes dans le temps, que de la donner à voir à travers vingt-deux portraits. Le critère de la sélection ? Ces hommes auraient eu *« le sens de l'Etat et de l'intérêt général, le désir de peser sur le destin des Français »*. De Suger à Pompidou, en passant notamment par Richelieu, Colbert ou plus près de nous Ferry, Blum et Pinay, une vingtaine d'historiens placés sous la houlette de Jean-Christian Petitfils s'attachent à décrire leur personnalité et à présenter leurs réalisations. ***PM***

Perrin/*Le Figaro*, 400 pages, 23 €. A paraître le 17 octobre.

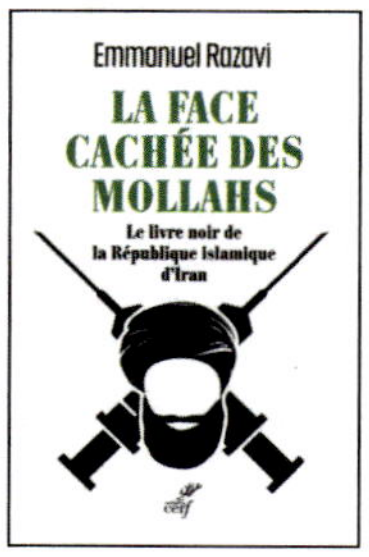

La Face cachée des mollahs. Le livre noir de la République islamique d'Iran. **Emmanuel Razavi**

Le 31 mars 1979, l'ayatollah Khomeyni déclare l'instauration d'une république islamique dans son pays. S'édifie alors un système que le journaliste Emmanuel Razavi qualifie, au terme d'une longue enquête, de terroriste et de mafieux, *« lié aux cartels du trafic d'armes, de la drogue et de la prostitution »*. Encouragé au départ par les Occidentaux, avant de leur échapper rapidement, ce régime chiite s'est forgé sur le modèle des Frères musulmans, pourtant sunnites, en s'appuyant sur la violence, l'exportant par le terrorisme, s'affranchissant de certaines règles de l'islam (comme avec l'instauration du mariage temporaire en faveur des hommes) aussi bien que du droit international.
Une descente aux enfers en un peu plus de 200 pages, terrifiantes et passionnantes. ***PM***

Les éditions du Cerf, 236 pages, 22 €.

« En chiffres et en dates » **Jean-François Bonhoure et Diane Pradal**

La collection « Librio », déjà forte de quelque 750 titres, s'enrichit encore pour faire redécouvrir l'histoire dans ses grands thèmes. Ses derniers ajouts dans la série « En chiffres et en dates » : *La Révolution française*, les *Première* et *Seconde Guerres mondiales*, *La Guerre froide*. Une réussite : des récits simples et rigoureux, des tableaux et graphiques limpides et pertinents, des « zooms » originaux sur des épisodes pas toujours célèbres. Une lecture toujours utile : à l'enfant qui pose des questions et à qui l'on souhaite donner une base rigoureuse et accessible, à l'adolescent ou l'étudiant qui révise et veut s'approprier un thème, à l'adulte qui a oublié et s'en repent. ***L-AL***

Flammarion, « Librio », « En chiffres et en dates », 96 pages, 5 € chaque volume.

La Culture de la beauté. **Bruno Henri-Rousseau**

Fort de son expérience dans la gestion du patrimoine, des Carrières de Lumières à la villa Ephrussi de Rothschild, l'auteur propose dans cet essai une réflexion alerte sur la beauté comme fondement de toute civilisation. Il faut dire qu'il a de qui tenir : son bisaïeul était un peintre orientaliste talentueux et raffiné. Lui semble avoir plutôt l'âme d'un archéologue. Comme il explorerait un tombeau oublié, Bruno Henri-Rousseau plonge dans ce qu'il nomme avec raison *« les grandes sources »* pour en faire saillir ces piliers que sont la nature, le monde grec et l'héritage chrétien. De la statuaire antique à Frédéric Mistral, en passant par Giotto, Caravage ou Racine, il définit à petites touches l'insaisissable beauté comme l'aliment même de l'âme humaine. Et tout en déplorant sa disparition sous les coups d'une modernité qui, ivre d'elle-même, prétend s'en affranchir, propose des pistes pour rendre à la France son *« génie du beau »*. Parmi elles, l'appel à de *« nouveaux Médicis »* pour *« favoriser toutes les formes de beauté »*, à travers des projets culturels multiformes qui seraient un triple antidote à la bétonisation de la France, à l'enlaidissement des esprits et à l'assèchement de l'âme. Une réflexion stimulante et salutaire. ***GC***

Les Editions Baudelaire, 80 pages, 13,50 €.

Par Eugénie Bastié

© HANNAH ASSOULINE/OPALE.

HANNAH ET SA SŒUR

Bérénice Levet nous emmène dans son dernier livre à la découverte de la pensée d'Hannah Arendt. Elle nous initie avec elle à une stimulante réflexion sur les menaces qui planent sur la modernité.

« *Avec la conception et la naissance, les parents n'ont pas seulement donné la vie à leurs enfants ; ils les ont en même temps introduits dans un monde* » : cette phrase d'Hannah Arendt, lue à 16 ans, fut pour Bérénice Levet une révélation. Nous ne sommes pas jetés dans la vie comme des monades délestées de tout héritage : nous entrons dans un monde, c'est-à-dire un univers commun, tissé de liens sociaux et de sédimentations culturelles, qui nous précède et qui nous transcende. Ce pourquoi le souci du monde est l'essence même de la politique. Dans un ouvrage mêlant admiration et réflexion sur le présent, Bérénice Levet nous transmet avec passion l'essence de la pensée d'Hannah Arendt qu'elle résume en une formule : « *se plaire aux limites que la condition humaine nous fixe* ». Car c'est bien un *amor mundi*, une passion du réel, que la philosophe allemande devenue américaine oppose à toutes les tentatives meurtrières du XXe siècle de faire et défaire l'homme.

Bérénice Levet nous rappelle à quel point, juive – mais athée –, Hannah Arendt s'est appuyée sur la Bible : du concept de « *cœur intelligent* » tiré du Livre des Rois à ses réflexions sur l'espoir, le pardon et la bonté. Elle admirait dans le christianisme une « *pensée de la finitude* », « *seul contrepoids à un humanisme de gauche en rébellion contre le donné de l'existence* ». L'homme moderne a fini par en vouloir à tout ce qui est donné. Hannah Arendt invite au contraire à se réconcilier avec la part non choisie de l'existence. Dans un article peu connu intitulé *Chrétienté et révolution* et consacré à Péguy, Chesterton, Bernanos et Maritain, elle interprète le retour ou la conversion des trois premiers au christianisme comme le témoignage d'une formidable lucidité. Inquiets quant au matérialisme grandissant de la fin du XIXe siècle, ils trouvèrent dans le christianisme l'antidote à « *toutes les tentatives modernes – psychologique, technique, biologique – de changer l'homme en superman monstrueux. (…) Ils s'aperçurent que la poursuite du bonheur qui voudrait chasser tout chagrin finirait rapidement par chasser toute gaieté* ».

Bérénice Levet nous initie avec finesse au concept de « *banalité du mal* » inventé par Arendt lors du procès Eichmann, et désormais très galvaudé. La banalité du mal, ce n'est pas l'hypothèse psychologique d'un docteur Jekyll et Mr Hyde qui ferait qu'un individu ordinaire puisse cacher un pervers monstrueux, mais l'idée que la moralité est un dispositif. « *Pendant des siècles, les hommes ont été punis pour désobéissance ; à Nuremberg, ils l'ont été pour obéissance* » : Arendt fut très frappée par cette phrase de Peter Ustinov. Il existe des conditions qui permettent à l'homme d'avoir une conscience ; le totalitarisme, par l'atomisation sociale qu'il provoque, la soumission machinale à une bureaucratie qui enveloppe l'existence, les abolit. Arendt défend là-contre une conception socratique de la conscience morale. C'est ce qu'elle veut dire lorsqu'elle affirme que « *c'est dans le vide de la pensée que s'inscrit le mal* ». La pensée n'est pas l'intelligence, mais le dialogue permanent qu'on entretient avec soi-même. La bureaucratie totalitaire crée des individus vivant à la surface d'eux-mêmes et indifférents au mal parce qu'elle tue en eux la vie intérieure qui leur aurait permis de s'en prémunir. Mais nos sociétés ne sont pas moins menacées : le divertissement permanent peut jouer le même rôle que la police de la pensée. La banalité du mal, ce n'est pas une monstruosité qui surgit, mais un manque de profondeur qui s'installe, la superficialité d'individus devenus indifférents aux catégories de la morale.

Arendt est-elle conservatrice ? Assurément, non dans le sens d'une défense de l'ordre bourgeois, mais dans la conviction que la civilisation nécessite des fondations, qu'elle est un legs précieux qu'il est délicat de transmettre et facile de briser. « *Le fameux "déclin de l'Occident" consiste essentiellement dans le déclin de la trinité romaine de la religion, de la tradition et de l'autorité* », écrit-elle dans *La Crise de la culture.* A l'heure où l'Occident semble osciller entre la tentative sans cesse renouvelée de déconstruire son héritage et la tentation de se complaire dans une muséification permanente de son histoire (l'obsession mémorielle), Hannah Arendt nous éclaire puissamment. La crise de la culture, de l'éducation et de l'autorité qu'elle avait diagnostiquée est encore la nôtre.

À LIRE

Penser ce qui nous arrive avec Hannah Arendt
Bérénice Levet
Editions de l'Observatoire
240 pages
21 €

Par Marie-Amélie Brocard

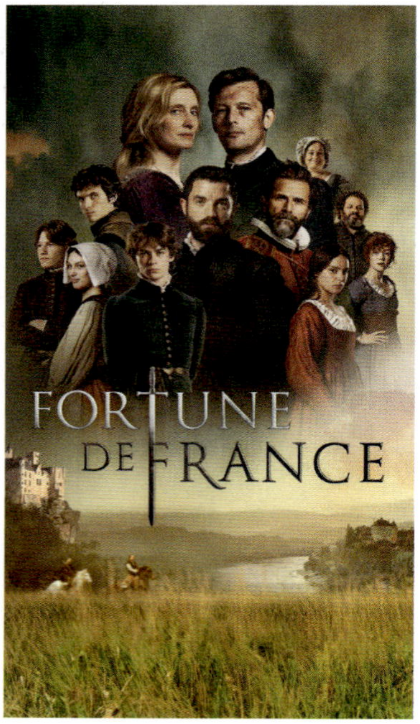

Heurs et malheurs de la fortune de France

L'adaptation par France 2 de la fresque historique *Fortune de France* fait honneur au roman à succès de Robert Merle.

MAÎTRE EN SA DEMEURE Ci-dessus : scène de la série *Fortune de France*, adaptée de la saga de Robert Merle et réalisée par Christopher Thompson. Avec notamment, dans le rôle principal de Jean de Siorac, le comédien Nicolas Duvauchelle *(debout, en bout de table)*.

En 1557, alors qu'une sanglante rivalité s'installe entre catholiques et partisans de la religion dite réformée, s'élève au cœur du Périgord, à quelque distance de la ville de Sarlat, le château de Mespech. Il abrite la famille de Jean de Siorac et toute sa domesticité. Acquis à la religion nouvelle malgré sa femme Isabelle, fervente « papiste », le chevalier de Siorac, qui a reçu ses titres de noblesse sur le champ de bataille, et qui deviendra bientôt baron de Mespech, travaille, avec son ami fidèle l'écuyer Jean de Sauveterre et sous le regard admiratif de son fils Pierre, à assurer la sécurité et la paix de sa maisonnée tout en propageant autour de lui ses convictions religieuses.

C'est en 1977 que Robert Merle avait publié le premier volume de ce qui allait devenir une série littéraire à succès, *Fortune de France*. En réponse à l'interrogation de Michel de L'Hospital, qui œuvra à la pacification civile du royaume, *« Ne verra-t-on la fortune de France relevée ? »*, Robert Merle offrait, à travers la voix de son narrateur, Pierre de Siorac, fils de Jean, le tableau d'une famille huguenote de province qui traversait le XVIe siècle en tâchant de servir sa religion et son roi malgré ce qui les opposait. En même temps que la grande histoire, où évoluaient les personnages principaux, c'est tout un monde de petites gens vivant dans l'entourage de la famille qui s'animait dans cette série de romans, ainsi qu'un parler d'autrefois qu'adoptait la voix du narrateur et qui donnait à cette fresque romanesque tout son charme.

C'est toujours avec un peu d'inquiétude qu'on aborde une production française historique pour la télévision, surtout lorsqu'il s'agit d'une adaptation. Bien qu'on ait du mal à comprendre pourquoi il était nécessaire de bousculer la chronologie du roman, de modifier les âges des personnages et de rajouter certaines intrigues quand l'œuvre originale offrait bien assez de matière, on baisse pourtant rapidement la garde face à la réussite d'une reconstitution fidèle d'un monde médiéval souvent malmené. La Renaissance n'est en effet pas encore réellement arrivée dans la province périgourdine et c'est davantage une plongée dans l'automne du Moyen Age qui s'offre au téléspectateur. Si les scénaristes n'ont pas le talent de Merle pour ressusciter la langue chantante d'antan, on retrouve toutefois avec bonheur des dialogues du roman qui reviennent régulièrement dans la bouche des personnages.

On a par ailleurs l'heureuse surprise d'une fiction qui revient sur l'histoire de France sans sacrifier sur l'autel du wokisme. Tout juste quelques ajouts ont-ils été apportés à l'œuvre originale pour donner plus de place aux personnages féminins et en faire des femmes fortes avec une touche de féminisme, mais sans forcer excessivement le trait. Si le premier épisode, assez à charge contre le parti catholique, laisse craindre une approche manichéenne qu'avait justement tenté d'éviter Robert Merle, la suite se défait de cette outrance, à défaut d'apporter beaucoup de nuance. Dans l'univers que fait revivre la série, on reste de fait sur des exécutions expéditives et du brigandage qui se pare de prétextes religieux, tandis qu'un voile pudique est jeté sur l'expédition de Condé et de Coligny (bien présente dans l'œuvre de Robert Merle), qui livrèrent Le Havre et promirent Calais à la reine d'Angleterre en échange de son soutien pour lever une armée contre le pouvoir royal. Mais on retiendra surtout de beaux décors et costumes qui, sans tomber dans l'extravagance, ressuscitent un début de Renaissance juste et crédible, un casting convaincant avec notamment Nicolas Duvauchelle, qui incarne avec talent les forces et les failles de Jean de Siorac, et une histoire menée avec rythme, qui embarque sans peine le téléspectateur.

• ***Fortune de France*, 6 épisodes, depuis le 16 septembre, les lundis à 21 h 05 sur France 2, puis disponibles en intégralité sur France.tv**

LUMIÈRE SUR L'ÉCHAFAUD

Le 17 juillet 1794, sur la place du Trône-Renversé (actuelle place de la Nation), seize religieuses carmélites, arrachées à leur carmel de Compiègne, montent sur l'échafaud en chantant des cantiques après avoir renouvelé, chacune leur tour, entre les mains de leur prieure, leurs vœux de religion. Voilà déjà deux ans que, condamnées pour « fanatisme », elles ont consenti à ce martyre, s'offrant en holocauste dans une prière d'abandon qu'elles récitaient chaque jour. Dix jours après la mort de celles qui avaient offert leurs vies pour la paix, le coup d'Etat du 9 thermidor mit fin à la Terreur. La liturgie qui accompagna leur procession vers la mort, la paix qui émanait de ces sœurs, ont si fortement marqué les témoins que leur souvenir a traversé le temps et les frontières. En 1896 s'ouvre leur procès en béatification. En 1906, le pape Pie X les béatifie. En 1931, une Allemande, protestante convertie, livre de leur histoire une magnifique version romancée, *La Dernière à l'échafaud*. De cette nouvelle, Georges Bernanos tirera en 1947 son chef-d'œuvre, *Dialogue des carmélites*. Initialement projeté comme scénario d'un film, il sera finalement adapté au théâtre après sa mort, puis transformé en opéra par Poulenc en 1957, avant de voir enfin le jour sur le grand écran en 1960, derrière la caméra de Philippe Agostini et du père Bruckberger. C'est à la fois sur le destin extraordinaire de ces femmes si ordinaires et sur la fécondité de leur mort que revient le documentaire admirable proposé par KTO et formidablement illustré par le dessinateur Ixène. Porté par les interventions d'historiens, des carmélites de Jonquières, héritières du carmel de Compiègne et gardiennes des souvenirs et archives de leurs aînées, et de ceux qui œuvrent à la reconnaissance de la sainteté des seize religieuses, le film de François Lespes est un hommage vibrant d'émotion dont on ressort la gorge nouée.

• ***Bienheureuses. La véritable histoire des carmélites martyres de Compiègne*, 1 h 07, disponible sur ktotv.com**

DES HÉROS ET DES DIEUX

Fort du succès des trois saisons de la série *Les Grands Mythes*, qui invitait le téléspectateur à redécouvrir la mythologie grecque, François Busnel se tourne désormais vers le nord en proposant un voyage dans les récits fondateurs de la mythologie viking. On retrouve ici les ingrédients qui ont fait le succès de la série originale : un récit rythmé, toujours porté par la voix de François Busnel et enrichi d'une abondante iconographie tirée de toute l'histoire de l'art, mais aussi de superbes animations originales. Odin, Loki, Thor, le héros Sigurd ou l'arbre-monde Yggdrasil surgissent alors, portés par la force de récits épiques qui ont traversé le temps.

• ***Les Mythes vikings*, série documentaire de 10 épisodes de 26 minutes, sur Arte, du 6 octobre au 3 novembre, les dimanches à 16 h 45 et sur arte.tv**

Par Luc-Antoine Lenoir

La chapelle aux merveilles

Le trésor de la cathédrale Notre-Dame de Chartres se livre à nouveau au public dans la chapelle Saint-Piat restaurée.

Passons, sans l'oublier, devant le voile de la Vierge ou « sainte chemise » : brandie par Charles le Chauve devant Chartres en 876, elle y est restée, trésor du trésor, raison d'être de la cathédrale et de ses milliers de pèlerins à travers les âges. Elle a sa propre chapelle ainsi qu'un nouveau reliquaire. L'ancien a rejoint la chapelle Saint-Piat, du XIVe siècle, avec le reste de la collection.

Tout juste restaurée, celle-ci accueille à nouveau le visiteur dans l'axe du chevet, au prix de quelques marches derrière une belle porte en bois sculpté. On oublie malheureusement le tour du chœur, lui aussi restauré, éclatant de toute sa pierre blanche au fil de quarante scènes des Evangiles. Chaque chose en son temps… Ici, une lumière plus blonde enveloppe le visiteur, et des vitraux illuminent des objets d'or et d'argent. Les trésors tapissent chronologiquement les murs. Le tabernacle de Saint-Aignan, pièce rare d'émaillerie limousine, récemment enrichi par l'acquisition d'une plaque émaillée, trône en majesté au centre de la petite nef. Un bras reliquaire du XIIIe siècle étonne par la précision de son drapé. La navette de Miles d'Illiers, d'argent doré sertissant une coquille de nacre (1540), devait conserver magnifiquement dans sa soute l'encens liturgique.

Au XVIe siècle, c'est l'or pur qui prend peu à peu le relais, avant d'apparaître à profusion au XIXe siècle, la surreprésentation de l'époque s'expliquant surtout par les saccages révolutionnaires. Le siècle suivant lui répond par le dépouillement, recherché par les artistes avant même Vatican II, jusqu'à la paradoxale exubérance de l'orfèvre Goudji. L'intérêt du trésor, c'est de représenter le catholicisme à travers les âges tout en continuant de servir à la liturgie quotidienne. Mais aussi à travers les lieux : la chapelle présente d'émouvants ex-voto, comme les *wampums*, ceintures en perles et piquants de porc-épic offertes à Chartres à la fin du XVIIe siècle par les « premières nations » de la Nouvelle-France, celles des Hurons et des Abénaquis. Les Amérindiens convertis y avaient exprimé, en latin, leur reconnaissance, tissant avec la cathédrale un lien jamais rompu depuis.

Tout près, des armures royales (l'une du règne de Charles VI, au XIVe siècle) témoignent de la protection divine invoquée avant chaque bataille. Dans la salle capitulaire, à l'étage inférieur, on découvre des éléments du jubé du XIIIe siècle, démonté à partir de 1763, ainsi que d'impressionnantes statues qui ornaient le portail royal du XIIe siècle, d'influence byzantine. En deux petites salles, impossible de dire combien de siècles, de civilisations et d'artistes on croise, unis dans une seule foi.

• « Trésor de la cathédrale Notre-Dame de Chartres », chapelle Saint-Piat, cathédrale, 28000 Chartres. Rens. : cathedrale-chartres.org

LE REPOS D'UNE REINE

Fontevraud ressuscite l'âme d'Aliénor d'Aquitaine, reine à deux couronnes et témoin d'un Moyen Age tourmenté. Connue pour son esprit affûté et son pouvoir sans égal, Aliénor choisit l'abbaye pour ses dernières années et y repose depuis sa mort en 1204. Son mausolée, édifié au XVIIe siècle à l'initiative de Jeanne-Baptiste de Bourbon dans la nef de l'église abbatiale avant d'être saccagé à la Révolution, puis à l'époque où l'abbaye servit de prison, est ici recréé. Un parcours immersif permet de se mettre « dans les pas d'Aliénor » pour déambuler avec poésie dans la nécropole des Plantagenêts.

• « D'un monde à l'autre. La dernière demeure d'Aliénor », jusqu'au 3 mars 2025. Abbaye de Fontevraud, 49590 Fontevraud-l'Abbaye. Rens. : fontevraud.fr

DIVINES LUMIÈRES

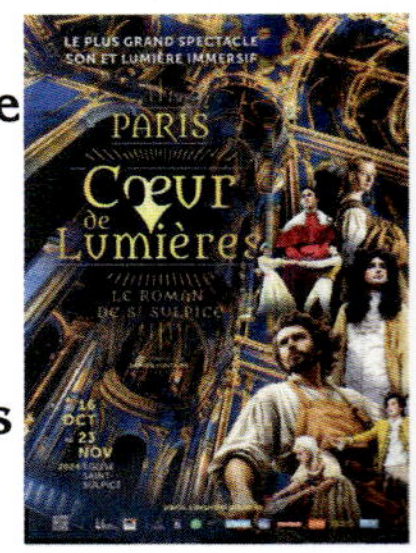

Dans Saint-Sulpice, un spectacle vivant embarque le spectateur dans une formidable épopée. Projections géantes et voix envoûtantes tissent le récit de plusieurs générations qui, de la Fronde à la Révolution, participèrent à la construction de l'édifice. Ebloui par les décors et le jeu des acteurs, on suit les destins croisés de familles parisiennes, tandis que les grandes heures de l'histoire de France se déroulent. Une prouesse technique au service d'un vrai roman d'aventures et de foi.

• « Paris, cœur de lumières. Le roman de Saint-Sulpice », du 16 octobre au 23 novembre. Eglise Saint-Sulpice, 75006 Paris. Rens. : paris.coeurdelumieres.fr

Par Jean-Robert Pitte,
de l'Institut

ALLUMER LE *PHO*

Vestige de la colonisation française et emblème national, le *pho* vietnamien trouve son origine dans le non moins populaire pot-au-feu de nos campagnes.

Toutes les cuisines d'Extrême-Orient sont riches en soupes de compositions variées. Au Vietnam, le *pho* est un véritable plat national que l'on prépare chez soi et que l'on peut consommer à toute heure du jour et de la nuit dans les échoppes de rue ou les restaurants. Pour l'énergie qu'il donne, on l'aime particulièrement au petit déjeuner. On le trouve toujours à la carte des innombrables restaurants vietnamiens très populaires dans toutes les villes françaises. Il s'agit d'un bouillon de bœuf qui a mijoté pendant des heures garni d'un émincé de viande de bœuf, de nouilles de riz et de divers ajouts aromatiques.

Traditionnellement, les soupes asiatiques sont à base de consommé de porc ou de volaille (poulet, canard) ou bien encore de crabes, de crevettes et de coquillages que l'on garnit souvent de nouilles ou de raviolis et de divers légumes, ainsi que d'épices et de sauce fermentée comme le soja. Au Vietnam, la reine des sauces est le nuoc-mâm. Elle est si goûteuse que les empereurs chinois Song (Xe-XIIIe siècle) en recevaient comme tribut de leur protectorat annamite. C'est un condiment fermenté à base de poissons, y compris leurs entrailles, et de sel. Très aromatique, il est aussi riche en protéines et contribue à l'équilibre diététique de l'alimentation des Vietnamiens. Il entre dans une famille de sauces quasiment universelle parmi lesquelles on peut citer le *garos* des anciens Grecs, le *garum* romain, le pissalat niçois, la *colatura* italienne, le *fafaru* polynésien et diverses variantes communes à tous les pays du Sud-Est asiatique. Le nuoc-mâm est inscrit sur la liste du patrimoine immatériel du Vietnam et pourrait un jour entrer sur la liste mondiale établie par l'Unesco, tant il est lié à l'identité culturelle du pays.

Jusqu'à la fin du XIXe siècle, on consommait peu la viande de bœuf (ou le buffle) dans l'Asie des moussons. C'était, en effet, un animal de trait, indispensable à l'agriculture et donc précieux. La colonisation française changea les habitudes alimentaires. Les militaires, les fonctionnaires et les planteurs introduisent en Indochine la baguette de pain, toujours populaire, comme dans toute l'Afrique francophone, le fromage *(pho mach)*, le chocolat *(so co la)*, le ragoût *(ra gu)* et le pot-au-feu, plat traditionnel des milieux populaires français. De là est né le *pho* qui se prononce… feu en vietnamien.

À LA SOUPE ! Ci-dessus : restaurant en plein air dans le jardin botanique de Hanoi, photo de Léon Busy, 1921. Fierté du Vietnam, la soupe *pho* se consomme à toute heure du jour et de la nuit.

LA RECETTE

LE *PHO* VIETNAMIEN

Préparer un consommé maigre à partir de parures et d'os de bœuf que vous cuirez à feu doux pendant 8 heures. Au dernier moment, émincez un morceau tendre de viande maigre de bœuf, du filet par exemple ou du rumsteck (100 g par personne) et cuisez à l'eau salée 100 g de nouilles de riz fraîches par personne. Dans le consommé frémissant, ajoutez des oignons frais émincés, des pousses de soja, un morceau de gingembre en fins bâtonnets, du piment oiseau, selon le goût, une étoile de badiane, un petit bâton de cannelle et, surtout, du nuoc-mâm. Trois minutes avant de servir, ajoutez l'émincé de bœuf cru, puis les nouilles, et enfin, au dernier moment, de la coriandre et de la ciboule ciselées. Arrosez de quelques gouttes de citron vert et servez brûlant. Si le thé ne vous fait pas fantasmer, un côtes-du-jura issu de savagnin accompagnera très bien ce plat vietnamo-français.

EN COUVERTURE

40 À l'ouest d'Éden

Sitôt leur indépendance acquise, les États-Unis consacrèrent leurs forces à leur expansion territoriale sur le continent américain, façonnant une nation exploratrice et conquérante.

50 Le monde ne suffit pas

Le tournant du XXe siècle vit, avec le débarquement américain à Cuba contre l'Espagne, l'avènement d'une puissance impériale dont le souffle ne faiblira plus au fil des décennies, par-delà les guerres mondiales et la guerre froide.

80

Soft power, l'empire de la séduction

L'« américanisation du monde » fut soutenue tout au long du XXe siècle par l'exportation continue de films et d'objets du quotidien, synonymes d'un mode de vie nouveau et attrayant. Un message qui se brouille néanmoins à l'heure du wokisme.

1776-2024

L'Amérique et le monde

De l'isolationnisme à la quête de l'hégémonie

Et aussi

Wilson, les illusions perdues

La compagnie des ombres

Reagan, cavalier seul

Rien que pour vos yeux

Les maîtres du jeu

Il était une fois l'Amérique

Extension du domaine de la lutte

Les quatre fantastiques
Le mémorial du mont Rushmore, dans le Dakota du Sud. Réalisées entre 1927 et 1941, les sculptures représentent les présidents les plus importants de l'histoire américaine, de l'indépendance au début du XXe siècle. De gauche à droite : George Washington, Thomas Jefferson, Theodore Roosevelt et Abraham Lincoln.

© SHUTTERSTOCK/CHECUBUS.

A l'Ouest d'Eden

Par André Kaspi

Dès l'indépendance acquise en 1776 et jusqu'à la fin du XIXe siècle, les Etats-Unis concentrèrent leur énergie à étendre et à sanctuariser leur territoire. Avant de chercher à exporter leur modèle et de se confronter au reste du monde.

Le 4 juillet 1776, les treize colonies anglaises d'Amérique du Nord proclamaient leur indépendance. Depuis un an, les « Américains » bataillaient contre les Anglais, s'inspirant de la Déclaration des droits de 1689, qui conférait au peuple le droit de s'insurger contre des mesures fiscales injustes et discriminatoires. C'est un jeune avocat de 33 ans, Thomas Jefferson, qui rédigea la Déclaration d'indépendance. Elle proclamait le droit des colonies de former des Etats libres et indépendants et aussi que *« tous les hommes sont créés égaux »* – égalité dont seraient cependant privés en pratique les femmes, les esclaves et les Indiens. L'indépendance, il fallait la défendre les armes à la main. Les Américains confièrent ainsi à George Washington le commandement des milices qui affronteraient les troupes anglaises.

Avaient-ils les moyens de l'emporter et d'établir leur indépendance face aux troupes régulières de Sa Majesté le roi George III ? Rien n'était moins certain. Ce qui les sauva et leur permit d'assurer leur indépendance, c'est la sympathie, puis le soutien de la France – d'une France monarchiste, hostile à son ennemie anglaise qui venait de lui ravir le Canada et restait l'adversaire irréconciliable en Europe, en Amérique, en Asie. C'est dans ce cadre qu'il faut placer les aventures du jeune La Fayette, le fidèle compagnon de Washington, la roublardise du vieux Benjamin Franklin, l'ambassadeur des Etats-Unis qui était arrivé en France en 1776, et la confirmation de l'indépendance des colonies.

La France de la monarchie absolue venait d'assurer la naissance et la survie d'une démocratie qui distinguait le pouvoir législatif, le pouvoir exécutif, désignés par des élections, et le pouvoir judiciaire, qui veillait au maintien des libertés publiques et privées. Cette démocratie nouvelle ne cesserait de se renforcer et ne tarderait pas à dominer l'Amérique du Nord avant de rayonner, au XXe siècle, sur le reste du monde.

Les Etats-Unis de George Washington sont-ils cependant une vraie démocratie ? Suivant les critères que nous appliquons aujourd'hui, la réponse est négative. Les Indiens ont été les victimes de la colonisation. Maladies et épidémies ont largement contribué à affaiblir, voire à détruire les sociétés amérindiennes. Les colonies américaines comptaient, au début du XVIIe siècle, environ 30 000 Hurons. Après plusieurs décennies, la rougeole réduit leur population des trois quarts. Les Iroquois subirent le même sort. A leur tour, les autres tribus furent victimes des diverses maladies qui résultaient du contact avec les Européens. Et puis, les colons ne manquaient pas de manifester leur avidité pour les terres qu'occupaient les Indiens. Un exemple significatif : la guerre contre les Péquots en 1637 est menée sans pitié par les puritains, établis depuis peu en Nouvelle-Angleterre – qui bénéficient de l'aide des Narragansetts. Les Wampanoags font la guerre aux colons de Plymouth ; à leur tour, ils sont massacrés. A la fin du XVIIIe siècle, les tribus indiennes de la côte atlantique auront été soumises violemment. C'est la loi du plus fort qui l'a emporté. Restent

LE TEMPS DE L'INNOCENCE Page de gauche : *Rédaction de la Déclaration d'indépendance en 1776*, par Alonzo Chappel, XIXe siècle (Huntington, NY, The Heckscher Museum of Art). Le comité des Cinq ayant rédigé la Déclaration d'indépendance était composé, de gauche à droite, de Robert R. Livingston, Roger Sherman, John Adams, Thomas Jefferson et Benjamin Franklin. Ci-dessus : *George Washington traversant le Delaware*, par Emanuel Leutze, 1851 (New York, The Metropolitan Museum of Art).

les espaces de l'Ouest, encore inexplorés, inexploités, où survivent tant bien que mal des tribus appauvries, misérables, considérées par les colons comme peuplées de sous-hommes.

L'importation des esclaves africains est en revanche indispensable à la prospérité économique des colonies et l'est peut-être même davantage à la nouvelle démocratie. Les potentats africains vendent des hommes et des femmes aux négriers européens, qui pratiquent un commerce transatlantique particulièrement fructueux. En 1780, les Etats-Unis comptent près de 600 000 Noirs, soit un cinquième de la population totale – 90 % d'entre eux vivent au sud de la Pennsylvanie. Cette main-d'œuvre, qui assure la prospérité des plantations de canne à sucre et, plus tard, de coton, ne bénéficie pas plus que les Indiens des droits accordés aux Blancs.

Une fois l'indépendance acquise et confortée, la Constitution règle la vie politique. De 1789 à 1797, les Etats-Unis sont présidés par George Washington. La période est marquée par les guerres révolutionnaires et postrévolutionnaires, qui opposent notamment la France à l'Angleterre. Il n'est pas question pour la jeune République, trop faible, de participer à ce conflit terrestre et maritime. Les Etats-Unis comptent près de 4 millions d'habitants, dont les trois quarts seulement jouissent des droits des citoyens. Leur armée est à peine suffisante pour agir sur les rivages du continent américain. Leur flotte ne parviendrait pas à s'opposer à la flotte britannique ou française.

C'est pourquoi, en 1796, George Washington, tout en annonçant qu'il ne briguera pas un troisième mandat, livre un testament politique. Il publie le 17 septembre son *Discours d'adieu (Farewell Address)*. Les Etats-Unis, déclare-t-il, ne doivent surtout pas souscrire des alliances permanentes avec quelque nation étrangère que ce soit. Ils ne doivent pas non plus prendre parti pour l'un ou pour l'autre des belligérants – entendez : ni pour les Anglais, ni pour les Français. L'isolationnisme est la seule politique étrangère qu'il convient d'adopter. Pour sauver la démocratie américaine, encore bien faible, la neutralité s'impose. Voilà la ligne directrice que recommande Washington – une position qui, officiellement, restera celle des Etats-Unis vis-à-vis de l'Europe jusqu'en 1917.

Une neutralité à la carte

Il n'empêche que si faibles qu'ils soient, si déterminés à rester en dehors des guerres européennes, les Etats-Unis subissent les contrecoups de ces conflits lointains car l'océan Atlantique demeure l'un des « champs de bataille ». En 1797, contrairement

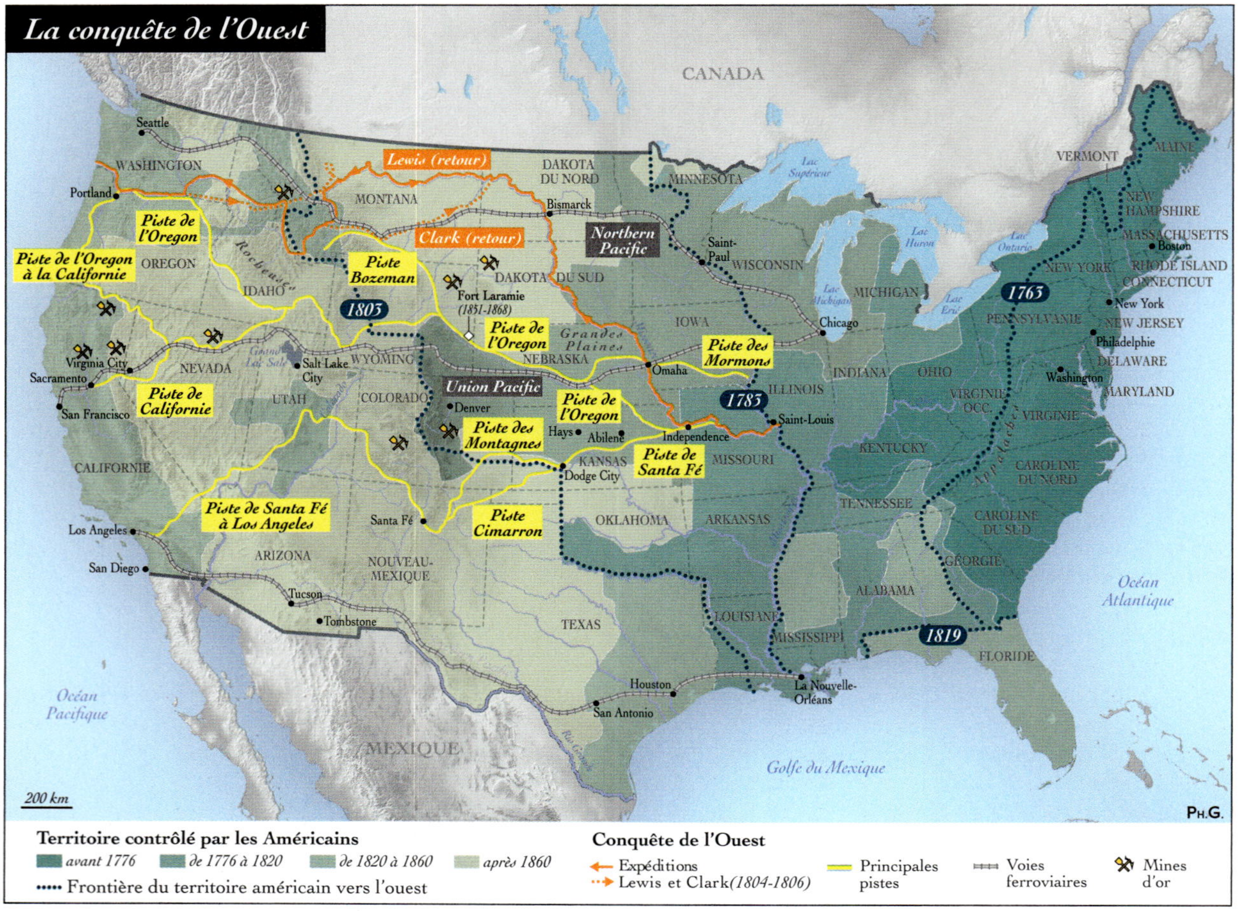

à la doctrine que George Washington avait définie en quittant la présidence, les Américains sont ainsi entraînés dans un conflit larvé contre la France, qui exigeait le paiement des dettes de la guerre d'Indépendance et s'opposait au traité de commerce conclu en 1794 entre les Etats-Unis et les Britanniques. C'est la « quasi-guerre ». Quelques combats ont lieu dans les Caraïbes et dans l'océan Indien, avant que le traité de Mortefontaine, signé en 1800, ne rétablisse la paix entre les deux puissances et, pour la France, le commerce dans les Antilles.

En 1803, sous la présidence de Thomas Jefferson, Napoléon propose en outre aux Etats-Unis de leur vendre la Louisiane, vaste territoire qui s'étend, à l'ouest des Etats-Unis, du golfe du Mexique jusqu'aux Grands Lacs, du Mississippi aux Rocheuses. La France en a pris possession au XVIIe siècle et l'a conservé en dépit des guerres du XVIIIe siècle. Mais les colons y sont peu nombreux. Ce sont surtout des tribus indiennes qui sont établies dans cette immensité de 2 145 000 km², quatre fois la superficie de la France. Le prix ? 15 millions de dollars, l'équivalent de 60 millions de francs-or, soit 3 cents pour une acre. Napoléon estime qu'il ne pourrait pas défendre cet empire américain contre une Angleterre qui domine l'Atlantique. En revanche, le Mississippi est maintenant une artère vitale pour les Américains de l'Ouest, en un temps où les chemins de fer n'existent pas et où l'on rêve des richesses naturelles d'un territoire immense et inconnu.

Jefferson pourrait hésiter, puisqu'il ne cesse pas de déclarer que les droits des Etats sont sacrés, que le pouvoir fédéral ne saurait être élargi, que le président des Etats-Unis ne doit pas disposer de pouvoirs nouveaux. Mais comment rejeter la proposition française, si attrayante ? Laisser une autre puissance que les Etats-Unis prendre pied à l'ouest de leur territoire serait une folie, d'autant que le prix à payer est extraordinairement bas. Jefferson répond à ses adversaires politiques qu'il convient de donner une large interprétation aux pouvoirs du gouvernement fédéral. Non seulement il accepte la proposition de Napoléon, mais il missionne deux explorateurs, Lewis et Clark, pour parcourir l'Ouest et découvrir ses richesses encore inexploitées, depuis la vallée de l'Ohio jusqu'aux rivages du Pacifique. Les Etats-Unis ne seront plus limités aux treize Etats fondateurs. Ils ont vocation à s'étendre, tandis que la présidence est appelée à tenir un rôle nouveau, avec des pouvoirs élargis. Oubliées, les recommandations de George Washington. La démocratie sera conquérante.

Il n'empêche que les Etats-Unis préféreraient n'être pas mêlés aux affaires européennes. Jefferson et ses concitoyens n'ont aucune admiration pour Napoléon mais, dans le même temps, ils redoutent l'Angleterre, cette puissance maritime qui pourrait rêver de dominer ses anciennes colonies. En ces temps troublés, la neutralité est cependant un rêve qui se heurte aux réalités stratégiques, à la guerre navale et aux ambitions des puissances européennes, d'autant que les Américains voudraient maintenir malgré tout des relations commerciales, donc maritimes, avec les Français et les Anglais.

La guerre éclate ainsi contre l'Angleterre en 1812, sous la présidence de James Madison, lorsque les Etats-Unis envahissent le Canada. C'est une guerre maritime et continentale qui répond à des considérations commerciales, les Etats-Unis entendant riposter à l'interdiction faite par les Britanniques de commercer avec la France. En septembre 1814, les Anglais parviennent jusqu'à Washington, la capitale fédérale. Ils incendient le palais présidentiel qui, plus tard, sera reconstruit et deviendra la Maison-Blanche. Ils menacent de prendre d'assaut La Nouvelle-Orléans. Le conflit prend fin en décembre 1814 sur un statu quo. Mais Francis Scott Key, dans un chant qui deviendra l'hymne national, célèbre « la bannière étoilée » malmenée, insultée, résistante qui témoigne de l'indépendance des Etats-Unis.

Désormais, les Américains ne sont plus des Anglais d'Amérique. De leur côté, les Anglais renoncent à les tenir pour d'anciens colons qui ont choisi de se révolter. Un « grand rapprochement » est à l'ordre du jour. Les Américains prennent conscience de leur force démographique, économique, commerciale. Ils sont devenus une puissance qui peut imposer à ses voisins sa loi, sa philosophie politique, sa force économique. Commence une période nouvelle dans l'histoire du pays.

La doctrine Monroe

De 1815 à 1860, que de bouleversements ! S'il vivait encore, George Washington ne reconnaîtrait plus la confédération qu'il a conduite à la victoire sur la métropole anglaise. Reconnaîtrait-il davantage la jeune république qu'il a présidée pendant les huit premières années de son histoire ? Car si les Etats-Unis restent fidèles aux institutions de 1789, ils ne cessent de s'étendre – en premier lieu, aux dépens de l'Espagne. La Floride a été un enjeu de la guerre d'Indépendance. Bien qu'explorée et fondée par les Espagnols, elle n'a pas fait partie des treize Etats fondateurs, restant fidèle à la Couronne britannique qui en avait pris possession en 1763 et accueillant même des réfugiés loyalistes, et elle s'est étendue vers l'ouest. Le traité de Paris de 1783, qui a mis fin à la guerre d'Indépendance, y a rétabli la domination espagnole. Mais les Espagnols sont très peu présents, alors que les colons américains sont attirés par les terres disponibles, qu'ils mettent en valeur avec le concours des esclaves noirs qui ont fui les Etats du Sud.

En 1810, le président James Madison a tiré parti de la situation embrouillée qui prévalait pour annexer la Floride occidentale. Refusant cette annexion, les Indiens séminoles attaquent en représailles la Géorgie, l'Etat voisin. L'armée américaine intervient sous le commandement d'Andrew Jackson et, en 1822, la Floride devient un territoire américain. Les colons américains peuvent désormais y affluer sans crainte ni limites. Ils installent le même système de plantations que dans les Etats voisins. Les Séminoles résistent malgré tout et accueillent des esclaves noirs. Aussi, en 1832, les Etats-Unis leur imposeront un traité qui leur promettra des terres à l'ouest du Mississippi. Mais tous ne partiront pas, et ceux qui auront choisi de rester prendront les armes contre l'armée américaine. La guerre ne prendra fin qu'en 1842. Elle aura coûté cher aux Etats-Unis et plus encore aux Séminoles, qui, pour la majorité, seront déportés à l'ouest du Mississippi. En 1845, la Floride deviendra le 27e Etat des Etats-Unis, en même temps que le Texas.

Ce qui est beaucoup plus significatif, c'est le discours que le président James Monroe prononce le 2 décembre 1823. Son idée maîtresse, c'est que le Nouveau Monde (les Amériques), animé par la pureté de ses idéaux, et l'Ancien Monde (l'Europe), despotique et corrompu, doivent être séparés, qu'ils font partie de deux sphères d'influence strictement distinctes. Dans cet esprit, les puissances européennes ne doivent pas intervenir dans les affaires du continent américain, tandis que les Etats-Unis ne se mêleront pas des affaires européennes. Somme toute, c'est une doctrine qui prend son inspiration dans le *Discours d'adieu* de George Washington en 1796. Elle définit pourtant une attitude nouvelle. Le président des Etats-Unis rejette en effet toute intervention de l'Europe en Amérique, qu'il s'agisse de la France, du Royaume-Uni, de la Prusse, de l'Autriche, de la Russie. Il estime que les Etats-Unis, en revanche, peuvent légitimement, au nom de la démocratie qu'ils incarnent, intervenir, du nord au sud, dans les affaires du continent américain.

Il ne faut pas croire que les puissances européennes ont souscrit immédiatement à cette définition de leurs relations avec les Etats-Unis. Les Américains n'ont alors ni flotte ni armée qui puissent leur imposer quoi que ce soit. Mais ils peuvent compter sur le soutien des Britanniques, qui ne manquent pas de défendre leurs intérêts économiques et politiques. En réalité, la doctrine de Monroe ne sera appliquée qu'à condition de recevoir le soutien du Royaume-Uni. Les adversaires d'hier deviennent ainsi des alliés qui défendent des intérêts communs. Rien d'étonnant, en conséquence, si en 1846 les Anglais cèdent aux Etats-Unis, au nord-ouest du pays, l'Oregon Country, qui donnera naissance aux Etats de Washington et de l'Oregon.

Dans le même temps, les Etats-Unis tâchent de profiter de l'affaiblissement politique du Mexique. L'ancienne colonie espagnole survit dans l'instabilité et les conflits internes. Elle est incapable d'imposer son autorité au nord du Rio Grande. Dans les vastes étendues du Texas qui lui appartiennent, elle

CHASSE GARDÉE
Page de gauche : exploration et colonisation du territoire américain. Ci-contre : *Lever du drapeau américain à la place des couleurs françaises, La Nouvelle-Orléans, 1803*, par Thure de Thulstrup, 1903 (La Nouvelle-Orléans, Louisiana State Museums). En haut : caricature de la doctrine Monroe défendant les intérêts américains contre les prétentions européennes sur le canal de Panama, 1889.

subit les attaques des Comanches, des Apaches et des Navajos. Des fermiers américains, soutenus par des forces militaires, prennent pied, avec leurs esclaves, dans cet immense territoire. L'élevage, la culture du coton sont des activités prospères. En 1836, ils proclament l'indépendance de « la république du Texas », que la France, la Grande-Bretagne et les Etats-Unis s'empressent de reconnaître. La guerre éclate en 1846 entre Mexicains et Américains et dure deux ans. Par le traité de Guadalupe Hidalgo, le Mexique, vaincu, cède aux Etats-Unis le Texas, une grande partie de l'Arizona, du Colorado, de l'Utah, du Nevada, du Nouveau-Mexique et même du Wyoming. Il reçoit une indemnité de 15 millions de dollars. Dans le même temps, la Californie mexicaine devient américaine. Elle bénéficiera, à partir de 1850, de la ruée vers l'or.

Cet expansionnisme repose sur une idéologie, la « destinée manifeste », apparue pour la première fois en 1845 sous la plume d'un journaliste new-yorkais. Dans un article du *United States Magazine and Democratic Review* au sujet de l'annexion du Texas, John O'Sullivan écrit ainsi : *« C'est notre destinée manifeste de nous déployer sur le continent confié par la Providence pour le libre développement de notre multitude grandissante. »* Inspiré d'un verset de la Genèse *(« Soyez féconds et multipliez-vous, remplissez la Terre »)*, ce concept fondateur du messianisme américain, qui plonge ses racines dans les idées des Pères fondateurs, justifierait qu'au nom de la démocratie, les Etats-Unis se réservent le droit de dominer le nord du continent américain.

C'est bientôt chose faite. En 1783, les Etats-Unis couvraient 2 300 000 km². Ils s'étendent en 1860 sur 7 700 000 km². Au fil de la colonisation, de nouveaux Etats sont entrés dans l'Union : le Vermont en 1791, le Kentucky en 1792, le Tennessee en 1796, puis l'Ohio en 1803, la Louisiane (1812), l'Indiana (1816), le Mississippi (1817), l'Illinois (1818), l'Alabama (1819), le Maine (1820), le Missouri (1821), l'Arkansas (1836), le Michigan (1837), juste avant l'Iowa (1846), le Wisconsin (1848), la Californie (1850), le Minnesota (1858) et l'Oregon (1859). Les Etats-Unis ne tarderont pas à acheter l'Alaska aux Russes (1867) et à annexer Hawaï (1898). Libre à eux de peupler ces immenses espaces, de les mettre en valeur, d'extraire du sol et du sous-sol des richesses jusqu'alors inexploitées.

La guerre de Sécession

Le pays est-il pour autant une démocratie, que l'on pourrait citer en exemple ? Les Etats-Unis s'étendent désormais sur un immense territoire, qui recèle des richesses encore inexploitées. Ils dominent le Nouveau Monde. Ils accueillent des milliers d'immigrants venus d'Europe, chassés par la misère, par la persécution des minorités qui fuient des monarchies autoritaires. Ils donnent l'exemple d'un régime politique marqué par le libéralisme – une démocratie triomphante, suivant les idées qui ont cours au XIXe siècle. Ils incarnent, croit-on, l'avenir de la planète. Mais en 1860, c'est aussi et surtout une nation profondément divisée. Les Américains des Etats du Nord et ceux des Etats du Sud ne parviennent plus à coexister. Ils ne partagent pas le même mode de vie. Ils sont convaincus, les uns et les autres, de constituer une nation différente. Et pourtant, ils témoignent tous d'une même admiration, pour ne pas dire une véritable dévotion, pour la Constitution, vieille maintenant de près d'un siècle, pour les glorieux ancêtres qui ont remporté la guerre d'Indépendance, pour la bannière étoilée. Mais le sentiment de former une seule et même nation est encore embryonnaire. Les citoyens de chaque Etat sont attachés à lui seul. Ils sont new-yorkais, virginiens, pennsylvaniens… avant même d'être américains.

Ce qui les oppose plus encore les uns aux autres, c'est l'esclavage. Le Sud est, en effet, devenu le royaume du coton, en particulier les deux Carolines, la Géorgie, l'Alabama, le Mississippi, la Louisiane et le Texas. La production de tabac est passée au second plan. Ces Etats sont économiquement liés à la Grande-Bretagne et à l'Europe continentale notamment, là où la révolution industrielle repose sur l'industrie textile – d'autant plus qu'Eli Whitney, un Américain du Connecticut, a mis au point la machine à égrener le coton qui permet de satisfaire les immenses besoins de l'Europe du Nord-Ouest. Tous les « fermiers » du Sud ne produisent certes pas du coton. Tous ne sont pas de grands cotonniers qui possèdent d'immenses exploitations. Mais, dans le Sud, les uns et les autres partagent une même conception des relations sociales. L'esclavage, pensent-ils, est indispensable au fonctionnement de leur économie. D'ailleurs, soutiennent-ils, « la slavocratie » est aussi justifiée sur le plan moral, politique et économique. Les Noirs sont, à leurs yeux, des êtres inférieurs qui ne sauraient survivre par eux-mêmes.

Pour les 8 à 9 millions de sudistes blancs, les 4 millions d'esclaves qui vivent et travaillent dans les Etats du Sud sont indispensables. Cette main-d'œuvre coûte de plus en plus cher

aux sudistes depuis qu'en 1808 la traite internationale a été interdite et que la flotte britannique assure le respect de l'interdiction. Mais sans eux, le royaume du coton n'existerait plus. Ceux qui ne sont pas utilisés dans les champs de coton travaillent dans les mines, les transports, la construction et l'industrie – à moins qu'ils ne soient domestiques. Il n'est pas question de les considérer comme des hommes et des femmes qui auraient les mêmes droits que les Blancs. Sans les esclaves noirs, pense-t-on dans le Sud, l'économie s'effondrerait.

LES DAMNÉS DE LA TERRE Page de gauche : *Exploits équestres comanches*, par George Catlin, 1834-1835 (Washington, DC, Smithsonian American Art Museum). Ci-contre : *Le Coton*, par Harry Herman Roseland, 1898 (Augusta, GA, Morris Museum of Art). En bas : accroissement du territoire des Etats-Unis grâce aux achats et aux guerres tout au long du XIXe siècle.

Les Etats du Nord ont évolué différemment. Leur prospérité ne repose pas sur le coton. Ici, ce qui compte, c'est moins l'agriculture que l'industrie naissante et de plus en plus puissante ; c'est aussi et surtout le commerce avec l'Europe. Les Américains du Nord ne sont pas, dans leur majorité, hostiles à l'esclavage, mais ils estiment que c'est un mal nécessaire pour le Sud, un mal dont le Nord peut se passer. Dans leurs Etats, ils ont supprimé la servitude involontaire.

La Constitution fédérale, reconnue par tous les Etats, dispose que, pour le calcul de l'impôt, un esclave vaut les trois cinquièmes d'un Blanc. Elle reconnaît donc la légitimité de l'esclavage. Mais à partir de 1831, le mouvement pour l'abolition de l'esclavage, lancé par William Lloyd Garrison, a pris racine dans le Nord au nom du christianisme et de la Déclaration d'indépendance. Il réclame que les esclaves soient libérés immédiatement, sans compensation pour leurs propriétaires. Il défend un programme révolutionnaire. Les Noirs sont des hommes, proclame-t-il, qui doivent bénéficier des mêmes droits que les Blancs. S'ils échappent à leurs propriétaires, il faut aider les fugitifs.

Les partisans de l'émancipation mènent de vigoureuses campagnes de presse, multiplient les pétitions auprès du Congrès, alertent avec détermination l'opinion publique en même temps qu'ils réclament l'égalité pour les femmes et l'interdiction, ou du moins le contrôle strict, des boissons alcoolisées. C'est une minorité bruyante, qui compte sur les journaux – et sur des

œuvres littéraires comme *La Case de l'oncle Tom*, paru en 1852 – pour se faire entendre. Sans préciser ce que deviendraient les Noirs une fois émancipés. Et puis, s'agissant de la mise en valeur des vastes territoires de l'Ouest, les industriels et les commerçants nourrissent d'autres ambitions (commerciales et industrielles) que les propriétaires des champs de coton du Sud. Dans ces conditions, la démocratie parviendra-t-elle à survivre à l'expansion économique et territoriale ?

L'équilibre entre les Etats libres et les Etats esclavagistes ainsi menacé, il n'est pas facile d'exercer des fonctions politiques. Pour être élu en même temps dans le Sud et dans le Nord, il faut même manifester une habileté qui ressemble à de la duplicité. En 1854, le Parti républicain surgit. Son programme est dépourvu d'ambiguïté : des terres gratuites et sans esclaves au-delà du Mississippi, des droits de douane élevés pour protéger l'industrie naissante, la construction d'un chemin de fer transcontinental pour mettre l'Ouest en valeur. De quoi faire peur aux Américains du Sud et réjouir ceux du Nord. Un jeune *self-made-man* devenu avocat, Abraham Lincoln, membre du Parti républicain, se présente aux élections sénatoriales de l'Illinois. Il est hostile à l'esclavage et soutient qu'*« une maison divisée contre elle-même ne peut pas se maintenir »*. En 1858 toutefois, il exprime à cet égard des opinions modérées : *« Qu'on laisse l'esclavage poursuivre son bonhomme de chemin là où il existe ! Qu'on l'empêche de s'installer là où il n'existe pas encore ! Qu'on libère un jour prochain les esclaves et qu'on se débarrasse des Noirs émancipés ! Et, dans la mesure où les deux races ne peuvent vivre ainsi, il doit y avoir, tant qu'elles resteront ensemble, une position inférieure et une position supérieure. Je désire tout autant qu'un autre que la race blanche détienne la position supérieure. »*

On le voit, Lincoln n'est pas franchement un révolutionnaire qui militerait pour des bouleversements sociaux. Pourtant, quand il se présente à l'élection présidentielle de 1860, les Etats du Sud craignent le pire. Ils imaginent qu'un abolitionniste intransigeant sera bientôt le président des Etats-Unis. Lincoln remporte la majorité dans 18 Etats seulement, tous situés dans le Nord et l'Ouest, avec 39,8 % des suffrages populaires. Avant même son entrée en fonction, prévue le 4 mars 1861, la Caroline du Sud fait sécession le 20 décembre 1860. Le mois suivant, c'est le tour du Mississippi, de la Floride, de l'Alabama, de la Géorgie et de la Louisiane, puis, en février, du Texas, de la Virginie, de la Caroline du Nord, de l'Arkansas et du Tennessee. En revanche, le Kentucky, le Missouri, le Delaware et le Maryland, bien qu'esclavagistes, restent fidèles à l'Union. La Confédération vient de naître et élit son président, le Mississippien Jefferson Davis. Les Etats-Unis ont cessé d'être une seule et même Union.

A l'épreuve de la guerre civile

La guerre entre les deux camps est déclarée le 12 avril 1861. Dans le Nord comme dans le Sud, la mobilisation est improvisée, puis vient le temps de la conscription dans tous les Etats. Le conflit durera quatre ans, jusqu'au printemps de 1865. Il fera des milliers de morts, au moins 620 000, peut-être plus de 800 000, sans compter des milliers de blessés, de mutilés, de handicapés : un total supérieur à celui des guerres passées et futures dans lesquelles les Etats-Unis ont été ou seront engagés ; 8 % des hommes blancs de 13 à 43 ans. Les photographies témoignent de la sauvagerie des assauts, de l'insuffisance des connaissances médicales et chirurgicales, des maladies qui ont frappé civils et militaires, de l'emploi des armes nouvelles (le revolver Colt, la mitrailleuse) – sans oublier les dégâts matériels, les plantations incendiées, les villes du Sud dévastées, les pillages en tout genre.

Quand l'Europe apprend, non sans surprise, que la belle démocratie de l'autre côté de l'Atlantique est à feu et à sang, quelques aventuriers décident de traverser l'océan pour combattre aux côtés des nordistes ou des sudistes. Le Royaume-Uni reste prudemment neutre et tient surtout à conserver son approvisionnement en coton, indispensable à son industrie textile. La France de Napoléon III suit la même voie. Elle tente cependant de profiter des divisions des Etats-Unis pour créer un empire du Mexique qui dépendrait d'elle en y installant un empereur, Ferdinand Maximilien, frère cadet de François-Joseph d'Autriche. Des troupes françaises traversent l'Atlantique pour le soutenir. En vain : c'est un échec diplomatique et militaire, auquel les Etats-Unis de Lincoln, qui soutiennent les républicains de Benito Juárez, ne sont pas restés étrangers – loin de là. L'empereur « mexicain » est fusillé en 1867. Quoi qu'il en soit, le commerce transatlantique ne diminue guère. Les chantiers navals de l'Europe font de bonnes affaires. Les puissances européennes sont courtisées par les deux camps.

Au printemps de 1865, la guerre prend fin. Défait sur les champs de bataille, le Sud a souffert plus que le Nord. Des plantations incendiées, des villes mises à sac par les nordistes, une économie en grande partie détruite, les Noirs d'abord émancipés pour renforcer les effectifs militaires, puis devenus des hommes et des femmes libres :

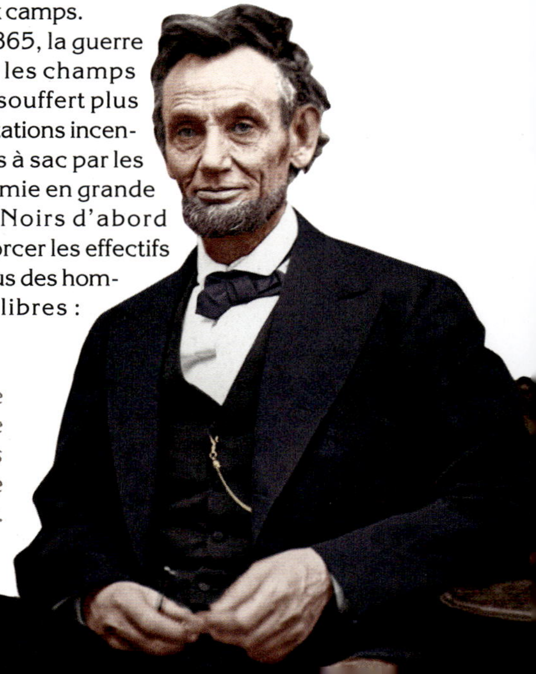

NORD ET SUD Ci-contre : *Le Président Abraham Lincoln (1861-1865)*, photographie d'Alexander Gardner, colorisée. Page de droite, en haut : *La Bataille de Gettysburg*, lithographie d'après Paul Philippoteaux, 1898 (collection particulière). Page de droite, en bas : *Faisons la paix*, par Gerome Ferris, vers 1920 (Richmond, Virginia Historical Society). Le général sudiste Robert E. Lee se rend au général des armées unionistes Ulysses S. Grant.

Le Monde ne suffit pas

Par Charles Zorgbibe

En 1898, les Etats-Unis font véritablement leur entrée sur la scène internationale en débarquant à Cuba pour en déloger l'Espagne. Ils ne cesseront dès lors d'intervenir partout dans le monde pour préserver leurs intérêts et imposer leur modèle de démocratie libérale.

1898
Cuba ou la possibilité d'une île

En 1898, la conquête de l'Ouest est terminée, la « frontière » est atteinte. Depuis plusieurs décennies, un important courant de l'opinion américaine souhaite une autre conquête, celle de la scène internationale et du rang de puissance mondiale. Jusque-là, l'isolement géographique et l'isolationnisme idéologique des Etats-Unis leur avaient évité de soumettre leur vision d'une société internationale idéale au feu des réalités. Désormais, le message des Pères fondateurs – celui d'un monde réformé, fondé sur la raison, de la réprobation à l'encontre de la vieille Europe « machiavélienne », foyer des politiques de puissance que reflétait le *Discours d'adieu* de George Washington – tend à s'éloigner. Des hommes comme Theodore Roosevelt, le secrétaire d'Etat John Hay, le sénateur Henry Cabot Lodge, l'amiral Mahan réfléchissent aux nouveaux impératifs de la puissance nationale, au-delà de la doctrine de Monroe à laquelle se résumaient, pour l'Américain moyen, les intérêts stratégiques de l'Union.

Le tournant de la diplomatie américaine, le passage d'un Etat encore marginal, replié sur lui-même, simple observateur des relations internationales, n'adhérant qu'au réseau de relations minimum qu'il est inévitable d'entretenir avec le reste du monde..., à l'activisme d'un nouvel acteur international est illustré par la question de Cuba et la guerre contre l'Espagne. Les insuffisances de l'administration coloniale espagnole avaient, de longue date, suscité l'hostilité des Cubains ; à partir de 1893-1894, avec l'effondrement de l'économie sucrière, cette hostilité tourne à la révolte généralisée. L'Espagne choisit alors la répression, menée par le général Valeriano Weyler, surnommé « le Boucher ». Une fièvre passionnelle s'empare des Etats-Unis, faite de sympathie sincère pour les Cubains, des débuts d'une « diplomatie des droits de l'Homme », mais attisée aussi par l'attrait présenté par le marché cubain et le souhait de ressouder le nord et le sud des Etats-Unis, d'effacer les cicatrices de la guerre de Sécession dans une guerre contre l'Espagne. La presse à sensation fait ses premières armes : William Randolph Hearst, propriétaire du *New York Journal* – le futur Citizen Kane d'Orson Welles –, câble à son dessinateur envoyé spécial à La Havane qui se plaint de l'absence de guerre : *« Vous faites les croquis, je fournirai la guerre. »* Le président William McKinley est sensible aux impulsions de l'opinion publique américaine. Sous sa pression, l'Espagne accepte de rappeler le général Weyler et d'octroyer un statut d'autonomie interne à Cuba. Mais en février 1898, le croiseur américain *Maine* explose dans le port de La Havane. Un courrier du ministre espagnol Enrique Dupuy de Lôme traitant McKinley de *« politicaillon » (« peanut politician »)* est publié par la presse Hearst. Le 29 mars, les Etats-Unis adressent à l'Espagne un ultimatum exigeant la reconnaissance de l'indépendance de Cuba. A la fin avril, McKinley, appuyé par le Congrès, décide de recourir à la force pour obtenir l'évacuation de Cuba par les Espagnols.

A Cuba, les engagements militaires sont essentiellement terrestres. Le débarquement du corps expéditionnaire se fait dans une grande confusion : les unités d'infanterie américaines sont peu entraînées et mal équipées. Finalement, les « Rough Riders », les cavaliers volontaires de Theodore Roosevelt, s'emparent de Santiago de Cuba grâce à un comportement héroïque lors de la bataille de San Juan. Le 3 juillet, l'escadre espagnole de Cuba lève l'ancre mais elle est détruite par les navires américains embossés au large de Santiago. Le 17 juillet, le commandement espagnol de Cuba capitule ; dans leur élan, les Américains s'emparent de l'île de Porto Rico. La guerre s'étend bientôt à l'Extrême-Asie, pour la possession des Philippines. La marine américaine, devenue la cinquième du monde, surclasse une flotte espagnole désuète : moins de deux semaines après la déclaration de guerre, l'escadre du commodore Dewey détruit les navires espagnols dans la baie de Manille. Le 13 août, la garnison espagnole de Manille se rend.

Les Etats-Unis annexent Porto Rico et l'île de Guam. A Cuba, ils inventent la « souveraineté limitée » par l'amendement Platt, qui reconnaît aux Etats-Unis un droit d'intervention. Les Philippines ne sont pas *« mûres pour l'indépendance »* : il faudra *« les éduquer »*. En Amérique centrale, la grande affaire des Etats-Unis sera le percement du canal de Panama, qui assurera leur suprématie dans la sous-région.

PREMIERS PAS En haut : *La Charge des Rough Riders à la bataille de San Juan (Cuba) en 1898*, par Vassili Verechtchaguine, vers 1900 (Mykolaïv, Ukraine, musée Verechtchaguine). Page de droite : troupes américaines dans une tranchée en France, en mars 1918. Entrés tardivement en guerre, en avril 1917, les Etats-Unis n'en imposeront pas moins leurs conditions de paix.

1917-1918
Le monde selon Wilson

En août 1914, tout incite le président Woodrow Wilson à tenir les Etats-Unis à l'écart de la guerre européenne. Un souci quasi messianique de la pureté du message nord-américain mais aussi une angoisse plus concrète : le « creuset » des ethnies et des nations d'origine, le fameux « *melting pot* », a-t-il achevé son œuvre ? Le consensus encore fragile sur les « valeurs » va-t-il tenir ? 26 millions de citoyens américains (le quart de la population) sont nés à l'étranger ou de parents étrangers. 10 millions de Germano-Américains ou d'Irlandais affichent leurs préférences pour les « puissances centrales » – les premiers par un réflexe d'allégeance envers leur patrie d'origine, les seconds par anglophobie. Au sein même du cabinet, le secrétaire d'Etat Bryan se sent plutôt pro-allemand. Ces dissonances pourraient devenir autant de déchirures partisanes… Le 19 août, Wilson lance un appel solennel « *à la neutralité* ». Une neutralité exigeante : même le simple citoyen devra se refuser à toute prise de position favorable à l'un des belligérants. Il s'agit d'un impératif moral et politique : imposer au ministre comme au simple citoyen une « *neutralité de fait et d'esprit* » afin d'éviter la cassure de la nation.

Wilson n'est pourtant pas arc-bouté sur le respect de la neutralité au sens traditionnel. Le combat pour les droits des neutres pourrait être un moyen, pour lui et son conseiller, le colonel House, d'imposer l'idée d'une « *neutralité médiatrice* », d'une médiation forcée : les Etats-Unis seraient au-dessus de la mêlée mais présenteraient un plan « *pour imposer la paix* » ; ils entreraient en guerre contre le camp qui refuserait leur médiation. Le malentendu est évident : Britanniques et Français rejettent le plan Wilson-House ; ils auraient surtout apprécié une aide matérielle…

Le 3 février 1917, Wilson annonce pourtant devant le Congrès la rupture des relations diplomatiques avec l'Allemagne. Jusqu'à la fin de 1916, les Etats-Unis étaient favorables à une paix rapide et sans vainqueur, et c'est sur ce mot d'ordre que Wilson a été réélu en novembre. Comment expliquer ce revirement ? D'une part, le gouvernement allemand a décrété, le 31 janvier 1917, une « *guerre sous-marine à outrance* ». La liberté des mers est compromise. Les excuses de Berlin après chaque tragédie navale, les torpillages du *Lusitania* et de l'*Arabic* en 1915, ne sont plus de saison. D'autre part, les Etats-Unis se sont rapprochés des Alliés : la neutralité wilsonienne a été plus politique qu'économique. Pour faciliter les achats massifs de la France et de la Grande-Bretagne, les banques américaines ont adouci leur politique de crédit. Le commerce des Etats-Unis avec les Alliés atteint 824 millions de dollars en 1914 ; il est multiplié par deux en 1915, par quatre en 1916, alors que les échanges avec les puissances centrales s'effondrent. Reste à attendre « l'incident manifeste » qui provoquera l'entrée en guerre des Etats-Unis : ce sera le « télégramme Zimmermann » par lequel le chef de la diplomatie allemande envisage la négociation d'une alliance avec le Mexique – auquel serait promise la réannexion des « territoires perdus » du Texas, du Nouveau-Mexique et de l'Arizona.

Le 8 janvier 1918, Wilson présente ses Quatorze Points – un manifeste sur les buts de guerre des Etats-Unis. Huit d'entre eux ont un objet territorial et dessinent la carte politique de l'après-guerre : le territoire russe occupé devra être évacué et un accueil chaleureux sera ménagé au nouveau régime « bolchevique » ; la Belgique sera libérée et retrouvera la plénitude de ses droits ; l'Alsace-Lorraine redeviendra française ; en revanche, la réponse aux revendications italiennes semble rétractée et annonce les futures difficultés de la conférence de la Paix ; l'éclatement de l'empire d'Autriche-Hongrie est esquissé à travers l'allusion à l'autonomie de ses peuples ; la Roumanie, la Serbie, le Monténégro seront « *restaurés* » et un Etat polonais indépendant sera constitué ; les territoires de « *l'Empire ottoman actuel* » sont promis à une « *souveraineté assurée* ». Mais l'ambition de Wilson est plus haute encore : les buts de guerre ne sont plus simplement d'abattre l'ennemi, ils ne peuvent plus être limités à l'annexion de territoires et à la garde aux frontières ; ils devraient être dans l'établissement d'une sécurité internationale par le droit. Les six autres points énoncent les libertés (très américaines) des mers et du commerce, la nécessaire réduction des armements, « *l'ajustement des revendications coloniales* » (d'où naîtront les « mandats »), et surtout la condamnation de la diplomatie secrète et la création d'une ligue des nations ; ils proclament ainsi l'avènement d'une nouvelle société internationale. Cette nouvelle approche des relations internationales finira par convaincre l'ennemi : c'est à Wilson que Berlin adressera ses offres de paix.

1941
La fin de l'isolationnisme

Au lendemain de la paix de Versailles, les Américains ont renié Wilson. Ils ont refusé son héritage et n'ont pas voulu participer à la construction de la nouvelle Société des Nations (SDN). Les présidents républicains qui se succèdent à la Maison-Blanche – Harding, Coolidge, Hoover – ont capté le sentiment populaire et suivi la position rétractée du peuple américain. Le Conseil de la SDN est pour eux un *« conseil de puissances étrangères »* et ils exaltent *« l'Amérique d'abord »*.

Peut-on parler pour autant d'un retour à l'isolationnisme du XIXe siècle ? L'historienne Denise Artaud a mis à mal cette analyse traditionnelle. Les Etats-Unis ne sont pas isolés. Ils restent très actifs dans les rapports internationaux, mais ils mènent une diplomatie « nationaliste », orientée vers la défense de leurs propres intérêts. Ils se sont enfermés derrière leurs murailles protectionnistes, tout en prétendant concourir à la stabilité mondiale par la pression exercée sur l'étranger. Ils ont voulu les avantages du pouvoir mondial et non les responsabilités. Paradoxalement, le véritable isolationnisme sera pratiqué par Franklin Roosevelt, un président démocrate, pourtant si wilsonien, après la crise de 1929 et au début du New Deal.

Le premier objectif du nouvel exécutif républicain est pour l'heure de conclure une paix séparée et de mettre fin ainsi à l'état de guerre avec l'Allemagne. En août 1921, le traité de Berlin reprend les clauses de Versailles – les limites à la puissance allemande – sans l'obligation pour les Etats-Unis d'assurer, en tant que vainqueurs, le respect du nouvel ordre. Mais une autre région du monde mobilise l'attention américaine : l'Extrême-Asie où les Etats-Unis ont imposé la doctrine de la « porte ouverte », où le Japon est un allié ambigu, tendu vers la course à la suprématie navale. Harding obtient, en 1921, la réunion d'une conférence internationale à Washington. Le succès des Etats-Unis est incontestable. Le traité sur la limitation des armements navals, ou « traité des Cinq Puissances », est signé le 6 février 1922 par les Etats-Unis, la Grande-Bretagne, le Japon, la France et l'Italie. Il établit des quotas entre les principales flottes. La Grande-Bretagne abandonne la règle du *« two-power standard »* qu'elle avait imposé jusqu'en 1914 : avoir une flotte égale à la somme des deux autres flottes les plus fortes. Elle accepte la parité navale avec les Etats-Unis – une parité que le Japon se voit refuser.

Dans l'arène économique internationale, la forteresse Amérique se retranche derrière ses murailles tout en maintenant de nombreux ponts vers l'extérieur. Herbert Hoover, secrétaire au Commerce et futur président, veut assurer la suprématie économique américaine, sans ignorer le reste du monde car les Etats-Unis ont besoin de matières premières et de marchés pour leurs produits. Une puissance devenue la créancière du monde ne devrait-elle pas s'adonner au libre-échange comme l'Angleterre au XIXe siècle ? Le gladiateur américain, déjà triomphant, veut user de l'épée et du bouclier. L'épée : les industries de pointe, en position de quasi-monopole, n'ont nul besoin de protection pour partir à la conquête du monde. Le bouclier : les autres industries, qui souffriraient de la concurrence, doivent conserver pour assise le vaste marché intérieur américain ; en 1922, le tarif Fordney-McCumber élève les droits douaniers moyens de 21 à 38 %. Mais la grande affaire reste l'attitude à adopter face à la nécessaire reconstruction de l'Europe. La France et la Grande-Bretagne se sont endettées pour soutenir leur effort de guerre. Elles doivent rembourser le Trésor américain, qui a emprunté sur le marché financier pour prêter aux Alliés. Mais ces derniers entendent lier leur obligation de remboursement au paiement des réparations dues par l'Allemagne.

Un ordre nouveau apparaît dans les années 1930, en Europe et en Asie, porté par de nouveaux régimes autoritaires. En Europe, un front commun franco-anglo-italien face à la menace allemande avait été réalisé avec les accords de Stresa en 1935, mais il se révèle éphémère : en concluant un accord naval avec l'Allemagne, la Grande-Bretagne ébranle le front de Stresa. L'Italie l'anéantit en se lançant à la conquête de l'Ethiopie. En Asie, le 26 juillet 1937, dix-huit jours après l'incident du pont Marco-Polo à Wanping, au sud-ouest de Pékin, les hostilités s'ouvrent entre le Japon et la Chine. Le Japon est incontestablement l'agresseur mais l'attitude des puissances est hésitante. Franklin Roosevelt décrète une *« mise en quarantaine »* du gouvernement de Tokyo, qui semble sans portée pratique – mais les Etats-Unis ont choisi la pression économique, la réduction des possibilités d'approvisionnement du Japon en matières premières.

En 1939, une nouvelle et véritable vague d'isolationnisme submerge les Etats-Unis : la volonté de rester à l'écart d'un conflit est partagée par l'aviateur Charles Lindbergh et les leaders des puissants syndicats ouvriers. Le président Roosevelt est l'objet d'un étonnant chassé-croisé : le Congrès l'a laissé mener à sa guise les réformes intérieures du New Deal, mais le Sénat prétend superviser, de manière tatillonne, son action internationale. A l'inverse, la Cour suprême a freiné la politique du New Deal par sa jurisprudence, mais elle choisit de donner au président les armes juridiques qui lui permettraient de mener une politique étrangère – en reconnaissant son pouvoir « inhérent », ses pouvoirs souverains. Roosevelt pourrait donc agir, mais c'est pour lui le temps de l'hésitation, de la passivité, de l'inaction. Sa *« duplicité »* est dénoncée par les puissances de l'Axe car la loi *Cash and Carry* permet aux Etats-Unis de vendre du matériel de guerre au Royaume-Uni et à la France. Roosevelt n'en restera pas moins passif en 1939 face au déclenchement du conflit et à l'invasion de la Pologne et de la France.

Tout change quand le Japon décide de détruire le potentiel naval américain dans le Pacifique : le raid surprise sur Pearl Harbor du 7 décembre 1941 reproduit l'attaque sans déclaration de guerre du Japon contre la Russie tsariste de 1904. Les Etats-Unis sont ainsi entraînés dans la Seconde Guerre mondiale : le 8 décembre, Roosevelt prononce le *Discours du jour de l'infamie* et le Congrès déclare la guerre au Japon. Le 11 décembre, l'Allemagne et l'Italie *« se considèrent en état de guerre avec les Etats-Unis »* puis le Congrès reconnaît l'état de guerre des Etats-Unis avec l'Allemagne et l'Italie.

GRAND ÉCHIQUIER
Page de gauche : l'USS *West Virginia* et l'USS *Tennessee* touchés par les Japonais à Pearl Harbor, le 7 décembre 1941. L'attaque détermina l'entrée en guerre des Etats-Unis. En bas : Winston Churchill, Franklin D. Roosevelt et Joseph Staline pendant la conférence de Yalta (4-11 février 1945). Si l'enjeu des négociations de paix de 1919 avait été pour Wilson la création de la Société des Nations, celui de Roosevelt, en 1945, est d'imposer, cette fois avec plus de succès, son Organisation des Nations unies.

1945 Le rendez-vous de Yalta

La rencontre des « trois Grands » – la deuxième après celle de Téhéran en novembre 1943 – est devenue nécessaire. La compétition militaire entre Occidentaux et Soviétiques, la « course à la victoire » lancée à l'ouest et à l'est de l'Allemagne, ne tourne pas à l'avantage des Occidentaux. En décembre 1944, la contre-offensive de Rundstedt sur les Ardennes a retardé la progression des Alliés vers le Rhin. Sur le front oriental, l'offensive anticipée de l'Armée rouge, lancée le 12 janvier 1945, a mis la Pologne sous l'autorité de fait d'un gouvernement installé par les Soviétiques et Berlin à la portée des canons soviétiques. En outre, en octobre 1944, les conversations de Churchill et Staline à Moscou sur le partage de leurs influences respectives sur les nations de l'Europe libérée ont alerté Roosevelt : ne serait-ce pas le retour à la « vieille diplomatie » européenne et à la tradition des zones d'influence ? Le 4 octobre, un télégramme du président américain à Staline rappelle *« l'engagement des Etats-Unis, puissance mondiale »*, et demande l'organisation d'un sommet.

Roosevelt a été réélu, le 7 novembre 1944, à la présidence des Etats-Unis – pour un quatrième mandat, inauguré le 20 janvier 1945. Le 22, il est parti pour Malte où l'attend Churchill. Les délégations américaine et britannique – plus de 500 personnes – s'envolent vers la Crimée. Le sommet se tiendra sur le site balnéaire de Yalta, sur la côte sud de la Crimée,

qui s'étire sur 80 km – il est dénué de véritable port et un aéroport a été improvisé à Saki, à 150 km. Le palais Livadia, une blanche construction de style Renaissance italienne, abritera les travaux. De Gaulle apprendra par la presse la tenue de la conférence : Churchill et Staline étaient prêts à l'inviter, mais Roosevelt restait sceptique sur sa légitimité politique.

Quel traitement réserver au Reich ? Pour Staline, c'est le point le plus important à l'ordre du jour. Il pose d'emblée quatre questions, le 5 février, lors de la deuxième session plénière : faut-il démembrer l'Allemagne ? Etablir un gouvernement allemand ou une administration interalliée ? Comment interpréter la *« capitulation sans condition »* ? Comment organiser le paiement des réparations ? Le délégué soviétique Ivan Maïski préconise le transfert en URSS de 80 % de l'industrie lourde allemande... Pour Roosevelt, le principal dossier de Yalta est celui de la future Organisation des Nations unies (ONU). Il ne s'agit pas de reproduire les erreurs commises avec la Société des Nations. L'ONU devra être dotée d'un pouvoir efficace, le directoire des vainqueurs, *« les quatre chiens de garde »*, souligne Roosevelt – les trois Grands et la Chine, qui seront dotés d'un droit de veto. Staline craint une mainmise anglo-américaine sur la future assemblée générale : Londres pourra compter sur l'entrée massive des pays du Commonwealth et Washington sur les républiques sœurs d'Amérique latine. Il exige que chacune des seize républiques fédérées au sein de l'URSS dispose d'un siège. Finalement, il fait une concession : en dehors de l'URSS, seules l'Ukraine et la Biélorussie, voire éventuellement la Lituanie, seront présentes dans l'assemblée des nations.

C'est la question de la Pologne qui dominera les débats de Yalta : elle est une plaie vive entre Occidentaux et Soviétiques. Les démocraties occidentales n'ont-elles pas déclaré la guerre à Hitler parce qu'elles avaient donné leur garantie à la Pologne contre une agression allemande ? Les Soviétiques n'ont-ils pas anéanti l'indépendance polonaise dans les jours sombres qui suivirent le pacte germano-soviétique ? Une double interrogation : quelles seront les frontières de la nouvelle Pologne et quelle sera la nature de son régime politique ? Depuis la conférence de Téhéran, les frontières sont à demi dessinées : la ligne Curzon qui, en 1919, délimitait le territoire des « Polonais ethniques » a été retenue dans son principe ; la question du régime politique revêt une forte signification symbolique : l'Angleterre a accueilli le gouvernement en exil de Sikorski mais Staline a installé à Lublin, après la libération de l'est de la Pologne, un gouvernement communiste polonais et l'a officiellement reconnu.

Duel au sommet
Page de droite : le général Douglas MacArthur et le président Harry Truman en octobre 1950. Commandant en chef des forces des Nations unies en Corée, MacArthur fut limogé le 11 avril 1951 par Truman. Le général souhaitait bombarder la Chine pour régler le conflit coréen et n'excluait pas l'utilisation de la bombe atomique.

1950-1953 Corée, la ligne rouge

Une Corée libérée de trente-cinq ans de colonisation japonaise : telle était la décision prise à Yalta. Roosevelt aurait préféré une tutelle internationale de cinq années sur la péninsule, mais les partis politiques coréens avaient vivement protesté et réclamé l'indépendance immédiate. La Corée prend rapidement l'aspect d'une « Allemagne d'Asie », d'un Etat divisé reflétant la division du monde. La division de la Corée ne procède pas de la volonté de sanctionner un Etat vaincu : la Corée est une victime de l'expansionnisme japonais. La partition résulte d'un certain désintérêt de l'Occident : après sa tardive déclaration de guerre au Japon, le 8 août 1945, l'URSS a dirigé ses forces sur la Corée et la Mandchourie ; les chefs d'état-major ont choisi le 38e parallèle comme simple ligne de démarcation entre les armées soviétique et américaine – une ligne qui va devenir frontière politique lorsque Soviétiques et Américains ne parviendront pas à s'entendre sur les modalités de l'élection de deux assemblées provisoires au sud et au nord du 38e parallèle.

Au contraire des autres conflits d'Asie – Indochine, Indonésie, Birmanie... – qui relèvent, en partie, de la décolonisation, la guerre qui s'ouvre en Corée est un pur conflit Est-Ouest, le premier affrontement directement lié à la guerre froide. Le 25 juin 1950, les forces nord-coréennes déclenchent une attaque de grande envergure. Quatre jours plus tard, Séoul, la capitale du Sud, tombe. Le président américain Harry Truman est décidé à réagir : il est hanté par la passivité des démocraties face aux agressions de l'Allemagne nazie et du Japon impérial à la veille du second conflit mondial. Le secrétaire général de l'ONU, le Norvégien Trygve Lie, proclame qu'il s'agit *« d'une guerre déclarée aux Nations unies »*. Le Conseil de sécurité organise un commandement unifié de l'ONU, sous la direction du général Douglas

déferle sur la Corée ». La deuxième offensive chinoise est lancée le 1er janvier 1951. Les défenses américaines et sud-coréennes sont submergées. Le 4, Séoul tombe pour la deuxième fois.

Comment échapper au désastre ? Le secrétaire d'Etat Dean Acheson n'exclut pas l'usage de l'arme atomique. MacArthur veut frapper les bases mandchoues d'où partent les colonnes de « volontaires » chinois. Chef charismatique, architecte de la reconstruction démocratique du Japon, il croit pouvoir imposer sa volonté à Harry Truman, homme d'appareil du Parti démocrate, politicien sans ouverture internationale, arrivé à la présidence du fait de la mort de Roosevelt. Il donne l'ordre de bombarder les ponts du Yalu. Truman annule l'ordre puis cède. Le 24 mars 1951, MacArthur lance un véritable ultimatum à Pékin. Le 11 avril, il est relevé de ses fonctions par Truman, qui entend mener une croisade au nom de la sécurité collective et s'identifie à l'ONU. Le 27 juillet 1953, un accord de cessez-le-feu sera signé à Panmunjom – le simple enregistrement d'une « ligne de la trêve »... Elle coupe encore aujourd'hui le pays en deux.

MacArthur ; l'URSS ne peut user de son droit de veto car elle boycotte le Conseil depuis six mois, pour protester contre le maintien du régime nationaliste de Taïwan comme représentant de la Chine.

Le conflit prend un tour nouveau. Le 30 juin, Truman a engagé les forces terrestres américaines. Le 31 juillet, les Marines montent en ligne. Le 20 août, la 4e division nord-coréenne est anéantie. Le 28 septembre, Séoul, capitale en cendres, est reprise. Le 1er octobre, les Sud-Coréens franchissent le 38e parallèle dans une ambiance de fête et les blindés américains se dirigent vers Pyongyang, la capitale du Nord. La flotte américaine écrase les ports nord-coréens.

MacArthur publie un communiqué triomphaliste sur la quantité *« de mort et de destruction »* déversées par le cuirassé *Missouri*. Le 24, les Sud-Coréens sont à 50 km de la frontière chinoise et envoient des patrouilles jusqu'au fleuve frontière, le Yalu. Jamais la réunification de la Corée n'a semblé si proche. Mais le sort des armes bascule à nouveau. La Chine décide de se porter au secours de son allié nord-coréen. Une première offensive générale, sous les ordres du général Lin Biao, est déclenchée le 26 novembre. Le 15 décembre, un communiqué américain constate qu'*« un flot inépuisable de troupes communistes venues de Mandchourie*

1955-1975
Good Morning, Vietnam

Les Etats-Unis n'ont pas signé les accords de Genève du 21 juillet 1954 qui mettaient fin à la première guerre d'Indochine entre la France et le Vietnam. Ils se sont promis de rendre viable l'Etat qui se constituait au sud du 17e parallèle, le Sud-Vietnam devenu une république après l'élimination de l'empereur Bao Dai. L'engagement américain commence sous la présidence de John Kennedy. L'Etat sud-vietnamien bénéficie de l'aide américaine, et l'armée du Sud des conseils des instructeurs militaires américains. Mais, à Saigon, le nouveau chef de l'Etat, Ngô Dinh Diêm, fait montre d'une grande rigidité politique : il rejette dans l'opposition la majorité bouddhiste du pays et assimile les « libéraux » aux communistes. Le 1er novembre 1963, un putsch est déclenché contre le régime Diêm, que l'administration Kennedy a cessé de soutenir. La subversion s'amplifie : les communistes du Front national de libération, les « Viêt-congs », aidés par le Nord-Vietnam, étendent leur progression.

Les conseillers militaires américains sont des anciens de la Seconde Guerre mondiale ou de la guerre de Corée. Ils contribuent à la construction de « hameaux stratégiques » – une expérience déjà faite en Malaisie et aux Philippines : le regroupement des paysans dans des villages protégés militairement permettra de couper le Viêt-cong de ses bases logistiques. Ce devrait être l'aube d'un nouveau Vietnam, plus démocratique, avec l'élection de conseils municipaux, l'instauration de réformes agraires, la mise en place de systèmes éducatifs et sanitaires : en 1962, 3 500 hameaux ont été édifiés. L'échec politique est total : le régime Diêm avait érigé les regroupements ruraux en une nouvelle structure autoritaire. Après la tragédie de Dallas, Lyndon Johnson décide de maintenir, puis d'amplifier l'engagement américain. L'extension de l'effort de guerre américain répond à la dégradation de la situation. La 7e flotte américaine patrouille dans le golfe du Tonkin. Le corps expéditionnaire américain est porté de 23 000 hommes en 1964 à un demi-million quatre ans plus tard. Les raids aériens sont multipliés par quatre en deux ans, de 1965 à 1967, ainsi que le tonnage de bombes déversées. Le 31 janvier 1968, le Viêt-cong déclenche « l'offensive du Têt », le nouvel an vietnamien : une centaine de villes sont attaquées simultanément ; la guerre mêle désormais la subversion de la guérilla aux batailles rangées classiques.

Auprès de l'opinion publique, le Viêt-cong a marqué ainsi un point important : les « colombes », d'Eugene McCarthy au sein du Parti démocrate à Jane Fonda ou Martin Luther King, mènent campagne pour la négociation ; la contestation gagne les campus et prend une nature quasi insurrectionnelle. Elle a un fort écho dans toute l'opinion occidentale. Dans sa campagne de 1968 pour la présidence, Richard Nixon promet de mettre fin à la guerre du Vietnam. La voie choisie, celle de la « vietnamisation » du conflit est étroite : dès le 25 janvier 1969, le retrait progressif et inconditionnel des forces terrestres américaines est décidé ; il aura pour contrepartie une aide

accrue à l'armée du Sud-Vietnam. En 1972, l'administration républicaine fait une concession majeure : elle n'exige plus l'évacuation des troupes de Hanoi infiltrées au sud. Le 27 janvier 1973, les accords de Paris libèrent les Etats-Unis du bourbier vietnamien. Les Américains n'ont pas subi de défaite militaire mais leur échec politique est évident : l'allié sud-vietnamien est abandonné.

1979
Le retour du Grand Jeu

La veille de Noël 1979, les forces soviétiques pénètrent en Afghanistan, avec puissance et détermination. L'action aéroterrestre est ostentatoire : huit divisions soviétiques déferlent avec leurs équipements « *nucléaires, biologiques, chimiques* ». Les observateurs occidentaux s'interrogent : s'agit-il pour Moscou d'un abandon délibéré de la politique de détente ou d'un accident de parcours, d'un accroc à la coexistence ? Pourquoi cette attaque armée contre un Etat avec lequel l'URSS entretenait des relations privilégiées ? Pourquoi l'imprudence d'une intervention armée directe, alors que les précédentes actions soviétiques dans le tiers-monde avaient été menées par Etats interposés, Cuba en Afrique, le Vietnam en Asie ? Au-delà du débat sur les raisons de l'Union soviétique, deux réalités. Une conquête territoriale : pour la première fois, les Soviétiques « satellisent » un Etat en temps de paix. Un avantage stratégique : ils disposent, ainsi, d'une plate-forme vers le golfe Arabo-Persique.

Sept ans plus tard, l'extraordinaire aggiornamento de la diplomatie soviétique sous Mikhaïl Gorbatchev va provoquer l'abaissement de la pression soviétique et prendre à revers les prévisions des experts. En 1985, lors de l'arrivée au pouvoir de Gorbatchev, l'état-major soviétique contrôle encore la situation sur le terrain : un véritable « tapis de bombes » est alors déversé sur l'Afghanistan. Mais à partir de 1986, la livraison de missiles sol-air portables – les Stinger américains – par les Occidentaux aux rebelles islamistes, les moudjahidines, renverse le rapport de force : les Soviétiques sont privés de couverture aérienne ; ils ne peuvent plus porter d'attaques dans l'arrière-pays insurgé et doivent se contenter d'une présence passive dans les villes. Le 8 février 1988, Gorbatchev, soucieux de sortir de l'enlisement, annonce le retrait inconditionnel, dans un délai d'un an, des forces soviétiques. Le régime mis en place par l'URSS s'effondre au printemps 1992. Treize ans après l'intervention soviétique, c'est plus d'un siècle d'expansion russe en Asie centrale musulmane qui s'achève.

Quand les services secrets américains ont-ils commencé à aider les moudjahidines afghans ? La version officielle a longtemps été que l'assistance de la CIA aurait débuté en 1980, en réponse à l'invasion soviétique. Mais Robert Gates, ancien directeur de la CIA, et Zbigniew Brzezinski, ancien conseiller du président Carter, ont dévoilé une autre réalité : c'est le 3 juillet 1979 que Carter a signé la première directive sur l'assistance clandestine aux opposants au régime prosoviétique de Kaboul – donc six mois avant l'intervention militaire soviétique, que cette aide américaine aurait peut-être suscitée... Un grand débat sur les responsabilités américaines a suivi : selon Brzezinski, la mobilisation du monde musulman contre l'URSS était une idée habile dans les années 1980 ; les opérations de la CIA ont eu pour effet d'attirer l'URSS dans le piège afghan – l'URSS a ainsi « connu son Vietnam ». Mais l'action des services américains a aussi contribué à la constitution de l'internationale djihadiste, qui a fini par ébranler « l'empire américain ».

Piégés
Page de gauche, en haut : troupes américaines au Vietnam en 1970. Les Etats-Unis se retireront en 1973. Page de gauche, en bas : les soldats soviétiques quittent l'Afghanistan, en février 1989, après dix ans de guerre. En 1979, la CIA s'était employée à entraîner les Soviétiques dans le piège afghan ; ils devaient connaître « leur Vietnam ». Ci-dessous : attaque de l'US Air Force sur Bagdad durant la guerre du Golfe en janvier 1991.

1991
Tempête du désert

Le 2 août 1990, les blindés irakiens submergent le Koweït. L'émir Jaber et le prince héritier se réfugient en Arabie saoudite. Un « gouvernement provisoire du Koweït libre » est installé par l'occupant. Le monde arabe semble rester sourd aux appels à l'aide lancés par les autorités koweïtiennes – une passivité interprétée par Bagdad comme une promesse de non-intervention.

L'Irak est sorti affaibli de sa guerre de huit ans contre l'Iran, qui a ruiné son économie (celle de l'Iran aussi, qui va s'associer à son ancien ennemi, devenu son allié objectif dans une même stratégie pétrolière). Le coup de force irakien a, d'abord, été interprété dans une perspective « pétrolière » : l'Irak veut contrôler l'offre mondiale du pétrole, imposer des prix plus rémunérateurs. Mais la réaction des Etats-Unis puis la condamnation unanime de la communauté internationale donnent une nouvelle dimension à l'affaire. L'Irak répond, le 8 août, à l'envoi d'un corps expéditionnaire américain par *« l'annexion définitive »* du Koweït. Une étrange interprétation est lancée par les médias américains : le gouvernement de Washington *« savait »* ; il surveillait le déploiement irakien à la frontière du Koweït et a laissé faire, afin de briser, par la suite, l'agresseur irakien et de mettre un terme, par le recours à la force ouverte, à son hégémonie régionale. Cette thèse de la *« préméditation »* est peu fondée : les dirigeants des Etats-Unis croyaient à une simple gesticulation de Bagdad ; jusqu'au bout, ils ont tenté de maintenir un dialogue avec le président irakien Saddam Hussein. La rapidité du déploiement américain n'est pas une preuve de manipulation : le dispositif était fixé depuis la présidence Carter.

La décision d'intervention du président George Herbert Walker Bush, le « premier Bush », et la facilité apparente avec laquelle l'opinion publique américaine accepte l'opération « Bouclier du désert » manifestent la fin du « syndrome vietnamien » qui avait paralysé les administrations Ford et Carter, et que Ronald Reagan avait tenté d'effacer. Les Etats-Unis sont les vainqueurs de la guerre froide, après quarante-cinq années de confrontation avec l'URSS. Ils apparaissent, pour un temps, comme la seule superpuissance, combinant les atouts de l'espace et des ressources naturelles, du potentiel militaire et de l'avance technologique, alors que leur seul vrai rival, l'URSS, perd sa cohésion nationale et s'effondre économiquement.

Le 17 janvier 1991, la coalition internationale, qui rassemble sur mandat de l'ONU près d'un million d'hommes, déclenche l'opération « Tempête du désert ». Pendant six semaines, un déluge de feu s'abat sur les positions retranchées de l'armée irakienne – laquelle aligne 550 000 hommes. Les Etats-Unis sont confirmés dans leur rôle de « gendarme du monde ». Ou de « mercenaire du monde » ? Ils ont financé leur intervention sur les recettes du pétrole saoudien et koweïtien et sur les aides financières allemande et japonaise.

1999
Kosovo, le cavalier seul de l'Otan

Première femme secrétaire d'Etat des Etats-Unis – sous l'administration Clinton, de 1997 à 2001 –, Madeleine Albright a associé son nom à la guerre du Kosovo. Née à Prague, le 15 mai 1937, elle est hantée par les années sombres qui ont tant marqué son histoire familiale et dont elle veut interdire le retour en Europe. Après la chute du mur de Berlin, la fédération de Yougoslavie a éclaté : les indépendances de la Slovénie et de la Croatie ont été suivies, malgré la répression engagée par le président serbe Slobodan Milosevic, de celles de la Macédoine et de la Bosnie-Herzégovine. Dès le début des convulsions yougoslaves, la question du Kosovo apparaissait comme la plus difficile à traiter, par la Serbie comme par la communauté internationale. Cette terre était, de longue date, déchirée entre les droits historiques de la nation serbe, qui la considérait comme son berceau, et la supériorité démographique de la communauté albanaise. « *C'est votre Algérie dans votre Orléanais* », avait lancé, prophétique, André Malraux, à un visiteur serbe – et ce déchirement était à l'origine de la dérive nationaliste de la Ligue communiste de Serbie.

La guerre du Kosovo oppose, du 6 mars 1998 au 10 juin 1999, l'Armée de libération du Kosovo (UÇK), la branche armée de l'insurrection kosovare, aux forces de l'ordre serbes. A partir du 24 mars 1999, l'Otan intervient dans le conflit par des campagnes de bombardements sur l'ensemble du territoire serbe. « *Nous allons apprendre aux Serbes comment on gère une démocratie multiethnique* », lance Madeleine Albright. Le 11 juin 1999, les forces serbes se retirent du Kosovo, qui déclarera unilatéralement son indépendance le 17 février 2008, après avoir construit un Etat autonome, sous la protection de l'ONU.

L'affaire du Kosovo suscitera une triple controverse au regard du droit international : 1°) Le droit de sécession, l'accession d'un peuple à la vie internationale par la sécession d'un ensemble étatique préexistant, est en principe refusé par la communauté internationale car il touche à l'intégrité territoriale des Etats. Le droit de sécession, l'ONU ne l'a accordé, tout au long de la guerre froide, qu'aux peuples colonisés d'Afrique et d'Asie. Le démantèlement des fédérations yougoslave, tchécoslovaque et soviétique a été « constaté » par l'ONU par exception au principe du refus de sécession. 2°) L'Union européenne a pris acte de la dislocation de la fédération yougoslave en plusieurs Etats souverains et a refusé toute nouvelle sécession au sein des nouveaux Etats, qu'il s'agisse de la Bosnie ou de la Croatie. Mais elle viole ce principe, à peine élaboré, en décidant de reconnaître le droit de sécession au sein de la nouvelle Serbie. 3°) La guerre du Kosovo était contraire à la charte de l'ONU : l'intervention à force ouverte de l'Otan avait été décidée en l'absence de tout « mandat » du Conseil de sécurité et à l'encontre de la volonté de l'Etat souverain sur le territoire, la Serbie. De plus, en entérinant la déclaration unilatérale d'indépendance, les Etats membres de l'Otan ont violé le mandat qu'ils s'étaient attribué à eux-mêmes, lors de leur entrée dans le conflit : organiser l'autonomie interne du Kosovo au sein de la Serbie, et non amputer territorialement la Serbie.

LEÇONS DE DÉMOCRATIE
En haut : du 24 mars au 10 juin 1999, les Etats-Unis et l'Otan ont mené une campagne de bombardements de la Serbie de Milosevic pour la contraindre à se retirer du Kosovo et accepter sa sécession. Page de droite : un djihadiste brandissant un drapeau islamiste, en Irak, en 2013.

2003-2011
Le chaos irakien

Après la tragédie du 11 septembre 2001, le président George Walker Bush, le « second Bush », a rompu avec les prudences diplomatiques de ses prédécesseurs : le monde s'est durci ; il est dangereux, instable, traversé de haines ; la suprématie des Etats-Unis est fragile. George W. Bush renonce à l'isolationnisme larvé dont il faisait montre pendant sa campagne présidentielle ; au manichéisme de la lutte « contre les croisés et les Juifs », il ne craint pas d'opposer un fondamentalisme occidental ; sa détermination de construire un nouveau Proche-Orient, qui serait converti à la démocratie de type libéral-occidental, s'est concrétisée avec l'occupation militaire de l'Irak de Saddam Hussein. Une ambition haute, remodeler le monde, lui « redonner forme », scandée par la nouvelle « doctrine Bush », cette stratégie nationale de sécurité, rendue publique le 20 septembre 2002. Elle repose sur l'espoir de convertir, à marche forcée, un Etat, une nation, de le transformer sur le modèle du vainqueur, à l'exemple de l'Allemagne et du Japon de 1945.

L'opération « Liberté de l'Irak » est lancée, le 20 mars 2003, par une coalition internationale conduite par les Etats-Unis et le Royaume-Uni – malgré les réserves notables de la France, de l'Allemagne, de la Russie et de la Chine et un discours remarqué de Dominique de Villepin devant le Conseil de sécurité. Une guerre préventive est déclenchée sans mandat de l'ONU : il s'agit d'en finir avec les armes de destruction massive qu'est censé détenir l'Irak et d'y établir une démocratie fédérale, prélude à un Grand Moyen-Orient, d'esprit libéral-occidental. Le 1er mai, la *« mission est accomplie »* pour Bush : l'armée irakienne est vaincue et le régime baasiste détruit ; Saddam Hussein sera capturé sept mois plus tard, puis exécuté en 2006. Mais un autre conflit s'ouvre : la guérilla menée par les anciens cadres militaires baasistes, les djihadistes d'Al-Qaïda, les milices sunnites et chiites contre l'armée américaine et le nouveau pouvoir irakien.

En votant, le 22 mai 2003, la résolution 1483 sur l'organisation politique et économique de l'après-guerre en Irak, le Conseil de sécurité a légitimé, a posteriori, l'intervention militaire de la coalition anglo-américaine. L'occupation de l'Irak aura confirmé l'inscription dans les relations internationales de l'après-guerre froide du concept de « souveraineté conditionnelle » : les Etats restent, en principe, souverains, mais la souveraineté d'un Etat disparaît si ses dirigeants ne respectent pas la démocratie, détiennent des armes de destruction massive ou sont liés à des réseaux terroristes. La doctrine de la souveraineté conditionnelle suscite deux types de réserves : elle peut apparaître comme le reflet subjectif d'un messianisme libéral et occidental ; et elle est susceptible de susciter des contradictions dans son application concrète. Ainsi des raisons exactes de la « mise en examen » d'un Etat qualifié de délinquant : la recherche d'armes de destruction massive en Irak s'est avérée vaine et le secrétaire adjoint à la Défense, Paul Wolfowitz, a concédé qu'il s'agissait d'un *« alibi bureaucratique »*.

L'échec politique de l'opération « Liberté de l'Irak » est flagrant : loin de la construction espérée d'un Moyen-Orient démocratique, la région a sombré dans le chaos. L'armée américaine est impliquée dans la guerre contre-insurrectionnelle la plus sanglante depuis son départ du Vietnam. L'exclusion des sunnites de l'appareil d'Etat irakien a contribué à la naissance d'un djihadisme syro-irakien. De nouveaux chefs de guerre chiites, liés à l'Iran, ont fait leur apparition : l'échiquier politique a bien été renouvelé, mais avec le contre-résultat d'être ouvert à l'influence de la République islamique.

Agrégé de droit public, Charles Zorgbibe a été professeur à l'université Panthéon-Sorbonne et recteur de l'académie d'Aix-Marseille. Il vient de publier *Egéries et conseillers de l'ombre* (Les éditions du Cerf, 2024).

À LIRE de Charles Zorgbibe

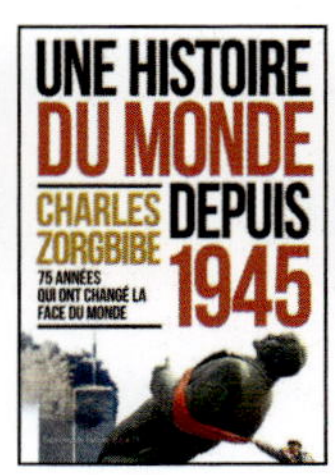

Kissinger, **Les éditions du Cerf, « LeXio », 768 pages, 12,90 €.**
Une histoire du monde depuis 1945. 75 années qui ont changé la face du monde, **Editions de Fallois, 428 pages, d'occasion.**
Les Eminences grises, **Les éditions du Cerf, « LeXio », 698 pages, 10,90 €.**

PORTRAIT

Par Charles Zorgbibe

WILSON
Les Illusions perdues

Père de la Société des Nations, ancêtre de l'ONU, Wilson échoua toutefois, en 1920, à faire ratifier le traité de Versailles par un Sénat américain hostile à la nouvelle organisation.

Le 5 novembre 1912, Thomas Woodrow Wilson entra dans l'histoire des Etats-Unis par un heureux coup du destin. Il remporta l'élection présidentielle alors qu'il était le candidat improbable du Parti démocrate, très minoritaire dans l'opinion... un parti écarté du pouvoir fédéral depuis 1897, enlisé depuis quinze ans dans sa traversée du désert ! Mais le Parti républicain, dominant, s'était fracturé : le combat fratricide de ses deux candidats, William H. Taft et Theodore Roosevelt, avait si bien divisé les bulletins républicains que Wilson avait été élu à l'écrasante majorité des grands électeurs. Pourtant, si on examine l'expression directe du suffrage universel, les résultats de Wilson étaient moins glorieux et le Parti démocrate restait très minoritaire face au total des votes républicains. Seul le candidat démocrate de 1904 avait fait moins bien que Wilson !

Le nouveau président est porteur d'autres paradoxes. Il se considère comme le premier « sudiste » authentique entré à la Maison-Blanche depuis la fin de la guerre de Sécession – au contraire d'Andrew Johnson, le colistier et successeur de Lincoln, élu du Tennessee mais qui avait fait carrière dans la mouvance des nordistes. Il est né à Staunton, en Virginie, le 28 décembre 1856. Il évoquera souvent les soldats sudistes en loques qu'il interpellait dans l'argot de l'époque, alors qu'il avait 4 ans et qu'il était juché sur la barrière du presbytère d'Augusta, en Géorgie, ou encore la soupe au cerfeuil sauvage que préparait sa mère quand avaient manqué les aliments du temps de paix et surtout les sermons passionnés de son père, pasteur presbytérien et aumônier militaire des confédérés, sudiste fervent : un jour, son père était monté en chaire pour annoncer que la bataille décisive était imminente et que l'armée du Sud avait un immense besoin de munitions ; il avait renvoyé l'assemblée des fidèles avec sa bénédiction afin que tous les hommes, femmes, enfants se rendent dans les usines rouler des cartouches.

Politiquement, Wilson est sur la gauche de l'échiquier politique américain mais sa vision de la société est bien celle, traditionaliste, voire racialiste, d'un sudiste : aux militantes féministes, il explique qu'il les respecte trop pour les imaginer dans les volutes de tabac des tavernes lors de campagnes électorales et il est embarrassé lorsque les organisations noires lui proposent leur soutien... dont il craint qu'il soit contre-productif. Il sera toujours attaché au style un peu suranné des gens de Virginie et il fustigera *« le matérialisme vulgaire de trop de Yankees »*.

Il est, depuis la naissance de l'Union, le premier universitaire à exercer les fonctions suprêmes, qui semblaient réservées jusqu'ici à des propriétaires de plantations, des généraux victorieux, des avocats et hommes d'affaires... Jefferson, retiré dans sa propriété de Monticello, avait bien dessiné les plans de l'université de Virginie, mais ce précédent était très approximatif. Wilson est un universitaire reconnu ; dans ses ouvrages de droit constitutionnel, il décrit l'influence grandissante du Congrès, un diagnostic qu'il renversera plus tard lorsqu'il sera à la Maison-Blanche ; devenu président de l'université de Princeton, il introduit le tutorat, en honneur à Oxford et Cambridge, à côté des cours magistraux, suscitant un tollé parmi les administrateurs, les « *trustees* », et les anciens élèves, les « *alumni* », mais sa réforme sera suivie avec un vif intérêt à travers les Etats-Unis. Il se désespérait de n'avoir été qu'un « chercheur », lui qui rêvait d'être un homme d'Etat, lorsque, soudainement, la « machine » démocrate du New Jersey l'a fait élire gouverneur – afin de lutter contre la corruption de la classe politique locale. Deux ans plus tard, il est encore un débutant politique lorsqu'il devient président.

Autre contradiction : le président qui va faire entrer les Etats-Unis dans la guerre mondiale est, en août 1914, un « neutraliste » convaincu. Il veut tenir les Etats-Unis à l'écart de la guerre européenne. Une angoisse très concrète : le creuset des nations d'origine, le fameux « *melting pot* », va-t-il tenir ? L'appel à la neutralité qu'il lance est très exigeant : même le simple citoyen devrait se refuser à toute position favorable à l'un des belligérants. Sa réélection en 1916 est encore placée sous le slogan de la « *paix sans victoire* » qu'il presse les belligérants d'accepter. L'aggravation de la menace allemande sur les mers, l'indignation de l'opinion américaine et le rapprochement économique qui s'opère en profondeur entre les Etats-Unis et les Alliés susciteront son revirement.

Ultime paradoxe : le président qui bouleversera le jeu interétatique classique et

CHAMPION DE LA DÉMOCRATIE
Ci-contre : l'élection de Woodrow Wilson en 1912 marque le retour des démocrates au pouvoir. Page de gauche : le président Wilson s'adresse au Congrès en avril 1917, l'exhortant à entrer en guerre contre l'Allemagne pour « *rendre le monde sûr pour la démocratie* ».

À LA TABLE DES NÉGOCIATIONS Ci-dessus : le 14 février 1919, Wilson présente son projet de pacte des Nations lors de la séance plénière de la conférence de la Paix à Paris. Ci-contre : le président américain et son conseiller Edward Mandell House, dit « le colonel House ». Page de droite : le président du Conseil français Georges Clemenceau, le président américain Woodrow Wilson et le Premier ministre britannique David Lloyd George, sortant de Versailles après la signature du traité de paix, le 28 juin 1919.

créera la première organisation internationale de sécurité collective, la Société des Nations (SDN), n'avait manifesté, avant son élection, aucun intérêt pour les questions internationales ! Ecrivain politique, il a peu écrit sur la politique étrangère : une page dans son essai *L'Etat*, une phrase dans son grand ouvrage *Le Gouvernement du Congrès*. Homme politique, il n'a aucune pratique des relations internationales : son programme présidentiel, sa « plate-forme » de candidat, comporte simplement une allusion à la présence américaine aux Philippines. Elu président, il se désintéresse de la conduite de la politique étrangère : Walter Page, nommé ambassadeur à Londres, part rejoindre son poste sans avoir obtenu d'audience ni d'instructions.

Le nouvel ordre wilsonien

« Un organisme vient de voir le jour... » Le 14 février 1919, devant la séance plénière de la conférence de la Paix, Woodrow Wilson présente le pacte des Nations, qui crée la SDN. C'est le jour du triomphe, l'heure pour laquelle Wilson était né. Le pacte est dans le droit fil du manifeste des Quatorze Points que le président a présenté au Congrès, le 8 janvier 1918 : il faut en finir avec la « vieille diplomatie » des traités secrets, conquêtes territoriales et garde des frontières. L'heure est à la reconnaissance du droit des peuples à disposer d'eux-mêmes et à l'instauration de la paix par le droit.

Le passage de la diplomatie traditionnelle au « nouvel ordre international » s'est opéré, dans l'esprit de Wilson, tout au long des années de neutralité affligée face à l'Europe en guerre, puis de participation à cette croisade démocratique que fut pour lui la guerre mondiale. A l'été de 1914, il avait subi l'influence du secrétaire au Foreign Office, sir Edward Grey : le ministre britannique soutenait que la paix du monde dépendrait, dans l'avenir, d'une conférence permanente entre les nations. En septembre 1917, lord Robert Cecil avait montré, avec lucidité, les dérives possibles des plans d'organisation internationale : l'exemple de la Sainte-Alliance, en 1815, rappelait que la volonté de maintenir la paix pouvait aboutir à la généralisation de l'oppression des peuples, que la SDN projetée pouvait n'être qu'une société des gouvernants en place, une *« société pour le maintien de la tyrannie »*. Mais l'objection la plus forte avait été opposée par le secrétaire d'Etat Robert Lansing : le seul véritable objectif devait être l'établissement de la démocratie dans le monde, la création d'une *« ligue des démocraties »*. Ainsi Lansing reprenait-il la vision de Kant, le philosophe des Lumières, selon lequel la généralisation de la démocratie était la condition nécessaire de la paix : la SDN devrait être ouverte aux seules nations républicaines.

Le 16 juillet 1918, le colonel House a présenté à Wilson une première ébauche de pacte des Nations. Esquisse incertaine, brouillon révélateur des espoirs et des ambitions, mais aussi des naïvetés et des illusions de la génération des fondateurs de l'organisation mondiale ! Edward House est « l'éminence grise », le conseiller officieux de Wilson. Septième fils d'un riche propriétaire et armateur texan, qui avait tenté de forcer le blocus nordiste pendant la guerre de Sécession, il est animé d'une vraie passion pour les affaires publiques ; mais, entravé par une santé fragile, il a

choisi de mener une carrière politique par procuration. Le titre de colonel lui colle à la peau, alors qu'il n'a jamais porté un uniforme : c'est un titre honorifique que lui a conféré un gouverneur du Texas.

Wilson a retrouvé House, le 15 août, dans la propriété de ce dernier à Magnolia, dans le Massachusetts. Une étonnante partie de campagne, pour le plus grand plaisir des membres du service de sécurité et d'une poignée de journalistes : assis sur la pelouse, devant le cottage de House, le président et son conseiller déploient des cartes de l'Europe et discutent les moyens de répandre les idées libérales sur le Vieux Continent. Une surprise de taille : dans ce premier projet, seules les grandes puissances auraient accès à la SDN. Les petits Etats sont comparés aux « territoires fédéraux », ces membres fantômes de la Fédération américaine, exclus du concert des Etats fédérés ! La version finale est bien l'œuvre du constitutionnaliste Wilson : en filigrane, la constitution d'un Etat mondial avec son Assemblée, son Conseil, qui fait figure d'exécutif, et sa cour de justice – que Wilson avait récusée, dans un premier temps.

L'état de grâce ne pouvait durer. Que subsisterait-il du message wilsonien à l'épreuve des négociations concrètes ? Wilson va « suer sang et eau » sur la question russe : la révolution bolchevique est pour lui une énigme ; serait-elle la manifestation légitime du droit du peuple russe à se doter du gouvernement de son choix ? Chez les Alliés les plus influents, les préoccupations de sécurité dominent, autour des garanties et des modifications territoriales à obtenir. Des wilsoniens passionnés, le Premier ministre italien Orlando, le délégué de la nouvelle Chine, Wellington Koo, un « démocrate à l'occidentale », vont s'éloigner de Wilson quand leurs intérêts nationaux seront ébranlés. A l'Allemagne qui s'est livrée à lui quand elle lui a demandé l'armistice (par une note du 4 octobre 1918, qui lui a été adressée, *« sur la base des Quatorze Points »*, par l'intermédiaire de la Suisse – l'Autriche-Hongrie a procédé parallèlement, par l'intermédiaire de la Suède) mais qui conteste désormais les propositions de paix, toutes tendances politiques réunies, il assènera que *« le temps de la discussion est passé »*.

Le 28 juin 1919, lorsque le traité de Versailles, qui a fait du pacte des Nations sa première partie, est signé dans la galerie des Glaces, Wilson peut croire que sa mission est accomplie. Las : il a négligé le défi le plus redoutable : celui du Sénat des Etats-Unis qui, selon la Constitution, doit approuver le traité à la majorité des deux tiers. Or le 19 mars 1920, neuf mois après les cérémonies de Versailles, celui-ci lui refusera sa ratification, rendant par là caduque la participation des Etats-Unis au nouvel ordre européen qui avait été son grand œuvre, et retirant notamment à la France la garantie d'une intervention américaine en cas de nouvelle agression allemande.

LE MOMENT WILSON
Ci-contre : *Le Président Wilson. Professeur de paix,* illustration d'Adrien Barrère publiée dans *Fantasio* du 15 mai 1914. Page de droite : parade rue Royale, à Paris, le 14 décembre 1918, pour accueillir le président américain devant rejoindre la conférence de la Paix. Au plus fort de sa popularité, il est alors perçu comme celui qui a permis de vaincre l'Allemagne.

Le dénigrement de Wilson et du wilsonisme a été contagieux. Freud a raillé le « *complexe du martyre* » d'un messie égaré, le désir inconscient de Wilson de se croire victime d'un complot, « *d'être Jésus-Christ trahi* ». Avec l'économiste John Maynard Keynes, le réquisitoire a tourné au jeu de massacre : le président américain aurait été inapte à la négociation politique, aurait manqué de l'intuition créatrice nécessaire à l'homme d'Etat ; il n'aurait pas été un véritable universitaire, ouvert à la confrontation des idées, mais un esprit « *théologique* », emmuré dans ses certitudes, stérilement obstiné sur ses « *tables de la loi, les Quatorze Points* ». Aujourd'hui, pour Henry Kissinger et les réalistes politiques, la pensée et l'action de Wilson, le « *syndrome de Wilson* », seraient à la source de tous les maux des Etats-Unis.

Ces critiques radicales négligent l'apport de Wilson, premier architecte d'un système de sécurité collective, et l'imprégnation de l'esprit du wilsonisme sur ses contemporains. Véritable précurseur, à des années-lumière des diplomates qui représenteront la vieille Europe, Wilson ira jusqu'à préconiser la réglementation internationale de rapports sociaux considérés jusque-là comme purement internes. L'établissement d'un réseau de services publics internationaux qui encadreraient l'organisation de sécurité collective est en marche avec la création du Bureau international du travail... De grands partenaires de Wilson, qui avaient vu, au départ, dans la SDN une sorte de caprice du président américain, prendront bientôt conscience de la nouveauté radicale de l'institution mondiale et en percevront tout l'intérêt dans la perspective d'un nouveau réalisme diplomatique. Un Clemenceau inattendu suggérera une réunion de la SDN à Washington et entendra « *seconder* » Wilson !

Mais le président américain a commis une tragique erreur d'appréciation dans son conflit avec le Sénat. Sur les 96 sénateurs, 18 étaient des adversaires irréductibles du traité et 43 des partisans inconditionnels de la paix de Versailles. Les 35 autres sénateurs – des républicains – étaient disposés à accepter le traité, mais avec des amendements. Persuadé qu'il pouvait remporter l'épreuve de force, Wilson a négligé les occasions de compromis avec les plus modérés de ses opposants. Par amertume et par orgueil, il a conforté l'influence de la fraction des sénateurs « *irréconciliables* » et préparé leur victoire.

Or, les réserves des opposants ne modifiaient pas le texte du traité, mais présentaient une interprétation américaine ; une nouvelle négociation avec les Alliés n'était donc pas, en principe, nécessaire. Parmi les clauses territoriales, les amendements présentés tendaient à bouleverser la seule politique extrême-orientale de Wilson : les droits de l'Allemagne sur le Shandong auraient été transférés non au Japon mais à la Chine. On peut s'adonner aux joies et vertiges de l'uchronie, imaginer le non-retrait des Etats-Unis du Pacte, la participation maintenue des Etats-Unis au nouvel ordre wilsonien... Le climat politique des années 1930 en Europe en aurait peut-être été modifié.

Les illusions de Versailles

Cette occasion perdue n'est pas seule à nourrir la critique d'un président par ailleurs visionnaire. D'autres réserves tiennent à son influence dans l'adoption des dispositions d'un traité qui n'aura donné à l'Europe que vingt ans de répit, transformant la paix en simple armistice. Prêt à maintes concessions territoriales pendant la conférence de la Paix pour la réalisation de son grand dessein, Wilson a en effet couvert de son autorité des règlements fragiles, gros de contentieux pour l'avenir.

Parmi les situations territoriales passées en revue par Wilson dans son discours des Quatorze Points, l'une a suscité l'intérêt et les regrets de plusieurs générations de juristes européens : le point 10 sur l'Autriche-Hongrie. Affronter franchement la monarchie austro-hongroise, contester la légitimité de l'architecture dualiste de l'empire

des Habsbourg, promettre aux Tchécoslovaques, aux Polonais, aux Slaves du Sud, aux Roumains, une libération complète : une telle attitude présentait l'avantage de saper l'autorité des puissances centrales, d'encourager la révolte dans l'Europe danubienne ! Telle n'était pas, pourtant, la vision première de Wilson. L'impératif de l'équilibre européen inspirait à l'homme d'Etat responsable un choix plus nuancé : celui de l'autonomie interne des nations sujettes et de la survie d'une « union fédérale » ; une démocratisation plutôt qu'un éclatement de l'Autriche-Hongrie. Dans les derniers mois de la guerre, sous l'influence des « comités nationaux » tchécoslovaque et polonais, Wilson s'était cependant résolu à la « balkanisation » de l'Europe centrale et à son émiettement en de multiples souverainetés... Or, avec la disparition de l'Autriche-Hongrie, c'était la pierre angulaire de l'Europe centrale qui s'effondrait. Suivrait l'errance des Allemands d'Autriche à la recherche d'une union avec l'Etat allemand, par un retournement du principe de libre disposition des peuples. L'Anschluss était à l'horizon.

Une ultime question – sur le bilan général de Wilson. Le règne du droit peut-il être assuré d'emblée ? Peut-il être substitué, par un simple texte, au système diplomatique traditionnel ? Wilson supposait le problème résolu : il était certain de l'existence d'une communauté entre tous les Etats et d'une communion entre tous les peuples jaillies de la guerre. Il excluait la nécessité de l'usage éventuel de la force pour défendre le droit – que soutenait la délégation française : la pression de l'opinion publique internationale suffirait, croyait-il, ainsi que le rayonnement même des obligations assumées par les Etats membres de la SDN. Dans la réalité, le jeu des intérêts et des forces n'avait pas pris fin : l'ambitieuse construction juridico-politique de la SDN n'apparaîtrait plus bientôt, selon la formule du juriste belge Maurice Bourquin, contemporain de Wilson, que comme *« un jeu de normes, suspendues dans le vide »*.

Agrégé de droit public, Charles Zorgbibe a été professeur à l'université Panthéon-Sorbonne et recteur de l'académie d'Aix-Marseille.

Les ailes déployées
Le logo de la Central Intelligence Agency (CIA) avec le pygargue à tête blanche, l'oiseau rapace emblème des Etats-Unis, sur le sol du quartier général de l'Agence, à Langley, Virginie. Il fut adopté en 1950 par le président Truman.
© CHARLES OMMANNEY/GETTY IMAGES

La Compagnie des Ombres

Par Rémi Kauffer

Fondée en 1947, la CIA devient dès 1953 l'instrument clandestin du combat anticommuniste mené par les Etats-Unis dans le monde. Malgré la disparition de l'URSS, sa raison d'être, en 1991, elle reste le bras armé de la politique étrangère américaine.

Pipe au bec façon Maigret, vestes de tweed, fines lunettes rondes : vous lui donneriez le Bon Dieu sans confession. Et vous auriez… diablement tort puisque Allen Dulles va engager la CIA sur la pente glissante des *covert actions,* les opérations clandestines. En 1953, ce faux père tranquille prend officiellement la tête de la Central Intelligence Agency – la « Compagnie » pour les initiés.

Avant la Seconde Guerre mondiale, aucune structure d'espionnage planétaire comparable n'existait aux Etats-Unis. Dans la foulée de Pearl Harbor, William Donovan, proche du président Roosevelt, en a toutefois forgé une de toutes pièces sous le nom d'Office of Strategic Services. Cet OSS dont Dulles sera, entre 1942 et 1945, le *Big Boss* pour l'Europe sous couverture diplomatique à Berne.

Après la capitulation japonaise, le 2 septembre 1945, Donovan espère pérenniser son service secret. Mais dans la tradition américaine d'équilibre entre les pouvoirs, le président Truman, successeur de Roosevelt, refuse. L'OSS dissout en octobre 1945, armée et FBI se disputent le contrôle du renseignement américain tandis que les tensions avec l'URSS s'aggravent. En foi de quoi la Maison-Blanche fait volte-face, créant la CIA en septembre 1947. De cette mouture actualisée de l'OSS, Truman attend qu'elle gagne la guerre froide contre le bloc de l'Est tout en contenant les prétentions des militaires, d'un côté, du FBI, de l'autre. Instrument du combat anticommuniste à l'extérieur, facteur d'équilibre institutionnel à l'intérieur : deux fonctions pour une seule agence centrale. Gage d'une certaine autonomie, celle-ci ne dépend d'ailleurs ni du ministère de la Défense, ni du ministère de la Justice mais de la Maison-Blanche. En principe du moins…

Quand il en prend les leviers de commande, Allen Dulles connaît la ligne stratégique définie par le département d'Etat. Pas le *roll back,* le refoulement pur et simple du communisme, mais son *containment,* le temps nécessaire à l'épuisement du dynamisme stalinien. Contre les Soviétiques et leurs alliés, dont désormais la Chine de Mao, la « guerre politique » s'impose à ce titre comme un facteur clé. Des menées subversives tous azimuts mais sans aller jusqu'à la confrontation militaire directe, trop périlleuse à l'ère atomique.

Si l'Europe occidentale échappe alors aux rouges, c'est à vrai dire de peu. En particulier l'Italie où, première application pratique du *containment,* les valises de billets de la station romaine de la CIA ont favorisé dès 1948 la victoire des formations modérées sur le parti communiste aux législatives. Cette Italie où l'Agence supervise la toile d'araignée des réseaux antisoviétiques clandestins « Gladio », que le gouvernement de Rome ne dissoudra qu'en 1990.

Sur le Vieux Continent, les opérations de la CIA se veulent donc relativement « douces ». Comme le financement des syndicats réformistes – en France, Force ouvrière, créée en 1948 par scission de la CGT procommuniste. A travers l'American Committee on United Europe, une association américaine de droit privé active à partir de janvier 1949 et dont le président se trouve être… William Donovan, la « Compagnie » soutient financièrement les courants fédéralistes européens, rempart supposé contre la menace rouge. En particulier l'Union européenne des

EN PREMIÈRE LIGNE Page de gauche : Allen Dulles, directeur de la CIA de 1953 à 1961, durant l'administration Eisenhower, fut à l'origine des opérations secrètes menées par l'Agence pour déstabiliser et renverser les gouvernements jugés trop proches de Moscou et menaçant les intérêts économiques des Etats-Unis, notamment en Iran et au Guatemala. Mais le fiasco de la baie des Cochons, l'invasion de Cuba en 1961, lui valut d'être limogé par le président Kennedy. Ci-dessus : *« Nous sommes la première ligne de défense de la nation. Nous accomplissons ce que les autres ne peuvent pas accomplir et allons là où les autres ne peuvent pas aller »*, proclame la CIA dans son musée de Langley.

fédéralistes, dont le bureau exécutif est présidé par le Français Henri Frenay, fondateur en 1941 du mouvement de résistance Combat. Sur le front intellectuel enfin, la CIA va susciter en 1950 l'émergence du Congrès pour la liberté de la culture sous le contrôle direct de l'un de ses officiers, Michael Josselson.

Dans le reste du monde, Dulles, traumatisé par la prise de pouvoir communiste de 1948 en Tchécoslovaquie, ultime étape de la fermeture du rideau de fer, exige des sortes de coups de Prague inversés. La CIA y jouerait un rôle comparable à celui des services secrets de Moscou dans la mise en place des « démocraties populaires », mais cette fois aux dépens des communistes.

En août 1953, l'objectif est atteint une première fois à Téhéran. Mélange de manifestations de rue financées sur les fonds de l'Agence, de provocations, de menaces de coup d'Etat militaire, de pressions intenses sur le jeune chah Mohammad Reza Pahlavi, de clins d'œil appuyés aux religieux chiites dont un certain ayatollah Khomeyni, l'opération « Ajax » aboutit en effet au renversement du gouvernement de Mohammad Mossadegh, coupable d'avoir nationalisé les pétroles iraniens. Un de chute.

Rebelote en juin 1954. Au Guatemala, l'opération « PBSuccess » met fin au gouvernement nationaliste de gauche du colonel Jacobo Arbenz Guzmán, qui avait osé, lui, contrarier la puissante firme nord-américaine United Fruit Company. Et de deux. Aux Philippines, la CIA impose également l'homme des Etats-Unis, le président Ramon Magsaysay, tout en freinant la guérilla communiste des « Huks ». Et de trois.

Dans les *covert actions* qu'elle multiplie, l'Agence croit tenir une martingale. Particulièrement en Amérique latine. Qu'un gouvernement gêne Washington dans cette arrière-cour des Etats-Unis et on peut compter sur Dulles pour le renverser. A Cuba, lui et son état-major ont conçu le plan « Zapata » : si le débarquement des émigrés anticastristes de la Brigade 2506 entraînés en Floride ne suffisait pas à renverser Fidel Castro, au pouvoir à La Havane depuis janvier 1959, il est entendu qu'on fera intervenir directement des troupes américaines au sol.

Pendant ses deux mandats successifs, le président républicain sortant Dwight Eisenhower a apprécié les opérations clandestines, si pratiques pour lui ôter tel ou tel caillou de la chaussure. Mais voilà : l'élection opposant son ancien vice-président Richard Nixon et le candidat démocrate John Kennedy est pour novembre 1960. D'ici là, pas de manœuvre risquée. Et guère plus avant janvier 1961, date de l'intronisation officielle de JFK.

Une fois à la Maison-Blanche, Kennedy, lui, hésite. Pire, du point de vue de la CIA : il émascule peu à peu le pauvre « Zapata » en ne donnant son feu vert qu'après une série de conditions

COUPS DE FORCE Ci-dessus : le dirigeant cubain Fidel Castro, sur la plage du débarquement raté de la baie des Cochons, en 1961. Page de droite, en haut : des moudjahidines afghans armés de missiles antiaériens Stinger livrés par les Etats-Unis, à Jalalabad, en 1989. Page de droite, en bas : prise du palais présidentiel de La Moneda, à Santiago, le 11 septembre 1973. Le gouvernement chilien du socialiste Salvador Allende, démocratiquement élu en 1970, fut renversé par les troupes du général Augusto Pinochet avec le soutien de la CIA.

restrictives, dont le refus de tout engagement militaire terrestre américain. Résultat : en avril 1961, le débarquement de la Brigade 2506 dans la baie des Cochons aboutit à un échec cinglant. Privés d'appui terrestre et naval américain, avec un soutien aérien réduit de plus de la moitié par décision de la Maison-Blanche, les anticastristes sont écrasés. Saisissant l'occasion d'humilier les Etats-Unis, Fidel échange alors la libération des survivants (des *« vers de terre »*, selon lui) contre la livraison à Cuba de... tracteurs *made in USA* ! En novembre 1961, une page se tourne : Dulles est limogé.

Au plus fort de la guerre froide

La CIA vient de perdre une grande partie de son prestige. Comment le récupérer ? Par le renseignement plus que par l'action. Autant l'Agence s'est montrée hasardeuse à la baie des Cochons, autant elle va prouver son efficacité dès octobre 1962. C'est en effet elle qui prouve, rapports d'un de ses agents à Cuba et surtout photos aériennes à l'appui, que le numéro un soviétique, Nikita Khrouchtchev, est en train d'installer des rampes de lancement de missiles dans l'île caraïbe. Mieux, c'est le successeur de Dulles, John McCone, un catholique comme JFK, qui trouve la solution, appuyé par Robert McNamara, le secrétaire d'Etat à la Défense : pas de frappe préventive mais un blocus maritime qui, sous les yeux du monde entier, verra, dès novembre, les cargos soviétiques chargés de têtes nucléaires faire demi-tour.

McCone a redoré le blason de la « Compagnie », désormais sise en son quartier général ultramoderne de Langley, en Virginie. Un autre front se développe cependant au Vietnam, divisé depuis les accords de Genève de 1954 entre le Nord communiste et le Sud proaméricain, où la CIA soutient Ngô Dinh Diêm. Mais le 2 novembre 1963, déçue du manque de résultats de cette dictature face aux guérillas procommunistes, elle change d'avis, encourageant sans toutefois y prêter la main l'assassinat du même Diêm par des militaires putschistes. JFK est horrifié. Mais il n'a lui-même que vingt jours à vivre, abattu à Dallas dans des circonstances qui plongent les Américains dans le doute.

Se pourrait-il qu'une sorte d'« Etat profond » manipule le pays ? Ce qui n'était que soupçon se transforme bien vite en certitude aux yeux de la jeunesse contestataire opposée à la guerre du Vietnam : on est en train de mentir au peuple américain. Première mise en cause : la CIA, visée par deux enquêtes parlementaires, une au Sénat et l'autre à la Chambre des représentants. L'Agence est elle-même en proie à une crise de conscience qui affecte une partie de son personnel, déréglant jusqu'à son fonctionnement en interne. Et on ne parle pas de son image de marque, ternie par les révélations en cascade sur les *covert actions* : les tentatives d'assassinat de Castro, la mort du président congolais Patrice Lumumba en 1961. Ou, au Sud-Vietnam, l'opération « Phoenix » : des groupes de tueurs américano-vietnamiens qui quadrillent les campagnes, assassinant sans autre forme de procès plus de 20 000 civils réputés « rouges » pour les seules années 1968 et 1969. Un carnage sans résultat probant d'ailleurs puisque les communistes ont continué leur progression sur le terrain. Autre échec pour la CIA comme pour les forces spéciales de l'US Army : elles ne parviendront jamais à sectionner la fameuse « piste Hô Chi Minh », axe logistique vital par lequel troupes et matériels transitent du nord du Vietnam vers le sud.

Réélu en 1972, le président républicain Nixon a d'ores et déjà décidé d'intensifier la guerre secrète en Indochine, mais pour mieux rapatrier les *« boys »*. Sur le front du Chili, il ordonne au patron de Langley, Richard Helms, la déstabilisation du gouvernement d'unité populaire de Salvador Allende. Comme la méthode « douce » ne suffit pas, la CIA appuie, mais sans complicité trop voyante, le putsch de septembre 1973. Le coup de force militaire amène au pouvoir le général Augusto Pinochet, déclenchant une terrible répression (2 500 opposants assassinés) à une époque où, dans les démocraties occidentales, la mode intellectuelle est à « l'anti-impérialisme » gauchisant. Ce qui n'empêchera pas la CIA de mener tout au long des

années 1970, main dans la main avec les dictatures militaires qui essaiment en Amérique latine, une campagne d'éradication subcontinentale des guérillas procastristes. Un succès d'autant moins revendiqué publiquement qu'il s'accompagnera de milliers d'enlèvements, tortures et autres assassinats en Argentine, en Uruguay et ailleurs. Cette campagne de terreur à grande échelle, qui rappelle l'opération « Phoenix », ne prendra fin que dans les années 1980, sous la présidence Reagan.

Contraint à la démission le 9 août 1974 par le scandale d'espionnage politique du Watergate impliquant plusieurs anciens de la CIA et du FBI, Nixon juge sans aménité ses successeurs à la Maison-Blanche. Parmi eux le démocrate Jimmy Carter, qui saura pourtant mettre à profit les capacités clandestines de la « Compagnie » pour créer les conditions des accords israélo-égyptiens de Camp David de septembre 1978. L'Agence s'est en effet mobilisée pour mettre sur pied les tractations secrètes entre ennemis dans ses « appartements conspiratifs » aux quatre coins du monde. Un rôle d'entremetteuse entre camps opposés qu'elle va souvent jouer par la suite, preuve que les services secrets peuvent servir la paix aussi.

Où sont les « beaux jours » de l'opération « Ajax » ? En 1978, l'émergence de la révolution islamique d'Iran prend de court la CIA, persuadée de la solidité du régime du chah. Atteint d'un cancer dont Langley ignorait l'existence – fâcheuse carence pour un service secret –, le souverain déchu trouve asile aux Etats-Unis, ce qui conduit, en novembre 1979, à la prise d'otages de l'ambassade américaine de Téhéran par des « étudiants islamiques ». En désespoir de cause après cinq mois d'attente, Carter ordonne un raid de forces spéciales (opération « Eagle Claw ») qui échoue lamentablement. Dans ce contexte difficile, le seul fait d'armes de Langley sera l'opération audacieuse de récupération de six otages américains réfugiés à l'ambassade du Canada à Téhéran qui fournira l'argument du film *Argo*.

En partie désarmée par son directeur, Stansfield Turner, un amiral plus attiré par la technologie que par le facteur humain, la « Compagnie » semble frappée d'impuissance. C'est du moins l'avis des hiérarques vieillis du bureau politique du PC soviétique qui, à la Noël 1979, se jettent tête baissée dans la guerre d'Afghanistan. Hélas pour eux, Carter se révèle plus coriace que prévu, et la CIA aussi. Les premières *covert actions* sur le front afghan débutent aussitôt. Fin janvier 1980, l'Agence introduit ainsi dans le pays à destination des moudjahidines un lot d'armes de fabrication soviétique (pour brouiller les pistes, elles ont été achetées aux Egyptiens). Ces *covert actions* vont considérablement s'intensifier sous les deux mandats de Ronald Reagan, quand William Casey reconstruira le secteur des opérations clandestines, démantelé à l'ère Turner. Proche conseiller du nouveau président républicain dont il a mené à bien la campagne électorale, ce vétéran de l'OSS se révèle à cette époque le plus puissant directeur de la CIA de l'histoire depuis Allen Dulles.

Si la Maison-Blanche s'embourbe dans le scandale de l'Irangate qui éclate en 1986 (le financement illégal des « *Contras* » antisandinistes du Nicaragua grâce à la vente d'armes à un Iran officiellement sous embargo), elle contribue très efficacement à la défaite soviétique à Kaboul. Par exemple en livrant clé en main aux moudjahidines les fameux missiles antiaériens portatifs Stinger, mortels pour les hélicoptères de l'Armée rouge. Le problème, c'est que Langley, galvanisé par la perspective de victoire sur le terrain, ne comprend rien aux fondamentalistes musulmans. Lesquels, à l'image du fondateur du Hezb-e-Islami, Gulbuddin Hekmatyar, ou encore d'un certain Oussama Ben Laden, ne tarderont pas à se retourner contre la main américaine invisible qui les a nourris.

Un nouvel ordre mondial

Les prémices de l'effondrement du bloc soviétique aussi vont surprendre la CIA, incapable d'imaginer un monde sans sa raison d'être : la guerre froide. Pendant des décennies, l'Agence a su contenir la poussée du bloc de l'Est. Mais en fin de parcours, elle a échoué à discerner les voies de l'offensive à l'heure où le système communiste, victime de ses « contradictions internes », s'effondrait au point de n'être plus qu'un colosse rouge aux pieds d'argile. Sa consolation sera de réaliser que le KGB n'a pas mieux prévu qu'elle la fin du régime qu'il était, lui, censé garantir.

George Bush père succède à Reagan en 1989. Cet ancien vice-président républicain connaît bien l'Agence pour l'avoir dirigée de janvier 1976 à janvier 1977. Son ambition : un « nouvel ordre mondial ». Mais lui aussi commet une erreur de taille : convaincre les Ukrainiens de céder leur arsenal nucléaire aux Russes moyennant la reconnaissance par Moscou de leur souveraineté nationale et de leur intégrité territoriale. Un accord couché ensuite sur le papier à l'ère Clinton. On sait aujourd'hui ce que valait cette « reconnaissance »...

Avec Bill Clinton, une nouvelle génération accède à la Maison-Blanche en 1993 : celle des protestataires contre la

© BOB HENRIQUES/MAGNUM PHOTOS. © ENRIQUE ARACENA/AP/SIPA. © ROBERT NICKELSBERG/GETTY IMAGES.

En plein cœur A gauche : les tours jumelles du World Trade Center, à New York, percutées par des avions détournés par les terroristes islamistes d'Al-Qaïda, le 11 septembre 2001. Ci-dessus : le secrétaire d'Etat Colin Powell présente, le 5 février 2003 devant l'assemblée de l'ONU, les prétendues « preuves » que l'Irak fabrique des armes de destruction massive. Page de droite : un militaire ukrainien analyse des images prises par des drones fournis par les Etats-Unis, à Bakhmout, en janvier 2023.

guerre du Vietnam. Le nouveau président démocrate n'aime pas la CIA, dont il snobe le directeur, James Woolsey. Proche du Parti démocrate, George Tenet, qui prend la tête de l'Agence en décembre 1996, comprend vite la règle du jeu : Clinton, dont l'optimisme à tous crins séduit l'électorat, déteste qu'on lui apporte de mauvaises nouvelles.

Bad News, ce seraient par exemple les menées terroristes antiaméricaines d'Al-Qaïda, l'organisation d'Oussama Ben Laden aux liens avec l'Arabie saoudite passablement troubles. Mais se brouiller avec Riyad, donc avec le pétrole, pas question ! En foi de quoi Clinton refuse d'écouter les Cassandre de Langley, à peine soutenues d'ailleurs par Tenet, que George W. Bush maintient à la tête de l'Agence moyennant sa docilité. Le 11 septembre 2001 – jour anniversaire du putsch de Pinochet en 1973 au Chili –, c'est la stupeur. Les quatre attentats-suicides menés par Al-Qaïda sur le sol américain sont vite suivis d'une vigoureuse opération militaire contre l'Afghanistan des talibans. Ben Laden, lui, reste introuvable, d'autant que Langley ne parvient pas à rétablir des liens de confiance avec le renseignement militaire pakistanais avec qui la CIA travaillait voici encore peu contre les Soviétiques, mais dont les connexions avec l'intégrisme religieux déroutent les esprits occidentaux.

En proie à leur obsession – le « reformatage » du Moyen-Orient –, Bush et son entourage néoconservateur, en particulier le vice-président Dick Cheney, désignent déjà une autre cible : l'Irak de Saddam Hussein. Bagdad, veulent-ils croire à toute force, disposerait déjà d'armes de destruction massive. Les voilà qui tordent carrément le bras de Tenet, tenu d'accréditer leurs fantasmes. Des informations et des photos biaisées sont ainsi livrées au ministre des Affaires étrangères, le général Colin Powell. Lequel assurera le 5 février 2003 à l'assemblée générale de l'ONU que les Irakiens disposeraient de laboratoires mobiles de fabrications d'armes biologiques, laboratoires et armes que, malgré des années de recherche, la CIA ne trouvera jamais.

Traumatisée par le 11 Septembre, l'opinion publique américaine accepte, dans le cadre de la *Global War on Terror,* la généralisation de la surveillance numérique. En parallèle, la CIA implante des prisons secrètes dans des pays tiers. Des « sites noirs » où l'on pratique la torture, considérée par l'Agence comme un moyen acceptable d'obtenir des résultats face au terrorisme. Sur un mode moins violent, Langley apporte également un soutien logistique discret aux « révolutions de couleur » des années 2000, qui achèvent de désagréger l'ancien bloc de l'Est : ici, en facilitant les contacts entre opposants ; là, en leur fournissant des moyens techniques de liaison.

Notons au passage qu'au sein de la communauté américaine du renseignement (18 services en 2024), la « Compagnie » a perdu dès cette époque beaucoup de son poids au profit de la National Security Agency (NSA) créée, elle, en novembre 1952. L'espionnage technologique des « grandes oreilles » de la NSA se fait toujours plus intrusif, comme le montrera en 2013 la défection d'Edward Snowden. Mais c'est moins voyant que les opérations clandestines, un aspect qui n'échappe pas au président démocrate Obama quand il succède, pour deux mandats, à Bush. Tandis que la NSA multiplie les « interceptions », y compris sur les téléphones portables d'Angela Merkel ou de Nicolas Sarkozy, la guerre contre le terrorisme n'est plus menée par des opérations type commando mais par des drones tueurs qui ciblent leurs objectifs au prix de nombreux « dommages collatéraux ». Une exception cependant, et de taille : l'élimination en mai 2011 de Ben Laden, « ennemi public » numéro un depuis la capture en décembre 2003 puis l'exécution de Saddam Hussein. Une fois n'est pas coutume, la CIA et les forces spéciales, les Navy Seals, ont travaillé de concert pour la traque et l'élimination du chef d'Al-Qaïda.

Reste que le premier président noir des Etats-Unis n'a pas toujours fait preuve de la même détermination, en Syrie notamment face à Bachar el-Assad. Il se montrera plus résolu, mais *in extremis,* dans la réduction de Daesh, l'Etat islamique, par des procédés militaires conventionnels. Il est vrai que la CIA n'a plus la cote à la Maison-Blanche depuis la démission forcée, en novembre 2012, de son directeur, le général David Petraeus, convaincu d'avoir divulgué des informations secret-défense à sa maîtresse par le biais d'une boîte mail commune.

© NICOLE TUNG/NYT-REDUX-REA.

Dès l'entrée de Donald Trump à la Maison-Blanche, les choses se gâtent entre le nouveau président républicain et la communauté américaine du renseignement, dont certains hiérarques le soupçonnent de complaisance envers les Russes. Situation inédite : de grosses pointures de la CIA, à commencer par son ancien directeur sous Obama, John Brennan, vont jusqu'à critiquer ouvertement le président dans les médias.

Avec Joe Biden, vieux routier de la politique, la confiance mutuelle renaît. C'est ainsi qu'à la veille de la tentative d'invasion de l'Ukraine par la Russie en février 2022, la CIA et le renseignement américain inaugurent une nouvelle méthode, révélant à l'avance, et à juste titre, l'assaut poutinien en préparation. Sans doute s'agissait-il de restaurer leur crédibilité, tombée très bas après la débandade afghane d'août 2021.

Si la « Compagnie » est désormais largement engagée sur le théâtre d'opérations ukrainien, le terrain s'avère plus mouvant pour elle au Moyen-Orient depuis l'attaque terroriste du Hamas du 7 octobre 2023. Il est vrai que les rapports entre la communauté américaine du renseignement et son homologue israélienne du Mossad n'ont jamais été simples. Pendant la guerre des Six Jours de 1967, par exemple, l'aviation israélienne avait frappé délibérément l'*USS Liberty*, un navire espion de la NSA « coupable » d'observer le conflit de trop près. Malgré les 30 morts et 170 blessés du bombardement, les Etats-Unis n'avaient pas bronché. Dorénavant, les services israéliens ne manqueront jamais une occasion de forcer la main aux services américains. En janvier 1979 à Beyrouth, le Mossad assassine ainsi Ali Hassan Salameh, sachant pertinemment que cet ancien chef de l'organisation terroriste palestinienne Septembre noir, responsable de l'attentat sanglant aux Jeux olympiques de Munich de 1972, est devenu le contact de la CIA au sein de l'OLP. De même pour son remplaçant Atef Bseiso, abattu à Paris en juin 1992. En juillet 2024 à Téhéran, les Israéliens ont-ils éliminé le chef politique du Hamas, Ismaïl Haniyeh ? Les Américains se sont contentés de préciser qu'ils n'étaient pas impliqués dans cette opération. Une manière de rappeler que si le Mossad reste le partenaire obligé de la CIA dans la région, c'est aussi le pire de ses alliés.

Des alliés, les Etats-Unis en ont cependant grand besoin s'ils veulent rester la première puissance du monde à l'heure où les challenges se multiplient et parfois, s'additionnent : défi russe, défi chinois, défi nord-coréen, défi de l'islamisme radical, défi iranien, défi de l'intelligence artificielle. Autant de menaces contre lesquelles la CIA devra se montrer efficace si elle veut pouvoir commémorer avec faste, en septembre 2027, le 80e anniversaire de sa création.

Ecrivain et journaliste, Rémi Kauffer est spécialiste du renseignement et des services secrets.

À LIRE de Rémi Kauffer

1939-1945. La Guerre mondiale des services secrets, **Perrin, 496 pages, 25 €.**
Les Hommes du président, **Perrin, 500 pages, 25 €.**

Par François d'Orcival, *de l'Institut*

19 NOVEMBRE 1985
Reagan, cavalier seul

Le président américain aura attendu cinq ans pour négocier avec son homologue russe. Cinq ans durant lesquels il aura lancé une course aux armements qu'il savait l'Union soviétique incapable de financer plus longtemps.

AU COIN DU FEU
Ci-contre : Ronald Reagan et Mikhaïl Gorbatchev à Genève en novembre 1985, durant leur premier sommet sur la réduction de l'arsenal nucléaire. Page de droite : élu en novembre 1980, Reagan engagea un bras de fer implacable avec l'URSS dans les domaines militaire et spatial.

« *Cela faisait plus de cinq ans que j'attendais ce jour.* » Nous sommes à Genève, au bord du lac Léman, le matin du mardi 19 novembre 1985. Ronald Reagan rencontre pour la première fois en tête à tête le « *nouveau maître du Kremlin* », Mikhaïl Gorbatchev, arrivé au pouvoir huit mois plus tôt. A l'initiative du président américain, les deux hommes et leurs interprètes vont se retrouver pendant une heure et demie dans un hangar à bateaux de la villa Fleur d'Eau. « *Situation exceptionnelle, moment exceptionnel* », estime Reagan.

Celui-ci ouvre la conversation en s'adressant à son homologue soviétique : « *Nous sommes ici, vous et moi ; deux hommes dans une pièce, les seuls sans doute sur terre à pouvoir déclencher une Troisième Guerre mondiale. Mais il se peut également que nous soyons les seuls à pouvoir apporter la paix au monde.* » Reprenant une citation américaine, Reagan enchaîne : « *Monsieur le secrétaire général, nous ne nous méfions pas l'un de l'autre parce que nous sommes armés ; nous sommes armés parce que nous nous méfions l'un de l'autre.* » Traduction : le moment n'est-il pas venu de réduire cette méfiance réciproque ?

Ronald Reagan cite ce souvenir en prologue de ses Mémoires qu'il publie en novembre 1990, deux ans après l'élection de son successeur à la Maison-Blanche. S'il le rappelle, c'est naturellement parce que, pour lui, cette rencontre avec Gorbatchev est un point d'orgue dans le cours de sa présidence. Il aurait bien aimé le convaincre de lever la « *barrière de méfiance* » qui les sépare. Et d'autant plus, pense-t-il, qu'avec ses trois prédécesseurs au Kremlin, Leonid Brejnev, puis Iouri Andropov et Konstantin Tchernenko, rien n'avait abouti.

Depuis 1957, avec l'extraordinaire surprise provoquée par le vol du premier Spoutnik autour de la Terre, les Américains auront vécu dans l'obsession de leur vulnérabilité face à une attaque imprévue des Soviétiques. Ils ont même longtemps estimé que la disparité de leurs systèmes d'armes par rapport à ceux de la Russie soviétique devait créer, autour des années 1985, une « *fenêtre des occasions* » dont les Russes pourraient profiter contre les Etats-Unis.

« *En 1981*, écrit Ronald Reagan, *quand je suis arrivé à la Maison-Blanche, la puissance militaire américaine s'était à ce point affaiblie qu'on pouvait douter de notre capacité à répondre efficacement à une attaque soviétique ; (...) nos armes stratégiques – ces missiles et ces bombardiers qui étaient à la base de notre force de dissuasion – n'avaient connu aucune modernisation depuis dix ans, alors que dans le même temps l'Union soviétique avait mis sur pied une machine de guerre qui menaçait d'éclipser la nôtre à tous les niveaux...* »

Au mois de janvier 1981, Reagan a 69 ans. Pour la plupart des hommes, c'est l'âge de la retraite ; chez lui, c'est un couronnement. Il a d'abord fait carrière comme acteur de cinéma, avant d'être officier de l'armée de l'air pendant la guerre ; revenu sur les écrans, il est finalement entré en politique comme républicain au début des années 1960 ; le voilà bientôt élu gouverneur de Californie pour deux mandats. C'est ce qui le prépare à la présidentielle. Candidat du Parti républicain en 1980, il est élu le 4 novembre. Il l'emporte dans 44 Etats sur 50.

Effet immédiat sur la scène internationale : les mollahs iraniens, détenteurs de 52 otages américains qu'ils tentaient de monnayer avec son prédécesseur Jimmy Carter, les libèrent.

A l'époque, les Soviétiques sont depuis près de deux ans en Afghanistan et ils possèdent des fusées SS-18 à dix têtes nucléaires capables d'atteindre l'Amérique. Le 2 octobre 1981, Ronald Reagan décide de mettre fin à cette suprématie en lançant un programme spectaculaire de reconstruction de la défense stratégique américaine pour les décennies à venir. Il annonce la mise en œuvre du missile MX (qu'il appellera « *Peacekeeper* ») de 13 000 km de portée, doté d'autant de têtes nucléaires que les engins soviétiques, la relance du bombardier Rockwell B-1, abandonné par l'équipe Carter et qui sera livré en 1985, le lancement du programme des missiles Trident dont seront dotés ses sous-marins stratégiques et la modernisation du réseau de communication stratégique Norad.

Il fait passer les crédits de la défense de 176 milliards de dollars à 221 milliards en 1982, soit 45 milliards de plus que l'année précédente ; il les porte à 272 milliards en 1985, et à 310 milliards la dernière année de sa présidence, une hausse de 76 % en huit ans ! Alors que ses adversaires démocrates plaidaient pour réduire ces dépenses de plus de 160 milliards de dollars en cinq ans, en augmentant les dépenses sociales de 200 milliards et les impôts de 315 milliards...

Ce programme de réarmement « de grande ampleur », Reagan l'accompagne de contacts diplomatiques discrets destinés à convaincre les Soviétiques qu'ils ont intérêt à prendre les choses au sérieux et à s'asseoir « *à la table de négociations* ». Or rien ne bouge. Deux ans plus tard, le président américain prend une nouvelle initiative stratégique pour frapper encore plus fort.

Le 8 mars 1983, avant-dernière année de son premier mandat, Ronald Reagan se rend au congrès des pasteurs de la National Association of Evangelicals. Il les a choisis parce qu'ils sont les militants les plus engagés du mouvement pour le « gel nucléaire », ce qui laisserait les Russes en position de supériorité par rapport aux Américains. Et il va le dire à ses auditeurs pour tenter de les convaincre et, à travers eux, les Américains qui résistent encore à ses arguments : « *Un gel nucléaire récompenserait les Soviétiques de leur gigantesque effort militaire. Il empêcherait la modernisation essentielle de nos systèmes de défense que les Etats-Unis et leurs alliés auraient dû entreprendre depuis longtemps...* »

Il poursuit : « *L'histoire nous apprend que prendre nos désirs pour des réalités et rechercher naïvement la conciliation avec nos adversaires reviendrait à trahir notre passé et à dilapider notre liberté.* » Il en tire alors cette conclusion qui fera date : « *Je vous exhorte à vous défier de la tentation de l'orgueil, à croire que les deux camps sont également coupables, à ignorer les faits de l'Histoire et les pulsions agressives de l'empire du Mal, à vous contenter de dire que la course aux armements n'est qu'un malentendu...* »

Pour l'Histoire, cela restera le discours sur « *l'empire du Mal* ». Une expression qui fait le tour de la terre. Et Reagan ne s'en tient pas là ; quinze jours après, et cette fois dans une déclaration télévisée, il présente aux Américains un programme de réarmement pour la sécurité nationale. « *Cela pourra prendre vingt ans, mais il faut le faire* », dit-il. Il emploie un titre sobre, celui d'« *Initiative de défense stratégique* » pour qualifier une révolution analogue à celle qui fut provoquée par le Spoutnik.

Car il place désormais les frontières du monde libre dans l'espace : ce sera la « guerre des étoiles ». Dès le mois de novembre suivant, il fait traverser l'Atlantique par une première batterie de missiles Pershing qu'il entend déployer en Allemagne occidentale face aux SS-20 soviétiques. Les Russes ne mettront pas longtemps à comprendre le signal. Jusque-là, ils ont construit une panoplie complète, ajoutant à leurs forces classiques – innombrables – en chars, avions de combat, navires de surface et sous-marins, une force nucléaire (2 000 engins balistiques, 330 missiles SS-20) – et surtout spatiale.

Dans son rapport de 1983 sur l'état des forces armées soviétiques, le ministre américain de la Défense, Caspar Weinberger, note qu'au cours de la décennie précédente, les Russes ont lancé chaque année 75 engins spatiaux, dont 50 satellites à usage militaire, soit quatre à cinq fois plus que les Américains. Il précise qu'ils ont conçu un système d'armes capable de détruire des satellites américains tournant en orbite basse, et qu'ils préparent pour les années 2000 le déploiement d'armes à laser, de satellites antisatellites... Reagan réagit en faisant savoir qu'il va consacrer 26 milliards de dollars à la recherche sur la défense antimissile.

Vingt ans plus tôt, lorsque Richard Nixon et Leonid Brejnev avaient signé en 1972 le premier traité de limitation des armements stratégiques, le SALT 1, ils avaient convenu entre eux qu'en signe de détente, chacun ne conserverait qu'un seul barrage de missiles antimissiles (ABM) autour d'un site de fusées intercontinentales. C'était le concept de la « destruction mutuelle assurée ». En 1983, Caspar Weinberger estime que cette théorie revient pour les Etats-Unis à se placer dans un état de « *vulnérabilité garantie* ».

De leur côté, les Soviétiques vont tout faire pour contourner cette équivalence grâce à la précision de leurs missiles, en comptant bien être capables de désarmer leur adversaire par une « frappe chirurgicale » sur ses bases militaires. D'où la formule employée par les analystes occidentaux : le combat, vu par les Russes, devait être « *soudain, brutal et bref* » (« *sudden, savage and brief* »).

Or un événement vient tout bousculer, le 1er septembre 1983 : on n'est plus dans la définition de concepts mais dans un vrai drame... Un Boeing 747 de la Korean Air Lines, qui, venant de New York, a fait escale à Anchorage, en Alaska, se dirige vers Séoul, transportant 246 passagers (dont 62 Américains) et 23 membres d'équipage. Au moment où il survole par erreur l'île russe de Sakhaline, il est visé et détruit par des missiles tirés par des appareils de la chasse soviétique, qui ne peuvent avoir agi que sur ordre de leurs autorités – on le sait car les antennes américaines écoutent tout dans le secteur. Bien des rumeurs, provocations et accusations d'espionnage courront à ce sujet. Seule certitude, l'officier soviétique qui a donné à la chasse l'ordre d'abattre le Boeing, le futur général Kornukov, deviendra quinze ans plus tard chef d'état-major de l'armée de l'air russe...

Sur le moment, en tout cas, cette affaire provoque une déflagration auprès des Américains et du premier d'entre eux. Ronald Reagan espère un aveu, des explications et surtout des excuses de la part des Soviétiques. Il va attendre quatre jours, en vain. Il décide alors de s'adresser aux Américains sur toutes les chaînes de télévision : il dénonce devant l'opinion mondiale ce « *massacre* », cet « *acte de barbarie* », ce « *crime contre l'humanité* »...

Cela ne restera pas sans conséquences. Les rares contacts qui existaient entre les deux puissances sont suspendus et cette fois par les Américains, ce qui les conduit à lancer la mise au point d'un « bouclier spatial » afin de rendre inopérante toute offensive soviétique. Reagan n'hésite pas à lancer ce défi aux Russes : « *Faites donc comme moi, nous bâtirons un système non plus de destruction, mais de protection mutuelle assurée, et pour ça, négocions sérieusement...* »

Le 6 novembre 1984, Reagan est réélu pour son second mandat avec 10 millions de voix de plus que pour le premier ; il obtient la majorité dans 49 des 50 Etats. Au Kremlin, les dirigeants se succèdent : Iouri

Le réveil de la force Page de gauche : le 8 mars 1983, Reagan, s'adressant aux pasteurs de la National Association of Evangelicals, plaide contre le « gel nucléaire » qui laisserait l'URSS, qu'il qualifie d'*« empire du Mal »*, en position de supériorité face aux Etats-Unis. Ci-dessus : Ronald Reagan reçu par Gorbatchev dans le palais à Facettes du Kremlin, fin mai 1988. Il s'agissait de leur quatrième et dernière rencontre.

Andropov est mort en février 1984 ; à sa suite, le parti a désigné Konstantin Tchernenko, mais celui-ci va à son tour s'éteindre en mars 1985. Entre alors en scène Mikhaïl Gorbatchev. Au début, Reagan est sceptique : « *Une fois de plus, un nouvel homme entre au Kremlin. Comment veut-on que j'arrive à construire quelque chose avec les Russes,* dit-il à son épouse, *s'ils n'arrêtent pas de me claquer entre les mains ?* »

Mais Gorbatchev n'est pas la copie de ses prédécesseurs. Il a 54 ans, est en pleine santé et a bien l'intention de renouveler les relations entre Moscou et Washington. Reagan envoie au Kremlin son vice-président, George Bush, assister aux obsèques de Tchernenko, en lui confiant une lettre personnelle destinée au nouveau leader : « *Je veux que vous sachiez que j'attends avec impatience une rencontre qui pourrait donner des résultats bénéfiques pour nos deux pays et pour toute la communauté internationale.* » Son interlocuteur russe lui répond bientôt qu'il est ouvert à l'idée d'un sommet entre eux deux. La lumière est donc au bout du tunnel.

Et pour être pris au sérieux, Gorbatchev annonce le 30 juillet 1985, quatre mois après sa prise de pouvoir, la suspension unilatérale de ses essais nucléaires. Grâce à quoi le dialogue pourra se poursuivre et surmonter les difficultés qui apparaissent sur le mur de Berlin et ailleurs. Tout en refusant l'invitation de Reagan de venir à Washington, Gorbatchev accepte que leur rencontre ait lieu à Genève. Il compte bien y demander à son homologue d'interrompre la mise au point de l'Initiative de défense stratégique (IDS) qu'il avait annoncée deux ans plus tôt (en mars 1983). Il a, en effet, une obsession en tête : son économie délabrée ne lui permet plus de continuer à suivre les Etats-Unis dans des dépenses militaires devenues extravagantes. Or, Reagan le sait.

Le futur rendez-vous de Genève est préparé début novembre par quatre heures d'entretien au Kremlin, entre le plus proche de ses collaborateurs, George Shultz, et Gorbatchev. Après avoir écouté le compte rendu de son secrétaire d'Etat, Reagan résume : « *Gorbatchev est résolu à nous faire céder sur l'IDS ; dans ce cas, ce sera l'histoire de la rencontre entre une force irrésistible et un objet inamovible...* »

Deux semaines plus tard, le jour de l'entretien au coin du feu, dans le fameux hangar à bateaux du bord du lac Léman, Reagan confie à Gorbatchev : « *Nous avons le choix. Nous pouvons parvenir à un accord ou poursuivre la course aux armements et je pense que vous savez ne pas pouvoir la gagner. Nous ne vous laisserons pas conserver la supériorité militaire en restant les bras croisés. Mais, ensemble, nous pouvons tenter de mettre fin à la course aux armements.* »

Pour aller plus loin, le président américain invite Gorbatchev à la Maison-Blanche. Sans doute est-ce trop tôt. Alors tous deux conviennent de se revoir, les 11 et 12 octobre 1986, mais à Reykjavik, en Islande. Où ils pousseront leurs échanges aussi loin qu'ils le pourront. Mais la conclusion espérée n'est pas prête. Les deux se reverront. Profitant d'un voyage en Europe, Reagan s'arrête à Berlin, le 12 juin 1987, devant la porte de Brandebourg, quand rien n'a encore changé entre les deux Allemagnes, pour s'adresser à son vis-à-vis : « *M. Gorbatchev,* lance-t-il, *si vous voulez vraiment la paix, la prospérité de l'Union soviétique et celle de l'Europe de l'Est, venez ici, ouvrez cette porte ! M. Gorbatchev, abattez ce mur !* »

L'aboutissement n'est plus très loin. Car, devant la ruine de plus en plus évidente de son économie, Gorbatchev n'a plus le choix. Il accepte de se rendre, avec son épouse, le 8 décembre 1987, à la Maison-Blanche. Certes, il ne fait pas encore ouvrir le mur de Berlin, mais il signe avec Reagan le premier traité sur l'élimination des forces nucléaires à portée intermédiaire. Quand surviendra, deux ans plus tard, l'ultime crise à l'Est, les dirigeants des « démocraties populaires » sauront qu'ils ne peuvent plus espérer de leur protecteur soviétique un soutien qui se traduirait par le retour à une confrontation violente avec l'Ouest.

François d'Orcival est membre de l'Académie des sciences morales et politiques.

Les années triomphantes
Sorti en 1986, *Top Gun*, avec Tom Cruise en tête d'affiche, fut réalisé en coopération avec le Pentagone pour servir la grandeur du modèle militaire américain. Il s'inscrit dans le renouveau du sentiment patriotique caractéristique des années Reagan.

Soft Power L'empire de la séduction

Par Gérald Olivier

Pour les Etats-Unis, la conquête de l'hégémonie passait par la diffusion de leurs principes à travers les productions culturelles. Avec l'irruption du wokisme, la superpuissance diffuse aujourd'hui des idéaux qui sont désormais tournés contre elle-même.

Le 22 février 1963, Dwight Eisenhower, ancien président des Etats-Unis, remettait solennellement à Walt Disney la médaille George Washington, reconnaissant en lui un *« ambassadeur de la liberté pour les Etats-Unis »*. *« C'est un privilège,* dit Eisenhower, *que de présenter cette médaille à M. Walt Disney… pour sa créativité et sa capacité à transmettre les espoirs et aspirations de notre société de liberté jusqu'aux coins les plus reculés de la planète. »*

Les Etats-Unis étaient alors au sommet de leur puissance et de leur gloire. Jamais leur *soft power* (pouvoir de persuasion) n'avait été aussi fort et personne ne l'incarnait mieux que Walt Disney, cinéaste inventif qui revisitait les contes du folklore européen pour en faire des leçons de morale à la gloire des valeurs américaines. Dans les dessins animés de Walt Disney, la liberté, le travail, le mérite et l'initiative individuelle étaient toujours récompensés. La justice, le sens des responsabilités, le sacrifice de soi et la dignité finissaient toujours par l'emporter. C'étaient les valeurs dominantes de l'Amérique d'alors, une Amérique blanche à 85 %, d'origine européenne et chrétienne.

Il importait alors de diffuser ces valeurs pour protéger le monde contre la tentation du communisme et pour promouvoir une ère de paix et de prospérité, la *« pax americana »*. C'est ce qui s'est passé, mais jusqu'à un point seulement. Les Etats-Unis ont fini par vaincre l'URSS, et le monde est plus prospère que jamais. Mais ils n'ont pas réussi à imposer leur modèle. Moins de 30 % de la population du globe vit sous le régime de la démocratie libérale. 71 % en sont privés ou la rejettent.

C'est le paradoxe du *soft power* américain. A partir de 1945, les Etats-Unis ont mis en place une « machine à convaincre » avec pour objectif de s'attirer les faveurs du monde. Cela a d'abord très bien fonctionné : jusque dans les années 1960. Puis la machine s'est quelque peu grippée. L'Amérique a cessé de faire rêver. Elle est présente presque partout dans le monde et influence les comportements, à travers ses films, sa musique, ses stars, ses champions et même ses modes de consommation, mais elle n'emporte pas elle-même l'adhésion et suscite même une hostilité latente. En France, la gauche et la droite se rejoignent dans une même détestation des Etats-Unis. Les gens peuvent porter des chaussures Nike, utiliser un MacBook et un iPhone, consulter Google tous les jours, boire un latte de chez Starbucks, ou visionner des films de superhéros sur Netflix, et affirmer fièrement qu'ils n'aiment pas les Américains… Mais influer les comportements, sans même que les sujets en aient conscience, en leur laissant l'illusion d'une liberté de pensée, n'est-ce pas là le comble du *soft power* ?

Si tel est le cas, le triomphe américain est complet. En rejetant les valeurs de l'Amérique triomphante, les intellectuels de gauche avaient dénoncé une *« colonisation des esprits »*. Mais les principes au nom desquels ils la contestent procèdent eux-mêmes d'une société américaine qui s'est divisée. Washington a certes perdu le contrôle du message et de l'image véhiculés par l'Amérique, au point que les valeurs qui sous-tendent aujourd'hui le message auraient été qualifiées, voici quelques années, d'antiaméricaine. Mais elles sont bel et bien celles de la gauche américaine qui les diffuse par les puissants relais dont elle dispose dans le secteur privé ! C'est l'autre paradoxe du *soft power* américain.

L'expression *« soft power »* a été popularisée par Joseph Nye Jr., éminent professeur à Harvard et conseiller de l'administration Clinton, aujourd'hui âgé de 87 ans. Dans les années

AMERICAN WAY OF LIFE Page de gauche : publicité pour Coca-Cola, 1941. Durant la Seconde Guerre mondiale, Coca-Cola réussit à obtenir le soutien de l'armée pour être exempté de rationnement en sucre afin de pouvoir approvisionner, de façon quasi exclusive, en boisson « patriotique », les troupes américaines en Europe et en Asie. Grâce aux soldats américains, le Coca-Cola se diffusa partout dans le monde pendant et à la fin de la guerre. Ci-dessus : publicité pour les voitures Studebaker, 1951. La voiture est l'un des symboles, avec la télévision et l'électroménager, du modèle civilisationnel américain à partir des années 1950 : la consommation et la culture de masse.

1980, il définit le *soft power* comme la capacité d'influencer le comportement des autres par la persuasion, au contraire du *« hard power »*, la force militaire, qui fonctionne par la coercition, et du pouvoir économique, basé sur l'argent. Le *soft power* repose sur trois piliers : la culture, les institutions et la politique étrangère. La culture populaire est sa composante la plus identifiable. Et depuis la Seconde Guerre mondiale, les Américains n'ont cessé d'exporter la leur, et, avec elle, leurs valeurs.

Au service de la propagande

Tout commence le 8 décembre 1941, au lendemain du bombardement de Pearl Harbor. Les Etats-Unis ont été attaqués par le Japon et vont devoir entrer en guerre. L'une des premières décisions du président Franklin Roosevelt est de créer l'OWI, Office of War Information, et l'OSS, Office of Strategic Services. Tous deux sont au service de la propagande. L'un agit au grand jour sous couvert d'information et de distraction. L'autre agit dans l'ombre. Mais leurs objectifs sont les mêmes : convaincre le public que la survie des idéaux démocratiques américains passe par une défaite totale du nazisme et du fascisme en Europe et au Japon… Hollywood est alors réquisitionné pour produire des films capables d'exalter la veine patriotique américaine. Elmer Davis, le directeur de l'OWI, dira alors : *« Le meilleur moyen de faire passer de la propagande dans l'esprit des gens est par le biais des films, car le public ne s'en rend pas compte. »*

Le plus populaire de tous ces films sera *Casablanca*, de Michael Curtiz, avec Humphrey Bogart et Ingrid Bergman, sorti en 1942. Bogart joue un Américain désabusé, expatrié à Casablanca, alors sous le contrôle de la France de Vichy. Les conflits des autres ne l'intéressent pas (*« I stick my neck out for nobody »*, dit-il au début du film, *« Je ne me mouille pour personne »*). Référence à l'Amérique isolationniste des années 1930. Jusqu'à ce que la femme qu'il a aimée refasse surface et que pour la sauver, elle et son mari, héros de la Résistance, il reprenne le combat pour la justice et la liberté. Si l'histoire d'amour a séduit le public, c'est l'ode à la Résistance qui devait marquer les esprits.

La guerre gagnée, l'OWI est intégré au département d'Etat. Quant à l'OSS, il change de nom en 1947 pour devenir la CIA. Déjà une nouvelle guerre se profile qui sera le prétexte pour mettre au service de la politique étrangère américaine la formidable machine à propagande bâtie depuis 1942.

L'Europe et le Japon sont à reconstruire. Le plan Marshall s'en charge. Pour lutter contre l'expansionnisme soviétique, le président Truman met en place une politique d'endiguement *(containment)* et une grande alliance de l'Atlantique Nord. Le communisme fait des émules, et ses représentants sont parfois au gouvernement, comme en France. Il va falloir gagner la guerre des idées et convaincre le monde que le modèle américain, c'est-à-dire l'*American way of life*, est préférable au modèle soviétique. Ce sera le job de Hollywood.

En 1945 naît la MPEAA, Motion Picture Export Association of America, branche extérieure de l'association qui régit la production et la distribution des films américains. Elle imposera, bon an mal an, 40 % ou plus de films américains sur le marché français de 1945 à aujourd'hui. Il faut bien distraire les masses. Hollywood va s'y employer, avec, entre autres, des comédies apparemment anodines qui vantent le mode de vie américain. C'est le cas du film *Un million clé en main,* avec Cary Grant, dont le titre original est *Mr. Blandings Builds His Dream House.*

Hollywood célèbre aussi la liberté, la gaieté et l'amour entre les peuples, avec des comédies musicales en Technicolor. Dans *Un Américain à Paris,* la musique de George Gershwin accompagne un ancien combattant devenu artiste et resté en France pour y trouver la gloire et l'amour. Les années 1950 sont aussi la décennie de superproductions inspirées de la Bible : *Quo Vadis, Les Dix Commandements, Ben Hur.* Le message, d'inspiration chrétienne, résonne comme une défense des racines du monde occidental.

Le film qui rassemble néanmoins le plus de spectateurs durant ces années est un dessin animé de Walt Disney, *Cendrillon,* inspiré de Charles Perrault. Preuve que les gens veulent d'abord rêver ! C'est l'histoire d'une servante brimée qui trouve l'amour et devient princesse. Malgré les injustices et les obstacles, elle finit par l'emporter grâce à sa bonté et à sa beauté. C'est un message typiquement américain : il faut croire à ses rêves car, aussi humbles que soient ses origines, on peut triompher de l'adversité et trouver le bonheur.

Grâce au plan Marshall, l'Europe s'urbanise. L'Amérique déverse ses produits sur le Vieux Continent et fait basculer des populations jusqu'alors rurales dans la société de consommation. Dès l'été 1943, les GI avaient débarqué en Sicile à bord de leurs jeeps. Ils mâchaient des « chewing-gums », buvaient du Coca-Cola et fumaient des cigarettes blondes. Quand ils n'étaient pas en uniforme, ils portaient des chaussures de sport et des pantalons et chemises en « blue-jean ». Tout chez eux fascinait. Les Européens voulaient leur ressembler. Bientôt, les femmes se rêveraient en Marilyn Monroe et les jeunes hommes en Elvis Presley. Quant aux enfants, ils pourraient s'initier aux codes sociaux grâce à la poupée Barbie, lancée en 1959, et son petit ami, Ken, lancé en 1961.

Cette « américanisation » de l'Europe n'est pas le simple fruit de la puissance « yankee » et le reflet du caractère irrésistible exercé par le confort que garantissent les technologies modernes. Elle participe alors d'une politique gouvernementale – ce que le journaliste Yves Eudes appelait *« la conquête des esprits »,* dans un livre paru en 1982.

Le 1er août 1953, le président Eisenhower inaugure ainsi l'Usia, la United States Information Agency. Son objectif est *« d'informer et influencer les publics étrangers pour promouvoir les intérêts américains ».* Elle est rattachée au département d'Etat et agit dans quatre domaines : l'information radiotélévisée, la presse écrite, les films et la culture. Elle va produire du « contenu » à destination de tous les pays du monde, principalement l'Amérique latine, l'Europe et l'Asie. La radio Voice of America, créée en 1942 pour contrer la propagande nazie en Europe, est redirigée vers l'Union soviétique. On lui adjoint Radio Free Europe pour l'Europe centrale.

L'Usia intègre l'enseignement. Depuis 1946, 8 000 échanges universitaires ont lieu chaque année grâce aux bourses Fulbright (du nom du sénateur à l'origine du texte de loi). Ici, ce ne sont pas les masses qui sont visées, mais les élites. L'idée est qu'un futur décideur étranger sera plus sensible aux arguments américains s'il connaît le pays de l'intérieur, et qu'il propagera comme un exemple les mœurs, les habitudes (et les produits) américains par le seul fait de les avoir adoptés. John Kennedy ajoutera une composante humanitaire à ce programme, les *Peace Corps* (Corps de la paix), établis en 1961 : de jeunes Américains sont dépêchés dans les pays du tiers-monde pour apporter leur savoir-faire au développement local.

Pour compléter ce tableau, le même Kennedy signe en 1961 le *Foreign Assistance Act* qui donne naissance à l'Usaid (United States Agency for International Development), nouvelle loi qui régit l'assistance au tiers-monde. *« La politique des Etats-Unis est de soutenir les principes de la coopération économique et d'un commerce croissant entre les pays, des libertés de la presse, de l'information et de religion, de la liberté de navigation dans les eaux internationales, et de la reconnaissance du droit de toutes les personnes privées à voyager et à poursuivre toutes activités légales sans discrimination de sexe ni de religion. »* (cité par Yves Eudes). Bref, la politique des Etats-Unis consiste à répandre le libéralisme économique et la démocratie à travers le monde. Il s'agit de *« fournir aux problèmes étrangers des solutions américaines ».*

Si les films ont été les premiers véhicules de la culture américaine dans les années 1950, la musique prend le relais dans les années 1960. En grande partie grâce à un nouveau style, le rock'n'roll, une musique rythmée et dansante destinée aux adolescents. Elle fera fureur en France, sans même que tous sachent qu'elle vient des Etats-Unis. Car les maisons de disques prennent soin de traduire les paroles des chansons en français et de les faire chanter par des vedettes françaises. Cela donnera les années « yéyé » (transcription du *« yeah yeah »* répété à tue-tête dans les chansons américaines). Le comble de

LA FUREUR DE VIVRE Page de gauche : apparu aux Etats-Unis, dans les années 1950, le « *rock'n'roll* » gagne l'Europe au début de la décennie suivante. En France, la jeunesse conquise danse à corps perdu sur les airs des années « yéyé », époque de l'apogée de « l'américanolâtrie ». Ci-contre : publicité pour le *Blue Jean's*, 1966. Devenu icône de la jeunesse américaine rebelle dans les années 1950, grâce notamment à Marlon Brando dans *L'Equipée sauvage* ou James Dean dans *La Fureur de vivre*, le jean, créé pour les travailleurs à la fin du XIXe siècle, a conquis aujourd'hui tous les continents et toutes les catégories sociales.

« l'américanolâtrie » sera alors de donner aux chanteurs français (ou belges !) des noms anglais. Jean-Philippe Smet devient Johnny Hallyday, Claude Moine se fait appeler Eddy Mitchell, le Niçois Hervé Forneri change son nom en Dick Rivers.

Culture et contreculture

A l'aube des années « yéyé », en 1961, l'Amérique est encore un pays homogène. 85 % de la population est d'origine européenne. La famille et la religion veillent sur les traditions. Le pays est en paix. Les troubles sociaux sont absents. Mais cela ne va pas durer. Le pays s'engage bientôt dans la guerre du Vietnam, la communauté noire se soulève pour ses droits civiques et la jeunesse se rebelle. C'est un premier tournant pour le *soft power* américain. Le message devient confus, marqué par les divisions, à l'image de la société américaine. Seul le programme spatial Apollo donne une image positive des Etats-Unis, qui continue de faire rêver le monde durant cette décennie.

Avec l'arrivée de la télévision, les salles de cinéma se sont vidées. Les grands studios ont été démantelés par les lois antitrust. Hollywood est en crise. La contreculture s'empare du cinéma. En 1967 sort *Le Lauréat*, avec Dustin Hoffman et Anne Bancroft, l'histoire d'un jeune diplômé séduit par une femme mariée. Les personnages adultes sont alcooliques et pervers. Le film dépeint l'envers du bonheur familial. Le modèle domestique vole en éclats. Deux ans plus tard, *Easy Rider*, de Dennis Hopper, dépeint une Amérique raciste et violente au sein de laquelle une jeunesse désorientée s'évade par la drogue.

En 1972, Robert Redford joue dans *The Candidate* (*Votez McKay*, en français), une fable sur le pouvoir corrupteur de la politique. C'est l'année où éclate le scandale du Watergate, qui révèle combien le système politique et les institutions aussi sont malades, jusqu'au sommet de l'exécutif. Le doute s'installe. Le choc pétrolier de 1973 et la crise économique qu'il engendre n'arrangent rien. La déprime va durer jusqu'en 1980. A l'image de cette déprime, les plus gros succès des années 1970 au cinéma sont des films catastrophes *(La Tour infernale)*, d'horreur *(L'Exorciste)* ou sur la mafia *(Le Parrain)*. La mort est partout. Il y a quelque chose de pourri au royaume de l'oncle Sam…

L'élection de Ronald Reagan change la donne. Reagan est républicain, conservateur et anticommuniste. Il rejette la cohabitation pacifique avec l'Union soviétique, appelée « détente ». Il renonce à l'endiguement, colonne vertébrale de la politique étrangère américaine depuis 1947, et opte pour une victoire totale sur l'ennemi qu'il qualifie d'*« empire du Mal »*. A l'étranger, Reagan fait peur. Le journal *Le Monde* le caricature en cowboy fou, le doigt sur la détente de son revolver. L'image du pays et le *soft power* américain en souffrent. Mais, neuf ans plus tard, le mur de Berlin s'écroule, le rideau de fer tombe et le communisme succombe. Les Etats-Unis ont gagné la guerre froide. Sans tirer le moindre coup de feu. Reagan a vaincu un ennemi auquel ses pairs n'osaient même pas s'attaquer et dont certains disaient même qu'il avait l'histoire avec lui…

Deux films illustrent ce retournement. Dans le premier, *Rambo*, sorti en 1982, à l'aube de l'ère Reagan, Sylvester Stallone incarne un ancien combattant du Vietnam de retour au bercail. C'est un héros, mais il est traité en paria. Or, il n'a rien à se reprocher : il a fait son boulot et plutôt bien. D'ailleurs il sait se battre et le démontre. Le message est que la guerre du Vietnam a été perdue à cause des civils, bureaucrates ou planqués. Les militaires peuvent relever la tête. Le film sonne le renouveau du sentiment patriotique. Il colle aux années Reagan.

Top Gun, sorti en 1986, marque l'apogée de ce mouvement. Le film met en scène un jeune pilote d'aviation de chasse, joué par Tom Cruise. Sa dextérité et son audace lui valent le surnom de *« Maverick »* (« intrépide »). Il va à la confrontation avec l'ennemi et le vainc. Au-delà du personnage, le vrai héros du film est le F-14 Tomcat, l'un des avions de chasse de la Navy, ici confronté à des MiG-28 soviétiques. Le film fut réalisé avec la coopération du Pentagone et constitue une ode à l'appareil militaire américain. Il est habité par le nouvel esprit conquérant de l'Amérique. En plus de cascades spectaculaires et d'une bande-son entraînante, il dit aussi que la réussite sourit aux audacieux ! Le public du monde entier est conquis. Tom Cruise devient une star planétaire. L'Amérique triomphe à nouveau.

La chute du mur de Berlin fut une aubaine pour l'exportation de la culture populaire américaine. Les pays d'Europe de l'Est,

La belle et la bête Ci-contre : le personnage de Rambo, incarné par Sylvester Stallone en 1982, devait rendre leur fierté aux soldats vétérans du Vietnam : ils n'avaient pas à se reprocher l'échec de la guerre. Page de droite : affiche de *La Petite Sirène*, de Disney, version 2023 avec l'actrice noire Halle Bailey dans le rôle-titre.

nourris des rêves du « monde libre », ont ouvert grand leurs portes aux produits américains : programmes de télévision, jeux vidéo, films, musiques, fast-foods, etc. La multiplication des moyens de diffusion (chaînes par câble ou par satellite, cassettes vidéo, CD) a augmenté d'autant les modes de consommation. La télévision américaine a pu recycler sans fin ses programmes et diffuser sa culture populaire aux quatre coins du monde. Dans les années 1990, les bergers du Bhoutan, minuscule pays enclavé de l'Himalaya, suivaient le feuilleton *Dallas* sur leurs petits écrans, CNN était la première chaîne d'information internationale et MTV la chaîne musicale la plus regardée par la jeunesse.

Un bref instant les Etats-Unis n'eurent plus d'adversaire à leur taille. Francis Fukuyama, professeur à Harvard, parlait de *« la fin de l'Histoire »*. Le modèle américain avait gagné. Les conflits n'étaient plus justifiés. Le monde n'avait plus qu'à se ranger derrière l'Amérique. Quand Saddam Hussein, mal conseillé, eut l'impudence d'envahir le Koweït, Washington rassembla une coalition de 42 pays et balaya son armée en quelques jours. Certains observateurs parlèrent alors d'*« hyperpuissance »*.

L'avènement du wokisme

Deux ans plus tard, en 1993, naissait le *World Wide Web*. Internet devint accessible à tous. Depuis dix ans déjà, deux géants américains dominaient les nouvelles technologies, Microsoft et Apple. Leurs PC (*Personal Computer,* c'est-à-dire ordinateurs personnels) et leurs Mac se vendaient comme les télévisions trente ans plus tôt. Désormais, ces machines allaient être reliées entre elles. La révolution digitale était lancée. Elle venait des Etats-Unis.

Cette hyperpuissance militaire et économique n'a pourtant pas trouvé d'écho dans la culture. Au contraire : loin de célébrer le triomphe de l'Amérique, la culture populaire américaine des années 1990 est marquée par l'amertume, le doute et la contestation. Le style musical en vogue s'appelle le « grunge ». Les « grunges » sont des « punks » de bonne famille. Au contraire de leurs aînés prolétaires britanniques, ils ont grandi dans l'abondance matérielle et la carence affective. Trop occupés à réussir, leurs parents n'ont pas eu le temps de les éduquer. Ils atteignent l'âge adulte à la fois désabusés et enragés. Ils dénoncent le vide spirituel de la société de consommation mais ne savent pas à quoi se raccrocher. L'apôtre de ce mouvement s'appelle Kurt Cobain. C'est un écorché vif qui chante pour le groupe Nirvana, devient l'idole de toute une jeunesse et se suicide à 27 ans, dépressif et drogué.

Les Noirs des ghettos s'inventent une musique revendicative, le « rap ». Ils y dénoncent le racisme et l'injustice, tout en glorifiant le style de vie des « gangsters » : drogue, sexe, argent et armes à feu. Les Noirs ne veulent pas du rêve américain des Blancs. La vision d'une société *« aveugle à la couleur de peau »*, chère à Martin Luther King, s'éloigne.

Ce n'est pas cette Amérique que le gouvernement américain voudrait exporter, mais c'est celle dont le reste du monde s'inspire. En Europe, les millions d'immigrés issus des anciennes colonies s'identifient aux anciens esclaves noirs américains. Ils s'approprient le « rap », qui devient le symbole de leur rébellion et une arme anti-occidentale.

La gauche américaine soutient les politiques identitaires émergentes. Elle cultive les différences et attise les divisions. Les Américains commencent à se définir par ce qui les sépare, non par ce qui les rassemble. Ce culte identitaire est illustré par le dessin animé *Pocahontas,* produit par les studios Disney en 1995, qui a pour sujet la rencontre entre colons et Indiens d'Amérique au XVIIe siècle. Les colons, donc les ancêtres des Américains, sont des prédateurs ignorants et arrogants. Les Indiens, eux, vivent en harmonie avec la nature. Ils ont le sens de la justice et de la dignité. Quant à Pocahontas, c'est une jeune femme indépendante, qui choisit de rester près de sa communauté plutôt que de suivre l'homme qu'elle aime. En Europe, le mythe de Pocahontas sera, comme le rap, récupéré par les populations immigrées pour rejeter l'assimilation.

L'ère de l'hyperpuissance et son illusion d'intouchabilité prennent fin subitement à 8 h 46, le 11 septembre 2001, lorsque des terroristes saoudiens qui ont détourné des avions de ligne projettent ceux-ci sur le World Trade Center à New York. L'attaque fait des milliers de victimes. Certains diront que Hollywood avait pressenti le choc de la réalité. Le film le plus populaire des années 1990 est *Titanic.* Sorti en 1997, il revient de manière romancée sur le voyage de ce paquebot supposé « insubmersible », merveille du savoir-faire de l'homme occidental et célébration de la foi nouvelle en l'industrie et la technologie. C'était en 1912, deux ans avant le cataclysme de la Première Guerre mondiale. Quel cataclysme pouvait bien menacer l'Amérique pour qu'elle revisite ce mythe au sommet de sa puissance ? Quatre ans avant le drame, Hollywood mettait ainsi en garde les dirigeants de Washington contre un excès de confiance et d'arrogance.

Le 11 Septembre est un nouveau tournant dans l'histoire des Etats-Unis et de son *soft power,* qui va entraîner l'Amérique dans deux guerres. Outragée par cette attaque non provoquée, l'Amérique de George W. Bush est saisie par l'hubris et

cède au piège de l'hyperpuissance. Après une guerre justifiée contre l'Afghanistan, elle se lance dans une guerre injustifiée contre l'Irak au nom d'une menace fantôme, celle d'armes de destruction massive qui se révéleront inexistantes. Et avec un objectif démesuré : refaire le Proche-Orient à son image.

L'aventure sera coûteuse et désastreuse. L'Amérique ne peut rééditer le succès rencontré en Allemagne et au Japon après 1945. Elle s'entêtera pendant vingt ans dans la région, jusqu'à ce que le président Trump siffle la fin de cette récréation tragique et donne le signal du retrait. Aussi puissante soit-elle, l'Amérique d'aujourd'hui ne peut rivaliser avec celle de 1945, qui représentait alors 50 % du PIB mondial contre 26 % aujourd'hui. Elle n'est plus seule, ses diktats ne passent plus, et elle a perdu cette confiance en soi qui la caractérisait alors. D'autant qu'un poison s'est insinué dans sa propre culture et se répand désormais à travers le monde : le wokisme.

Tiré du mot *woke,* le wokisme est une expression des Noirs américains qui veut dire « éveillé ». Etre « woke », c'est être conscient du « racisme systémique » de la société américaine et de son oppression des Noirs, selon l'analyse marxiste enseignée dans nombre d'universités. A partir des années 2000, les minorités sexuelles adoptent le terme et le wokisme devient une idéologie radicale qui vise à se substituer aux valeurs traditionnelles. Elle prend à revers les principes fondateurs des Etats-Unis, comme lorsqu'elle substitue « l'équité » à « l'égalité », mais elle n'en est pas moins américaine, étant issue de l'expérience historique du pays. Partagée par les minorités revendicatives et les élites urbaines qui composent la gauche américaine et s'identifient au Parti démocrate, elle infiltre une multiplicité de messages à destination des Américains et du reste du monde.

Chez Disney, le wokisme se traduit par la réécriture de contes classiques pour les conformer aux désidératas du moment. Dans la nouvelle version de *La Petite Sirène,* la princesse Ariel est noire. Disney, qui a racheté la société Marvel et son catalogue de superhéros, a également produit depuis quinze ans de multiples films au service de l'agenda « woke » : *Wonder Woman 1984, The Avengers, Black Panther : Wakanda Forever* regorgent de personnages féminins donneurs de leçons et de Noirs surdoués. En 2014 est même apparue une superhéroïne musulmane, du nom de Kamala Khan. Quant à ses anciens films, tels *Peter Pan* (1953), *Le Livre de la jungle* (1967) ou *Aladdin* (1992), Disney les réédite en les assortissant de mises en garde contre les *« stéréotypes racistes »* et les *« conceptions culturelles dépassées »* qu'ils véhiculent.

Le wokisme suscite parallèlement une prolifération de films faisant la promotion des relations homosexuelles. Fini *La Cage aux folles* (la pièce de Jean Poiret a été adaptée par Hollywood en 1996), place à *Brokeback Mountain,* l'histoire d'une liaison amoureuse entre deux cow-boys dans les années 1960. Le thème était osé, car le « cow-boy » est l'incarnation de la masculinité. Sorti en 2005, le film est récompensé par trois oscars. Le service de vidéos à la demande Netflix, soucieux d'être à la pointe du politiquement correct, n'en finit plus de produire des séries à la gloire de la cause LGBTQ : *Glamorous, The Boyfriend, Heartstopper, Orange is the New Black, Ultimatum, Queer Love* et d'autres. Le matraquage n'a rien de subtil. Disponible dans 190 pays, Netflix est devenu le premier véhicule exportateur des valeurs de la gauche américaine.

C'est le dernier paradoxe du *soft power* américain : il n'est plus entre les seules mains de Washington. Fini l'âge où l'administration pouvait dicter sa conduite à Hollywood. Désormais c'est Hollywood qui est capable de dicter leur conduite aux politiques à travers l'argent de ses donateurs, sans parler de Facebook, Google ou X, les nouveaux faiseurs d'opinions également en mesure d'investir massivement dans les campagnes électorales (en 2020, Facebook a dépensé 400 millions de dollars pour soutenir Joe Biden). Les agents du *soft power* américain sont désormais privés : cela n'enlève rien à leur efficacité, au contraire.

Journaliste franco-américain, Gérald Olivier est l'auteur de plusieurs ouvrages sur les Etats-Unis contemporains.

À LIRE de Gérald Olivier

Cover up. Le clan Biden, l'Amérique et l'Etat profond
Konfident
244 pages
22 €

史太林說
「托而時習之，不亦樂乎！」
馬共

Par Luc-Antoine Lenoir

Rien que pour vos yeux

Tout au long du XXe siècle, l'art de l'affiche sert la diplomatie des Etats-Unis, et impose un style américain.

Staline a la moustache bien satisfaite, ironisent les Américains. En 1952, la toute nouvelle United States Information Agency (USIA, officialisée l'année suivante), chargée d'une « diplomatie publique », rappelle aux Chinois que leur nouveau Grand Timonier Mao et son parti ne sont que des factotums au service du despote soviétique, et les prévient : *« Quand tu auras besoin d'aide, habitue-toi à cela. »* La guerre de Corée fait rage près de la frontière, l'URSS équipant les soldats du Nord et concurrençant l'influence naturelle chinoise : la moindre des choses est d'avertir ceux qui se laissent flouer. Même objectif avec les Vietnamiens, en 1956, deux ans après Diên Biên Phu et le départ français. Les Etats-Unis n'ont encore que des conseillers militaires sur place, et l'agence gouvernementale livre ses conseils aux soldats du Sud, qui luttent contre le Viêt-minh. Parmi eux : *« Sois ami du peuple, protégeant le peuple, aidant le peuple. »*

Décrire leurs idéaux en image, les Américains savent le faire depuis longtemps. L'oncle Sam recrutait des volontaires en les montrant du doigt lors de l'entrée du pays dans la Première Guerre mondiale en 1917 (reprenant une affiche britannique qui mettait en scène lord Kitchener). Dans les années 1930, Norman Rockwell célèbre, en couverture du *Saturday Evening Post*, le *lifestyle* naissant de la société américaine. Le décor se confond avec les valeurs, et c'est une société qui prend conscience d'elle en se regardant. Comme le Coca-Cola, le pays ne fera qu'exporter ce qu'il aime lui-même.

La Seconde Guerre mondiale fait exploser la pratique. Le gouvernement tente de rallier tout le continent américain et surtout d'embaucher des Mexicains pour pallier le manque de main-d'œuvre des industries militaires dans le golfe du Texas et dans les chantiers navals de Los Angeles. En leur enjoignant de *« se battre, tous Américains, pour la victoire »*, il parvient à convaincre près de 20 000 hommes et femmes de franchir la frontière. Un succès tel que la célèbre affiche de « Rosie la riveteuse » sera dans certaines villes maquillée en « Rosita la riveteuse »… Sur les populations ennemies, les Etats-Unis déversent aussi leurs tracts, annonçant les bombardements, informant de leurs intentions, incitant à la sédition… A la fin du conflit, un escadron de bombardiers sera consacré à la mission de propagande.

Pendant toute la guerre froide, la proximité, la connivence que permet l'affiche participe à transformer le bloc de l'Ouest en *« village global »*, selon l'expression de Marshall McLuhan, dans lequel les Etats-Unis prennent tous les premiers rôles et veulent convaincre de leur bienveillance. Mais la propagande illustrée ne connaît pas de monopole et le gouvernement se retrouve parfois dans la position de l'afficheur affiché : s'il tente de convaincre les populations du Vietnam, une partie de la jeunesse américaine riposte avec ses propres campagnes pour dénoncer le front lointain et sanglant, qui dévore tant de GI. On diffuse des photos comme celle, simple et révoltante, d'une enfant brûlée au Napalm, et les hippies californiens peinturlurent partout un symbole de paix simplissime – quatre branches dans un cercle – qui ordonne de faire l'amour et pas la guerre : les images ont bien pris le pouvoir.

Par Hélène Harter

Les Maîtres du Jeu

Présidents, secrétaires d'Etat ou officiers de l'US Army ou de la Navy, ils ont veillé à la réalisation de la « destinée manifeste » de leur pays.

JAMES MONROE (28 AVRIL 1758-4 JUILLET 1831)
Il avait combattu pendant la guerre d'Indépendance avant de siéger au Congrès de la Confédération en 1783 puis d'être élu au Sénat en 1790. Proche de Jefferson, James Monroe est un antifédéraliste et il s'opposa toujours à un gouvernement fédéral trop développé. En 1794, il est ambassadeur à Paris, où il défend la neutralité américaine alors que les puissances européennes sont en guerre contre la France. Il n'en est pas moins proche de la France, plus que de la Grande-Bretagne, ce qui va à l'encontre du rapprochement avec l'ancienne puissance coloniale mené par Washington et lui vaut d'être rappelé en 1796. L'élection de Jefferson à la présidence en 1800 permet à Monroe de retrouver des fonctions de premier plan. Il négocie l'achat de la Louisiane auprès de la France en 1803, sert comme ambassadeur à Londres (1803-1807) puis comme secrétaire d'Etat (ministre des Affaires étrangères) en 1811. En septembre 1814, alors que la seconde guerre d'Indépendance contre les Anglais (1812-1815) est très mal engagée, il se voit adjoindre la fonction de secrétaire à la Guerre. Fort de ses succès, il est élu président et accomplit deux mandats (1817-1825). Le Congrès domine alors la vie politique et c'est surtout en politique étrangère qu'il est actif. Il normalise les relations avec l'Angleterre, qui conserve ses possessions au nord (le Canada actuel). La frontière est fixée au 49e parallèle et démilitarisée tandis qu'un accord se fait sur l'occupation conjointe du Nord-Ouest (l'Oregon). Monroe donne également un nouvel élan à l'expansion vers l'ouest alors que la fin de la guerre permet d'annexer des terres aux dépens des Indiens et des Espagnols. La doctrine, dite « Monroe », qu'il énonce en décembre 1823 popularise aussi l'idée que le sud du continent peut être un espace d'expansion. Dernier Père fondateur à devenir président, Monroe fait le lien entre deux époques, entre fin du combat pour l'indépendance et nouveaux défis.

ILLUSTRATIONS : © FABRIZIO FIORENTINO POUR LE FIGARO HISTOIRE.

JOHN QUINCY ADAMS

(11 JUILLET 1767-23 FÉVRIER 1848)

C'est au côté de son père, John, qui occupa plusieurs postes d'ambassadeur, que John Quincy Adams se forma à la politique étrangère en Europe, avant d'occuper cette fonction à son tour auprès des Provinces-Unies en 1794, du Portugal en 1796 puis de la Prusse quand son père s'installa à la Maison-Blanche en 1797. La défaite de ce dernier en 1800 met un terme à sa carrière avant que son ralliement aux vainqueurs républicains (les antifédéralistes) lui permette d'obtenir le poste d'ambassadeur en Russie en 1809. Après avoir négocié la paix de Gand, qui met un terme à la seconde guerre d'Indépendance en 1815, il devient ambassadeur à Londres en 1815 avant de diriger le secrétariat d'Etat (1817-1825) sous la présidence de James Monroe. Adams est à l'origine de l'accord qui organise l'occupation de l'Oregon avec les Anglais et du traité Adams-Onís de 1819 qui conduit à l'annexion de la Floride et à la sécurisation de la frontière sud-ouest au détriment des Espagnols. Il est aussi l'inspirateur de la doctrine Monroe de décembre 1823. Celle-ci réaffirme la volonté isolationniste des Américains de ne pas se mêler des querelles des pays européens. Elle pose aussi le refus du retour des puissances coloniales dans les Amériques libérées de la domination espagnole et pensées, dès lors, comme une chasse gardée. Désormais, toute intervention européenne dans cet « *hémisphère continental* » sera perçue comme une atteinte à la « *sécurité américaine* », même si les Américains n'ont pas encore les moyens de leur expansionnisme. Adams est ainsi à l'origine du traité de 1824 qui limite la présence russe sur la côte Pacifique. Cette même année, il est élu président. Comme ses prédécesseurs, il a peu de pouvoir. Il n'est d'ailleurs pas réélu en 1828 et finit sa carrière à la Chambre des représentants (1831-1848), un cas unique dans les annales de la présidence. Il s'y fait l'un des chantres de l'opposition à la guerre menée contre le Mexique, au nom de son opposition à l'extension de l'esclavage.

JAMES KNOX POLK (2 NOVEMBRE 1795-15 JUIN 1849)

Avocat, puis élu dans son Etat, le Tennessee, Polk est un homme de la frontière. Il rejoint la Chambre des représentants en 1825. Le soutien du président Andrew Jackson lui vaut d'occuper la fonction la plus importante de cette institution, celle de Speaker (1835-1839). Après un mandat comme gouverneur du Tennessee (1839-1841), il échoue par deux fois à être réélu et il faut neuf tours de scrutin pour que le Parti démocrate le choisisse comme candidat à la présidentielle en 1844. Il est un « cheval noir » : un candidat de second plan qu'on choisit en désespoir de cause quand aucune majorité ne se dégage. Le parti est alors divisé sur le bien-fondé d'annexer le Texas esclavagiste alors que cela risque de faire basculer les équilibres fragiles entre partisans et opposants à l'extension de l'esclavage. Polk est élu et, contre toute attente, se révèle un des rares présidents de sa génération qui soit activiste et réussisse à imposer ses vues. Partisan de l'expansionnisme comme la plupart des démocrates, il fait en sorte que l'adhésion du Texas soit acceptée en décembre 1845. Il crée par ailleurs un *casus belli* avec le Mexique en faisant déployer des troupes sur la zone frontière disputée par les deux pays. A sa demande, le Congrès vote la guerre en mai 1846. Vaincu, le Mexique doit signer le traité de Guadalupe Hidalgo en février 1848. Les Etats-Unis y gagnent 1,4 million de km² qui sont situés au nord du Rio Grande, entre le Texas et l'océan Pacifique. Polk profite des nouveaux rapports de force pour imposer aux Britanniques, en juin 1846, une nouvelle délimitation des frontières dans l'Oregon, le Nord-Ouest, allant même jusqu'à menacer de faire la guerre en cas d'échec des négociations. Avec lui, les Etats-Unis consolident leur dimension continentale. La conquête du Far West est désormais possible, avec le soutien de l'opinion qui adhère à l'idée théorisée sous sa présidence d'une « destinée manifeste » voulue par Dieu.

WILLIAM HENRY SEWARD (16 MAI 1801-10 OCTOBRE 1872)

Après avoir été avocat, Seward est élu au Sénat de New York en 1830 avant d'être élu gouverneur de l'Etat en 1838 puis de siéger au Sénat des Etats-Unis (1849-1861). Whig, il est favorable à l'industrialisation et s'oppose à la vision ruraliste des démocrates. Il s'impose sur la scène politique en dénonçant – en vain – le Compromis de 1850 qui autorise certains Etats créés après les annexions de la guerre du Mexique à recourir à l'esclavage. Cet abolitionniste rejoint le Parti républicain qui se crée en 1854 autour des opposants à l'esclavage et joue un rôle important dans sa structuration. En 1860, il est candidat pour obtenir l'investiture du parti à la présidentielle. Les républicains lui préfèrent Abraham Lincoln, plus modéré, qui est partisan de laisser les Etats trancher. Elu, ce dernier, fait de Seward son secrétaire d'Etat (1861-1869). Bien que dépourvu d'expérience, Seward obtient des résultats dans le contexte difficile de la guerre civile. Le Sud sécessionniste avait tablé sur une alliance avec la France et la Grande-Bretagne, ses principaux acheteurs de coton, sur le modèle du soutien décisif que la France avait apporté en 1778 au combat indépendantiste. Les deux grandes puissances, qui sont aussi dépendantes du blé du Nord, préfèrent finalement rester neutres. Seward devient une figure si importante qu'il est victime d'une tentative d'assassinat lors du complot qui aboutit à la mort de Lincoln en avril 1865. Le nouveau président Andrew Johnson le maintient à son poste. Avec le retour de la paix, Seward s'attelle à appliquer la doctrine Monroe au Mexique. En 1867, il fait en sorte que Napoléon III retire son soutien au projet d'empire de Maximilien d'Autriche. Cette même année, il organise l'achat de l'Alaska aux Russes et l'annexion de l'atoll de Midway dans le Pacifique. La puissance américaine n'est plus pensée désormais uniquement dans une logique continentale.

ALFRED THAYER MAHAN (27 SEPTEMBRE 1840-1er DÉCEMBRE 1914)

Officier de marine, Mahan participe aux combats de la guerre civile (1861-1865) avant de prendre le commandement de navires, sans se distinguer particulièrement. Les choses changent quand il devient enseignant au Naval War College en 1885. Il s'y révèle un brillant théoricien. Il se fait aussi lobbyiste en faveur de la marine. Il défend l'idée de la supériorité des empires maritimes sur les puissances continentales et estime qu'il faut sécuriser les accès aux nouvelles routes commerciales océaniques qui se développent avec la mondialisation. Pour lui, cela ne peut passer que par la modernisation de la marine de guerre (qui n'occupe que le douzième rang mondial après la guerre civile) et par la multiplication de ses bases d'appui dans les Caraïbes et dans le Pacifique. Pour défendre ses idées, Mahan publie des ouvrages sur les guerres menées en Europe du XVIIe siècle à l'époque napoléonienne, *L'Influence de la puissance maritime dans l'histoire, 1660-1783* (1890) ou encore *La Vie de Nelson : l'incarnation de la puissance maritime de la Grande-Bretagne* (1897). Bien que pointus, ils deviennent des best-sellers dans une société traversée par une vague de nationalisme. Mahan trouve rapidement des relais parmi les responsables politiques, notamment Benjamin Tracy, secrétaire à la Marine (1889-1893) et Theodore Roosevelt, secrétaire adjoint à la Marine (1897-1898) puis vice-président (1901) et président (1901-1909), qui y voient l'outil conceptuel idéal pour leur politique de puissance. En 1890 est adoptée une loi navale qui permet la construction de cuirassés, qui joueront un rôle majeur lors de la guerre de 1898 contre l'Espagne tandis que le pays se dote de ses premiers cuirassés à la fin de la décennie. En 1907, la Marine américaine réussit à se hisser au deuxième rang mondial, derrière la Navy britannique. Quant aux travaux de Mahan, ils sont étudiés jusqu'en Allemagne et au Japon.

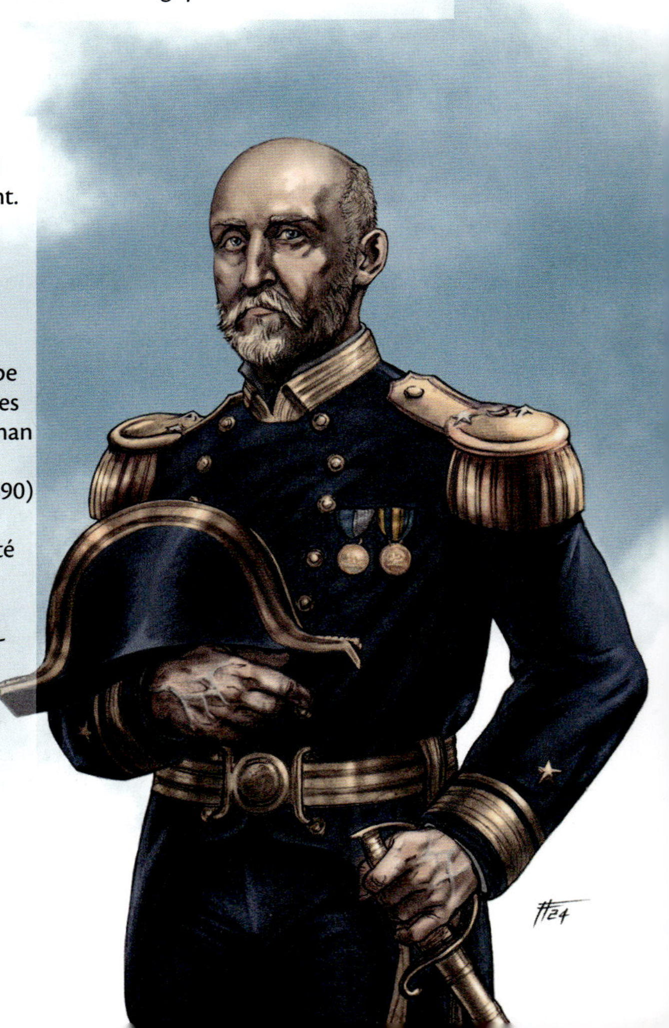

WILLIAM MCKINLEY (29 JANVIER 1843-14 SEPTEMBRE 1901)

Jeune homme, McKinley combat comme volontaire pendant la guerre civile. Il s'établit ensuite comme avocat et défend la cause des syndicats. En 1877, il est élu à la Chambre des représentants sous l'étiquette républicaine. Il y prend la tête du combat pour protéger l'industrie américaine de la concurrence européenne avec des droits de douane élevés. Il donne d'ailleurs son nom à la loi protectionniste adoptée en 1890. Un temps gouverneur de l'Ohio (1892-1896), il est élu président des Etats-Unis en 1896 à l'issue d'une campagne où il incarne la modernité de l'Amérique industrielle face au populiste William Jennings Bryan, qui défend la ruralité. McKinley est un président activiste qui remet en question la centralité du Congrès. C'est aussi un internationaliste, qui rompt avec l'isolationnisme qui régissait les relations avec les puissances européennes. Il se bat notamment pour obtenir d'elles des accords de réciprocité commerciale. C'est sous sa présidence que les Etats-Unis basculent dans l'impérialisme. La guerre menée victorieusement contre l'Espagne en 1898 leur permet de prendre le contrôle de Cuba et de Porto Rico, d'obtenir une colonie, les Philippines – un retournement majeur pour un pays qui se définit comme anticolonialiste depuis son combat indépendantiste – et d'annexer Hawaï. En Chine, McKinley pratique une politique de « la porte ouverte » qui revient à participer au dépècement économique du pays avec les Européens. Il porte les aspirations d'une génération qui ne fait plus des relations entre le Nord et le Sud le cœur de la vie du pays, mais qui regarde au-delà des frontières pour trouver les ressources et les marchés indispensables à une économie en pleine croissance. Sa mort sous les balles d'un anarchiste ne lui permet pas d'aller au bout de son second mandat. Le rayonnement de son successeur, Theodore Roosevelt, finit même par faire oublier que sa présidence a constitué un temps de rupture.

THEODORE ROOSEVELT (27 OCTOBRE 1858-6 JANVIER 1919)

Bien qu'issu d'une famille patricienne, ce républicain est un réformateur. Elu député à l'Assemblée de New York en 1881, il est nommé en 1888 à la commission fédérale qui met en place le recrutement au mérite des fonctionnaires avant de se voir confier la tâche de moraliser la police new-yorkaise en 1895. En 1896, le président McKinley lui confie le secrétariat adjoint à la Marine, alors qu'il fait du développement de la flotte une de ses priorités. En 1898, Roosevelt quitte ses fonctions pour participer à la guerre à Cuba, ce qui conforte son image d'homme d'action et lui permet d'être élu vice-président en 1900. Quand McKinley est assassiné, il devient le plus jeune président du pays (1901-1909). Roosevelt amplifie les changements amorcés par McKinley. Omniprésent, il s'impose comme le centre de la vie politique. Il soutient les projets réformateurs des progressistes et fait adopter les premières lois en faveur de l'environnement. Il est surtout très actif en politique étrangère. Il est d'ailleurs le premier président à se rendre à l'étranger, au Panama. Roosevelt veut que son pays soit enfin reconnu comme une grande puissance politique par les pays européens. Il joue ainsi les intermédiaires dans les négociations entre les belligérants russes et japonais en 1905, ce qui lui vaut de devenir le premier Américain distingué par le prix Nobel de la paix. Roosevelt n'est pas pour autant un pacifiste. Il est persuadé que la puissance se mesure à la capacité à conquérir les marchés économiques, ce qu'on appelle l'empire informel. Il croit encore plus à l'importance de la puissance militaire. C'est pourquoi non seulement il consacre des moyens importants à la Marine mais il édicte aussi, en 1904, le corollaire de la doctrine Monroe, qui affirme le droit des Etats-Unis d'intervenir dans les Etats souverains des Amériques si leurs intérêts sont menacés. Après son départ de la Maison-Blanche, la politique lui manque et, en 1912, il tente en vain d'être réélu.

HERBERT HOOVER (10 AOÛT 1874-20 OCTOBRE 1964)

Ingénieur de formation, Hoover fait fortune dans la prospection minière à l'étranger. Il devient une figure populaire pendant la Première Guerre mondiale quand il organise un programme d'aide humanitaire pour les populations occupées de Belgique et du nord de la France. Sa réussite de *self-made-man* lui vaut d'être nommé secrétaire au Commerce (1921-1928) des présidents républicains Warren Harding et Calvin Coolidge. Il innove, notamment en encourageant l'aide fédérale aux secteurs d'avenir comme l'aviation. En 1928, il est élu aisément à la présidence dans une Amérique qui connaît une prospérité sans précédent. Sa présidence (1929-1933) est bouleversée par la Grande Dépression qui suit le krach de la Bourse de New York en octobre 1929. Contrairement à une légende tenace, Hoover ne reste pas sans rien faire. Il cherche à soutenir l'économie en faisant octroyer des prêts aux entreprises et en investissant dans les travaux publics, au point de provoquer un déficit du budget sans précédent. Ses mesures se révèlent cependant trop limitées pour être efficaces. Elles sont par ailleurs contrebalancées par des mesures contre-productives comme les hausses d'impôt. Hoover est tiraillé entre sa volonté d'agir et les fondamentaux du Parti républicain : s'en remettre à l'autorégulation du marché et refuser les budgets non équilibrés. Son incapacité à sortir le pays d'une crise qui met un quart de la population au chômage lui vaut d'être battu à la présidentielle de 1932 puis à celle de 1936. Hoover retrouve des fonctions officielles à la fin de la Seconde Guerre mondiale à l'initiative du président Harry Truman, qui lui confie notamment un programme d'aide alimentaire en direction de l'Europe sinistrée. A sa mort, il demeure néanmoins impopulaire, malgré trente et une longues années passées depuis son départ de la Maison-Blanche : un record pour un ancien président.

FRANKLIN DELANO ROOSEVELT

(30 JANVIER 1882-12 AVRIL 1945)

Tout d'abord connu comme le cousin du président Theodore Roosevelt, il se fait un nom en 1910 lorsqu'il est élu sénateur de l'Etat de New York sous l'étiquette démocrate. En 1913, il devient secrétaire adjoint à la Marine, poste qu'il occupe pendant la Première Guerre mondiale. Sa brillante carrière est interrompue en 1921 quand il se retrouve paralysé des membres inférieurs à cause de la poliomyélite. Son caractère combatif lui permet d'être élu gouverneur de New York en 1928 et de convaincre les Américains qu'il est l'homme de la situation pour diriger le pays en 1932. Président, il fait de la lutte contre la Grande Dépression sa priorité. Son *New Deal* rompt avec l'idéologie libérale et le gouvernement minimaliste. S'appuyant de manière pionnière sur les théories keynésiennes, il injecte massivement de l'argent dans l'économie sous forme d'aides à l'agriculture et à l'industrie et de grands travaux. A partir de 1935, il pose les bases de l'Etat-providence. L'économie repart, ce qui lui vaut d'être réélu en 1936. Roosevelt est persuadé que les Etats-Unis ne pourront pas rester à l'abri d'un conflit mondial. Il réarme le pays dès 1938, même si le Congrès, majoritairement isolationniste, limite son action par des lois de neutralité. En 1940, les Américains décident de lui confier pour la première fois de l'histoire un troisième mandat face aux incertitudes d'un monde en guerre. Dès lors, Roosevelt fait des Etats-Unis l'*« arsenal de la démocratie »*, destiné à armer les pays qui combattent les régimes fascistes. Après l'attaque sur Pearl Harbor le 7 décembre de 1941, il devient chef de guerre, se retrouvant au cœur des décisions politiques, stratégiques et économiques tout en jouant un rôle moteur dans la coalition alliée, et est réélu en 1944. Sa mort, le 12 avril 1945, ne lui permet pas cependant de voir la victoire. Elle marque la fin d'une présidence appréciée mais hors normes et qui a vocation à le rester : en 1951, les législateurs décident qu'un président ne pourra plus faire que deux mandats.

DWIGHT DAVID EISENHOWER (14 OCTOBRE 1890-28 MARS 1969)

Officier de carrière passé par West Point, Eisenhower n'a pourtant jamais combattu. Pendant la Première Guerre mondiale, ses supérieurs, qui ont détecté ses capacités d'organisateur, lui confient des missions d'instruction au pays. Il s'y distingue mais aura toute sa vie le regret de ne pas avoir été autorisé à combattre. La paix revenue, ses espoirs de promotion sont limités dans un pays qui consacre peu de moyens à son armée de terre et il n'atteint le grade de lieutenant-colonel qu'en 1936. Il acquiert cependant une expérience internationale rare parmi les officiers de son rang grâce à des postes au Panama, en France et aux Philippines. Il se fait aussi un défenseur des chars, une arme qu'il a découverte pendant la guerre. Son affectation à l'état-major à Washington en 1929 le conduit par ailleurs à travailler avec les principaux responsables politiques et militaires du pays chargé des questions de défense, notamment Douglas MacArthur. Lorsque les Etats-Unis entrent en guerre en décembre 1941, Eisenhower est chargé d'établir des plans de bataille pour chasser les Allemands des pays qu'ils ont envahis. C'est lui qui commande les débarquements réussis en Afrique du Nord (novembre 1942), en Sicile, Italie, Normandie et Provence, et les troupes qui libèrent l'Europe occidentale en mai 1945. Cela lui vaut d'être choisi comme chef d'état-major de l'armée de terre américaine en 1945 et premier commandant en chef des forces armées de l'Otan en 1951 alors que la guerre froide s'installe, avant d'être élu président des Etats-Unis (1953-1961). Internationaliste et modéré, ce républicain pousse à la détente avec les Soviétiques et obtient un cessez-le-feu en Corée. C'est aussi un réaliste, qui redéfinit la doctrine stratégique américaine autour des représailles (nucléaires) massives. Lors de son départ de la Maison-Blanche, il dénonce les risques d'un complexe militaro-industriel qui dicterait ses vues au pays ; une analyse qui prendra son sens avec la guerre du Vietnam.

JOHN FITZGERALD KENNEDY (29 MAI 1917-22 NOVEMBRE 1963)

Fils d'un homme d'affaires en vue, Kennedy se distingue pendant la Seconde Guerre mondiale alors que le bâtiment qu'il commande est coulé par les Japonais. Son statut d'ancien combattant lui permet d'être élu à la Chambre des représentants en 1946 puis au Sénat en 1952. Ce sont surtout les sujets internationaux qui l'intéressent. Il se singularise notamment par ses interventions sur la guerre que la France mène en Algérie. En 1960, il est élu président des Etats-Unis à l'issue d'une campagne où il dénonce l'immobilisme de l'administration Eisenhower et les menaces qu'il fait peser vis-à-vis de l'URSS. Il réussit même à dépasser le handicap, jusque-là rédhibitoire, d'être catholique. Sa jeunesse et sa promesse d'une Nouvelle Frontière plaisent dans une Amérique rajeunie par le baby-boom et prête à soutenir les politiques progressistes proposées par ce démocrate. Kennedy innove avec notamment le lancement du programme spatial. Il est cependant rapidement confronté à la multiplication des crises de la guerre froide, du débarquement manqué dans la baie des Cochons à la crise des missiles de Cuba en octobre 1962 en passant par l'érection du mur de Berlin, la guerre civile au Laos ou les menaces communistes au Sud-Vietnam, qui le conduisent à y déployer des conseillers militaires. Il s'y consacre beaucoup au détriment des sujets de politique intérieure, ce qui déçoit ses supporters. Il est notamment très prudent sur la question des droits civiques, son parti comptant en son sein de nombreux opposants à la déségrégation. L'émotion créée par son assassinat brouille l'analyse de son héritage pendant de nombreuses années, au point de surestimer son action et de minorer celle de son prédécesseur, Dwight Eisenhower, et de son successeur, Lyndon Johnson, qui est à l'origine de l'essentiel des grandes lois sociales et en faveur des droits civiques des années 1960.

RICHARD NIXON (9 JANVIER 1913-22 AVRIL 1994)

Nixon fut élu à la Chambre des représentants en 1946 après avoir servi sous les drapeaux pendant la guerre. Ce républicain devint une figure nationale en 1948 alors qu'il siégeait à la Commission des activités antiaméricaines. Ses dénonciations de la supposée subversion communiste avaient lancé la chasse aux sorcières, ce qui lui valut d'être élu sénateur puis vice-président en 1952. Il devient le premier vice-président à se voir confier des responsabilités importantes, notamment en politique étrangère. Il est cependant jugé trop clivant et battu à l'élection présidentielle de 1960. Contre toute attente, il est élu en 1968, en promettant de finir dans l'honneur la guerre du Vietnam qui divise le pays, puis réélu en 1972. Nixon prend des initiatives majeures en politique étrangère. Il normalise les relations avec la Chine de Pékin alors que ses prédécesseurs n'ont reconnu que celle de Taïwan, non communiste. Il pratique une diplomatie triangulaire qui joue de la méfiance entre Soviétiques et Chinois. Elle lui permet de signer avec Moscou un traité sur la limitation des armements nucléaires, Salt I, et surtout d'obtenir un cessez-le-feu au Vietnam avec la signature des accords de Paris, le 27 janvier 1973. Libéré de l'hypothèque vietnamienne, il mène une diplomatie active, en particulier au Proche-Orient, avec son conseiller Kissinger. L'influence des Etats-Unis n'en demeure pas moins fragile, comme le montre la conquête du Sud-Vietnam par les communistes en 1975. Nixon est par ailleurs peu regardant sur les moyens. Pour être en position de force lors des négociations de paix, il n'hésite pas à étendre la guerre illégalement au Cambodge. Cette absence de scrupules aboutit aussi à l'espionnage de ses rivaux démocrates, le scandale du Watergate. Il est contraint à démissionner le 8 août 1974, une première dans l'histoire des Etats-Unis. Il passera ses dernières années à tenter de redorer son image, notamment en publiant des livres qui s'appuient sur son expertise en politique étrangère.

JIMMY CARTER (1er OCTOBRE 1924)

Carter fut d'abord officier de marine après avoir intégré l'Académie navale. En 1953, il se lance dans l'agrobusiness en Géorgie et participe au renouveau économique de cette région encore très affaiblie par la guerre de Sécession. En 1971, il est élu gouverneur de l'Etat. Ce démocrate s'intéresse aussi aux questions internationales et participe à la Commission trilatérale, un cercle de réflexion qui réunit des décideurs nord-américains, européens et japonais. Son éloignement des cercles washingtoniens et sa réputation d'homme moral, porté par sa foi baptiste, contribue à son élection à la présidence des Etats-Unis en 1976 alors que le pays est traumatisé par le Watergate et la défaite au Vietnam. Jimmy Carter réoriente la politique étrangère du pays en prenant le contre-pied de la realpolitik de Kissinger et Nixon. Il pratique une politique dite « des droits de l'homme » qui le conduit à retirer le soutien des Etats-Unis aux pays qui sont des dictatures, notamment en Amérique latine. Il met un terme à la souveraineté américaine historique sur le canal de Panama et la transfère aux Panaméens. Il mène une politique tiers-mondiste en Afrique, réconcilie Israël et l'Egypte avec les accords de Camp David en 1978. La détente avec les Soviétiques permet la signature en 1979 de l'accord Salt II sur la limitation des armements nucléaires. Les rivaux des Etats-Unis y voient un signe de faiblesse. L'URSS en profite pour envahir l'Afghanistan en 1979, tandis qu'en Iran, les mollahs renversent le chah que les Etats-Unis ne soutiennent plus et retiennent des Américains en otages pendant 444 jours. Jimmy Carter finit par opter pour une politique de fermeté à la fin de son mandat, mais cela ne lui permet pas d'être réélu alors que le pays s'enfonce dans la crise économique et que Ronald Reagan promet le retour d'une Amérique respectée. Redevenu simple citoyen, Carter poursuit son combat pour les droits de l'homme, ce qui lui vaut un prix Nobel de la paix et le respect de ses compatriotes.

HENRY KISSINGER (27 MAI 1923-29 NOVEMBRE 2023)

Né en Allemagne, Kissinger émigra aux Etats-Unis en 1938 pour fuir les persécutions antisémites. Naturalisé américain, il participe aux combats qui libèrent l'Europe. En 1954, il obtient brillamment un doctorat en sciences politiques à Harvard. Ses recherches portent sur l'équilibre des puissances en Europe après la chute de Napoléon. Le docteur Kissinger rejoint le corps professoral de son *alma mater* et contribue aussi à des *think tanks*, ce qui lui permet de se faire connaître des responsables politiques dès les années 1950. Le président républicain Richard Nixon en fait son assistant pour les affaires de sécurité nationale lorsqu'il s'installe à la Maison-Blanche en janvier 1969. Tête pensante de la définition de la politique étrangère, il supplante le secrétaire d'Etat et finit par cumuler les deux fonctions en septembre 1973. Kissinger, comme Nixon, est un ardent partisan de la realpolitik. Il estime que la fin justifie les moyens. Il pratique avec l'URSS le *linkage*, qui consiste à lier les accords à des contreparties durement négociées. Il est en première ligne dans la négociation des accords de Paris qui mettent un terme à la guerre du Vietnam, ce qui lui vaut un prix Nobel de la paix, même s'il est très critiqué en raison de la violence déployée sur le terrain militaire pour arriver à ce résultat. Son nom est par ailleurs associé au soutien aux dictatures en Amérique latine, notamment au Chili du général Pinochet. Kissinger est cependant maintenu dans ses fonctions par Gerald Ford, le successeur républicain de Nixon et s'illustre alors notamment par une « diplomatie de la navette » au Proche-Orient après la guerre du Kippour. L'élection du démocrate Jimmy Carter met un terme à ses fonctions officielles. Il n'en demeure pas moins, pendant quarante ans, l'un des experts les plus sollicités sur la politique étrangère, notamment grâce à l'écriture d'une dizaine d'ouvrages.

Professeur en histoire contemporaine à l'université Paris 1 Panthéon-Sorbonne, Hélène Harter est spécialiste de l'histoire des Etats-Unis.

À LIRE d'Hélène Harter

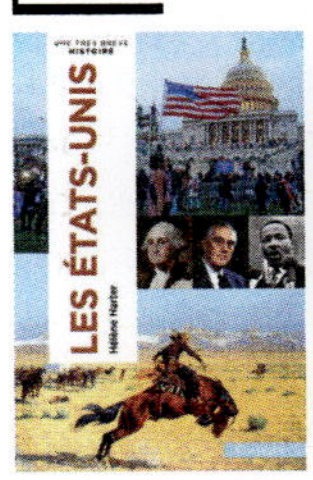

Les Etats-Unis, **Calype, 112 pages, 11,90 €.**
Les Présidents américains. De George Washington à Joe Biden **(avec André Kaspi), Tallandier, « Texto », 272 pages, 9,50 €.**
Eisenhower. Le chef de guerre devenu président, **Tallandier, 510 pages, 25,90 €.**
Jackie Kennedy. Un destin américain, **Calype, 112 pages, 11,90 €.**

Par Luc-Antoine Lenoir et Michel De Jaeghere

Il était une fois l'Amérique

Les Présidents américains. De George Washington à Joe Biden

André Kaspi et Hélène Harter

Depuis sa première parution en 2012, c'est l'ouvrage de référence sur la vie politique américaine, ses grands principes aussi bien que ses petits coups de théâtre. Les auteurs ont évité l'écueil d'un chapitrage rigide sur le bilan de chacun des 46 présidents depuis l'élection de George Washington au profit d'un récit qui n'oublie pas les rivaux malheureux, le sel des campagnes électorales et surtout les grands débats de société. C'est finalement toute l'histoire d'un pays que l'on croyait connaître et que l'on redécouvre à travers les grandes figures qu'il se choisit tous les quatre ans. ***L-AL***

Tallandier, « Texto », 2022, 272 pages, 9,50 €.

Les Etats-Unis

Hélène Harter

Ce numéro de la collection « Une très brève histoire » se lit comme un long article sur l'histoire des Etats-Unis et de leur rapport aux autres nations. Les décennies filent à l'allure d'un pur-sang au galop et dans toutes les directions : de l'expansionnisme du XIXe siècle aux crises de la guerre de Sécession, de la redécouverte de l'Europe au New Deal de Roosevelt, du bourbier vietnamien à l'avènement de la superpuissance sans rivale. Une gageure, mais un pari réussi, et une lecture utile pour une remise au point, par exemple en cette période d'élection présidentielle américaine. ***L-AL***

Calype, 2024, 112 pages, 11,90 €.

Les Etats-Unis et le monde, de George Washington à Donald Trump. **Maya Kandel**

De quand date l'impérialisme américain ? Bien avant 1898 et l'entrée des Etats-Unis dans le jeu international, Maya Kandel leur attribue un goût pour l'expansion qui remonte à leurs origines mêmes. Elle l'impute à leur rapport particulier à la frontière et à leur ferme croyance que la *« poursuite du bonheur »* (essentiellement matériel) inscrite dans leur Constitution leur enjoint de l'imposer partout où ils le pourront. L'auteur remet en question le *« prétendu »* isolationnisme, en avançant qu'il s'agit moins d'une doctrine que d'un commode argument d'opposition politique, même s'il s'appuie sur la tension permanente qui existe entre les stratèges de Washington et le penchant naturel de la population. Au fil de leur histoire, les gouvernements américains n'hésitent pas, en revanche, à repenser, presque à chaque mandat présidentiel, leur mode de domination continentale puis mondiale. Les Etats-Unis s'adaptent sans cesse, passent sans ciller de l'approche morale et messianique à des considérations tactiques voire cyniques. Paradoxalement, la domination purement économique et le règne de l'argent à partir des années 1980 fissurent progressivement l'édifice politique. Ecrite en 2018, cette analyse fine et habilement contrastée exagère indiscutablement la rupture de Barack Obama avec l'interventionnisme militaire, rupture qui sera finalement plutôt l'œuvre (temporaire) de son successeur Donald Trump. Sa lecture de l'inscription de l'impérialisme dans les gènes d'une nation n'en demeure pas moins lumineuse. ***L-AL***

Perrin, 2018, 256 pages, 18 €.

Kissinger. **Charles Zorgbibe**

On connaît quelques sommets de la carrière de Kissinger, de l'ouverture surprise des Etats-Unis à la Chine aux accords de Paris avec le Vietnam, en passant par le soutien aux dictatures sud-américaines. Charles Zorgbibe éclaire avec bonheur les rouages de son influence sur la diplomatie américaine, et de son action marquée par le sens du paradoxe, voire du contradictoire. Henry Kissinger a élaboré sa conception réaliste des relations internationales dès son exil d'Allemagne, puis comme étudiant et professeur brillant et madré. Son arrivée au pouvoir sera plusieurs fois différée par sa méconnaissance et son mépris des codes de Washington. Il y imposera ensuite ses règles et sa méthode. Peaufinant ses positions en s'informant auprès de collaborateurs mais aussi de réseaux plus lointains, le diplomate se transforme ensuite en combattant, argumentant avec ténacité, défendant sa stratégie, vérifiant son application jusque dans les moindres détails. Il doit convaincre le président, mais aussi l'opinion nationale et au-delà. Entre génie tactique et ambiguïtés morales, Kissinger fait comprendre à son pays d'adoption l'importance du concert des nations, à l'instar de Talleyrand à qui on l'a souvent comparé. ***L-AL***

Les éditions du Cerf, « LeXio », 2023, 768 pages, 12,90 €.

Les Etats-Unis et le monde (1823-1945)

Annick Foucrier, Corentin Sellin et Nicolas Vaicbourdt

D'abord destiné aux étudiants en histoire et aux khâgneux, ce manuel propose deux approches distinctes : la stricte chronologie, puis l'analyse des thèmes qui définissent les rapports des Etats-Unis avec le monde (pouvoir et contre-pouvoir, influence de l'immigration et des cultures, expérience des frontières, etc.). La neutralité du propos n'enlève rien à sa rigueur et l'écriture vivante rend accessible la richesse de l'information. ***L-AL***

Atlande, 2018, 224 pages, 19 €.

La Défaite de l'Occident. **Emmanuel Todd**

Après les premiers revers de la Russie en Ukraine, l'échec spectaculaire de la grande contre-offensive ukrainienne et la résistance de l'économie russe aux sanctions ont conduit à des révisions déchirantes. Emmanuel Todd avait annoncé en 1976 la chute de l'URSS. Au terme d'une analyse qui s'appuie sur l'étude des structures familiales, l'impact des phénomènes religieux sur l'état de l'opinion, le décryptage sans complaisance des statistiques économiques et l'examen de l'évolution de la mortalité infantile aussi bien que du niveau d'études des populations, il soutient aujourd'hui que nous assistons, bien plutôt qu'aux aléas d'une guerre asymétrique, aux prémices d'un repli général d'un Occident ignorant de ses propres faiblesses, tant démographiques qu'industrielles ou morales, et regardé avec une irritation croissante par le reste du monde pour sa prétention à imposer ses valeurs et son mode de vie comme universels. ***MDeJ***

Gallimard, 2024, 384 pages, 23 €.

La Fin de l'histoire et le dernier homme. **Francis Fukuyama**

L'expression a fait le tour du monde, pour la célébrer ou pour se moquer d'elle, lors de la parution sous ce titre de l'article original de Francis Fukuyama en 1989. Le malentendu a souvent été complet. L'auteur ne prévoyait pas l'avènement d'un monde pacifié, sans guerre et sans histoire, comme on le lui a reproché, mais la fin des conflits idéologiques qui avaient vu s'opposer les tenants des régimes concurrents, au profit d'une tension générale, en dépit des diversités de niveaux de développement, du poids des traditions et du hasard des circonstances, vers les principes de la démocratie libérale, seuls en mesure aux yeux de l'auteur de répondre aux attentes profondes de la nature humaine. Le propos est contestable, mais plus étayé et plus subtil qu'on ne le croit généralement. Paru en 1992, ce livre en est la défense et le développement. Il mérite d'être lu pour pouvoir être discuté sérieusement. ***MDeJ***

Flammarion, « Champs essais », 2018, 656 pages, 13,90 €.

Le Grand Echiquier

Zbigniew Brzezinski

Le choc représenté par la fin de la guerre froide a conduit les théoriciens des relations internationales à tenter de penser ce que serait l'avenir d'un monde dominé par la seule superpuissance américaine. Fukuyama y avait répondu, en 1989, avec *La Fin de l'histoire*, sur le mode triomphaliste ; Samuel Huntington avait prophétisé, dès 1994, qu'au conflit Est-Ouest succéderait désormais un choc des civilisations. Ancien conseiller à la sécurité de Jimmy Carter, Zbigniew Brzezinski a théorisé, quant à lui, en 1997, l'hégémonie américaine en montrant que son maintien supposait que les Etats-Unis s'imposent comme pivot du monde, entre les deux zones de prospérité représentées par l'Extrême-Orient et l'Europe occidentale. Il développait l'idée qu'à l'image de l'Angleterre au XIXe siècle, cela supposait qu'ils empêchent, dans chacune de ces zones, l'émergence d'une hégémonie rivale, celle de la Chine à l'est, celle de la Russie à l'ouest. Préconisant une politique qui viserait à détacher de celle-ci son *« étranger proche »*, au premier chef l'Ukraine, pour la renvoyer au statut de puissance de second ordre, il s'était fait, par là, l'idéologue de la politique qui a conduit à l'implication des Etats-Unis dans la guerre d'Ukraine. Avec pour conséquence paradoxale, l'alliance inattendue entre les deux puissances qu'il entendait affaiblir. La lecture de son livre est d'autant plus nécessaire pour comprendre ce qui se passe aujourd'hui. ***MDeJ***

Fayard, « Pluriel », 2023, 288 pages, 10 €.

L'Uniformisation du monde. **Stefan Zweig**

De nouvelles danses remplacent la valse aussi bien que le boléro, les vêtements sont partout les mêmes, et jusqu'aux coiffures, qui sont mises en coupe réglée : dès 1925, Stefan Zweig confesse son inquiétude devant la monotonie grandissante que lui fait découvrir chaque voyage autour du monde. *« D'où provient cette terrible vague qui menace d'emporter avec elle tout ce qui est coloré, tout ce qui est particulier dans nos vies ? Quiconque y est allé le sait : d'Amérique. »* Il ne s'agit pas de simples modes : l'uniformisation sait pénétrer à l'intérieur des hommes. Elle sape la force morale et un esprit de liberté ancien, qu'elle prétend remplacer. Nous imitons même, s'inquiète Zweig, les divertissements nerveux, excités, propres aux Etats-Unis, si différents du délassement européen, ressourçant et fécond. Rien ne sert pourtant, à ses yeux, de résister : l'heure est à la préservation intérieure, à la fuite en soi-même. Savoir, cela suffit parfois. ***L-AL***

Allia, 2021, 50 pages, 3,10 €.

CHRONOLOGIE

Par Luc-Antoine Lenoir

Extension du domaine de la lutte

Dès leur indépendance, les Etats-Unis mènent une diplomatie active, dont les objectifs varient en fonction des « doctrines » présidentielles.

4 JUILLET 1776 Les treize colonies américaines de l'Empire britannique proclament leur indépendance et la naissance des Etats-Unis d'Amérique.

3 SEPTEMBRE 1783 Le traité de Paris reconnaît l'indépendance des Etats-Unis et fixe leurs frontières. L'accord de paix constitue l'entrée officielle du pays dans la diplomatie internationale.

17 SEPTEMBRE 1787 La Constitution américaine est adoptée. Elle établit un cadre institutionnel durable et définit les pouvoirs en matière de politique étrangère, notamment avec le président, en tant que commandant en chef, et le Sénat, qui est chargé de ratifier les traités.

30 AVRIL 1789 George Washington devient le premier président des Etats-Unis. Durant son mandat, il pose les bases de la politique étrangère américaine et adopte une position de neutralité. Dans son *Discours d'adieu* de 1796, il avertira des dangers des alliances permanentes, fixant les principes de l'isolationnisme américain.

19 NOVEMBRE 1794 Le traité de Londres (ou de Jay) avec la Grande-Bretagne tente de résoudre les différends qui subsistent depuis la guerre d'Indépendance : présence de forts britanniques dans le nord du pays, compensations pour les navires et esclaves confisqués, etc.

3 MAI 1803 Les Etats-Unis achètent la Louisiane (incluant de larges régions à l'est du Mississippi) à la France du Premier consul Bonaparte pour 15 millions de dollars.

22 JUIN 1807 Le navire américain USS *Chesapeake* refuse d'être abordé par le navire britannique HMS *Leopard* pour y rechercher d'éventuels déserteurs, ce qui conduit les Britanniques à ouvrir le feu. L'incident mène à l'embargo de 1807 imposé par le président Jefferson, par lequel aucun bateau étranger n'entre dans les ports américains, maintenant la neutralité du pays dans les guerres napoléoniennes.

18 JUIN 1812 Les Etats-Unis déclarent la guerre aux Anglais et envahissent les colonies du Canada. Ce conflit, souvent perçu comme une « seconde guerre d'Indépendance », résulte des tensions liées au commerce maritime, les Etats-Unis prétextant reprendre le commerce avec la France. La guerre s'achève sans vainqueur clair par le traité de Gand, le 24 décembre 1814.

8 JANVIER 1815 Le général Andrew Jackson, non informé du traité de Gand, remporte une victoire à La Nouvelle-Orléans, qui accroît le prestige des Etats-Unis sur la scène internationale.

2 DÉCEMBRE 1823 Dans son message au Congrès, le président Monroe énonce ses principes de politique internationale. La « doctrine Monroe » proclame que les Amériques ne doivent plus être colonisées par les puissances européennes et que toute intervention dans l'« hémisphère occidental » sera considérée comme une menace pour la sécurité des Etats-Unis, qui affirment en outre leur refus d'intervenir dans les affaires européennes. L'expansion se déroule dans le cadre de cette doctrine. Les Etats-Unis s'étendent considérablement lors de l'achat de la Floride à l'Espagne en 1819 par le traité Adams-Onís, qui fixe les frontières avec la Nouvelle-Espagne, futur Mexique. La relocalisation forcée des tribus amérindiennes après l'*Indian Removal Act* de 1830, signé par Jackson devenu président, ouvre de vastes territoires pour les colons. Lors de l'épisode de la « piste des Larmes » (1837-1839), plusieurs milliers de Cherokees contraints de marcher vers des terres au-delà du Mississippi sont massacrés.

29 DÉCEMBRE 1845 Les Etats-Unis annexent la république du Texas, dont le Mexique n'a jamais accepté l'indépendance. Les deux pays entrent en guerre l'année suivante. Le conflit se termine par le traité de Guadalupe Hidalgo le 2 février 1848, qui permet aux Etats-Unis d'acquérir, outre le Texas, de vastes territoires : la Californie, l'Arizona, le Nouveau-Mexique, l'Utah, le Nevada, le Wyoming et le Colorado. La victoire alimente le sentiment de « destinée manifeste » des Etats-Unis, selon l'expression du journaliste John O'Sullivan inspirée d'un verset de la Genèse.

8 FÉVRIER 1861 Début de la guerre de Sécession entre les Etats du Nord, abolitionnistes, et les Etats du Sud, esclavagistes. Le conflit a des répercussions internationales, notamment sur le commerce du coton. Napoléon III envisage un temps une intervention conjointe avec la Grande-Bretagne et la Russie.

22 SEPTEMBRE 1862 ET 1ER JANVIER 1863 Bien qu'elles soient avant tout des mesures de guerre, les proclamations d'émancipation des Noirs formulées par Abraham Lincoln consolident les relations avec les nations abolitionnistes.

9 AVRIL 1865 La fin de la guerre de Sécession permet aux Etats-Unis d'entamer une période de « reconstruction ».

30 MARS 1867 Les Etats-Unis achètent l'Alaska à la Russie pour 7,2 millions de dollars. La Russie préfère céder ce territoire

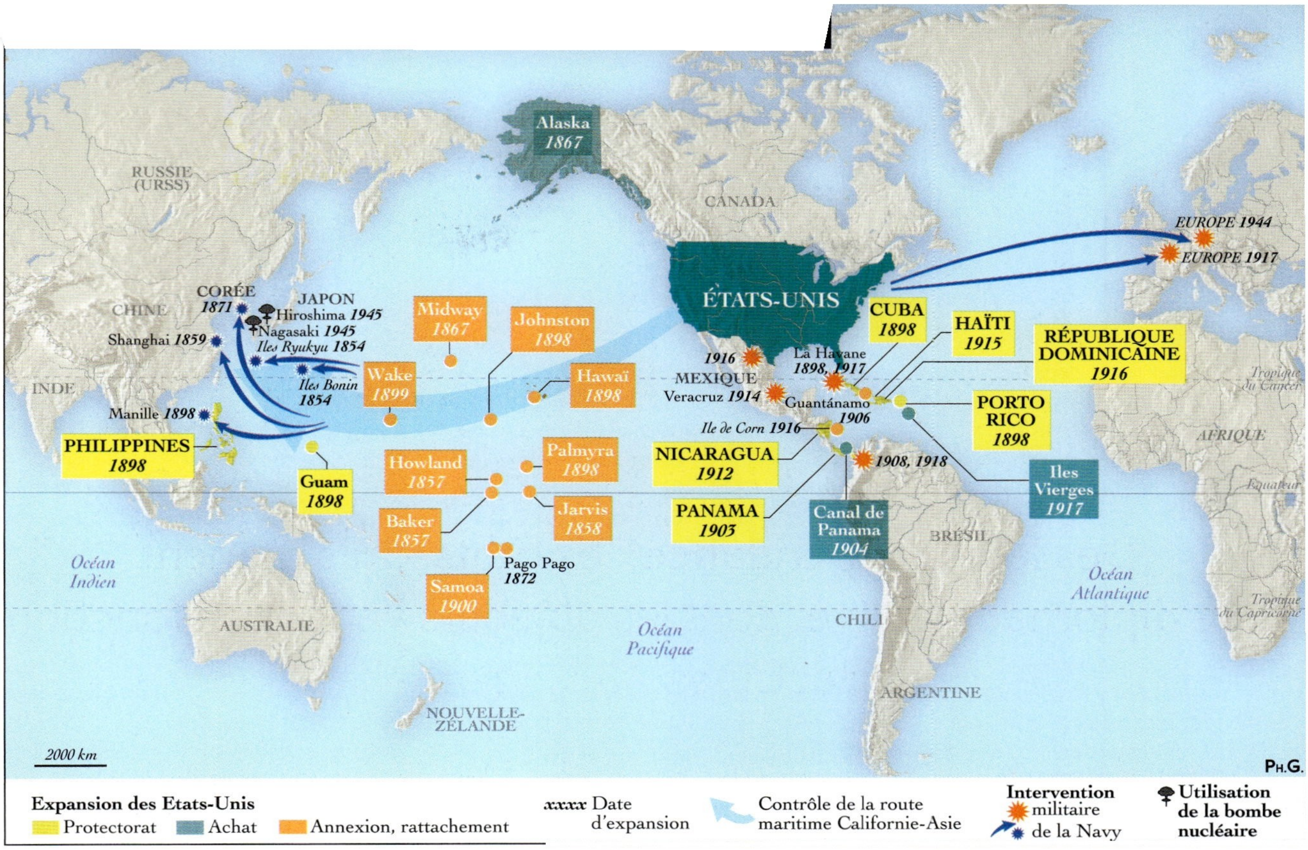

Belliqueux Pacifique Du mitan du XIXe siècle à la Seconde Guerre mondiale (et en excluant les événements de 1914-1918), les Etats-Unis mènent une politique d'exclusion des puissances européennes du continent américain et de l'océan Pacifique.

difficile à contrôler et à administrer, malgré les ressources naturelles qu'il renferme. Le 18 octobre, le territoire est placé sous la juridiction de l'US Army.

1898 Sur fond de tensions avec l'Espagne au sujet de l'administration de Cuba, et après l'explosion du cuirassé américain *Maine* à La Havane, le 15 février, les Etats-Unis décident d'une intervention le 25 avril. Après la victoire navale américaine de Santiago de Cuba le 15 juillet, la guerre se termine par le traité de Paris, le 10 décembre, par lequel l'Espagne reconnaît l'indépendance de Cuba et cède aux Etats-Unis Porto Rico, Guam et les Philippines pour la somme de 20 millions de dollars. Les Etats-Unis deviennent une puissance coloniale.

2 JUIN 1899 Les Philippines, affranchies de la tutelle espagnole et n'acceptant pas le traité de Paris, déclarent la guerre aux Etats-Unis. L'année suivante, un gouverneur militaire américain, Arthur MacArthur, est nommé sur place. Des massacres de soldats américains ont lieu, suivis de représailles, qui font environ 200 000 victimes jusqu'en 1913.

2 MARS 1901 L'amendement Platt encadre les relations entre les Etats-Unis et Cuba après l'indépendance de l'île. Il permet aux Etats-Unis d'intervenir dans les affaires cubaines et de maintenir une base navale à Guantánamo, et illustre l'influence croissante des Etats-Unis dans les Caraïbes.

6 SEPTEMBRE 1901 L'assassinat du président McKinley conduit à l'entrée en fonction de Theodore Roosevelt, qui poursuit une politique étrangère active : achèvement du canal de Panama, renforcement de l'US Navy et politique de la « porte ouverte » en Chine. Roosevelt inscrit les Etats-Unis dans une politique étrangère interventionniste, fondée sur le pragmatisme.

6 DÉCEMBRE 1904 Roosevelt annonce que les Etats-Unis se réservent le droit d'intervenir dans les affaires des nations de l'hémisphère occidental pour stabiliser les économies faibles ou corrompues. Cette extension de la doctrine Monroe, dite « corollaire Roosevelt », justifiera l'intervention américaine en Amérique latine pour protéger les intérêts économiques et stratégiques du pays.

6 AVRIL 1917 Après des années de neutralité, les Etats-Unis entrent dans la Première Guerre mondiale en raison des agressions sous-marines allemandes et de l'incitation à la rébellion mexicaine par l'Allemagne via le télégramme Zimmermann. Bien que tardif, leur engagement est décisif pour la victoire des Alliés.

8 JANVIER 1918 Le président Wilson présente ses Quatorze Points, un programme de paix qui vise à instaurer une nouvelle ère de relations internationales fondée sur la diplomatie ouverte, la liberté des mers et l'autodétermination des peuples. Il est à l'origine de la Société des Nations (SDN).

28 JUIN 1919 Signature du traité de Versailles. Malgré le rôle clé de Wilson dans les négociations, le Sénat américain refusera de ratifier le traité en mars 1920, ce qui empêchera les Etats-Unis de rejoindre la SDN.

24 OCTOBRE 1929 Le krach boursier consécutif aux surproductions américaines ruine la Bourse de New York, puis s'étend aux économies du monde entier. Aux Etats-Unis, la Grande Dépression est aggravée par le *Dust Bowl*, une série de périodes de sécheresse et de tempêtes de poussière.

1935-1939 Plusieurs lois de neutralité sont votées face à la montée des tensions en Europe, sous la pression des parlementaires isolationnistes. Quelques concessions sont accordées au président Roosevelt, parmi lesquelles la clause *Cash and Carry*, qui permet la vente de matériel à des pays en guerre moyennant un paiement comptant.

11 MARS 1941 La loi prêt-bail (ou *Lend-Lease*) met fin aux lois de neutralité en permettant au gouvernement de fournir du matériel de défense à tout pays allié.

7 DÉCEMBRE 1941 L'attaque surprise du Japon sur la base navale américaine de Pearl Harbor déclenche l'entrée des Etats-Unis dans la Seconde Guerre mondiale.

14 JANVIER 1942 A l'issue de la conférence Arcadia à Washington, Américains et Britanniques avalisent l'objectif stratégique de

« l'Allemagne d'abord » en dépit de l'attaque japonaise et placent leurs forces en Europe sous un commandement commun.

6 JUIN 1944 Début du débarquement de Normandie, et de la libération de l'Europe occidentale.

4-11 FÉVRIER 1945 Roosevelt, Churchill et Staline se rencontrent à Yalta en Crimée pour discuter de l'après-guerre en Europe. Lors de ces réunions, la future Organisation des Nations unies (ONU) est dessinée, ainsi que les sphères d'influence respectives des pays reprenant, au prix de concessions à l'URSS, les « taux d'influence » imaginés par Churchill et Staline quelques mois auparavant.

8 MAI 1945 Capitulation de l'Allemagne nazie. A la conférence de Potsdam, le 2 août, l'Allemagne est divisée en régions administratives entre Soviétiques, Américains, Britanniques et Français.

6 ET 9 AOÛT 1945 Les Etats-Unis larguent deux bombes atomiques sur les villes japonaises d'Hiroshima et de Nagasaki, obtenant la capitulation du Japon le 2 septembre 1945. Ces actions controversées et décisives inaugurent l'ère nucléaire.

24 OCTOBRE 1945 L'ONU est fondée à San Francisco. L'organisation devient un forum central pour la diplomatie mondiale, qui reflète la volonté des Etats-Unis de jouer un rôle de premier plan sur les questions de sécurité internationale.

4 JUILLET 1946 Le président Truman déclare l'indépendance des Philippines.

12 MARS 1947 Truman annonce une politique de soutien aux pays menacés par le communisme. La « doctrine Truman » justifie l'aide militaire et économique à la Grèce et à la Turquie, et l'endiguement (ou *containment*) de l'expansion soviétique.

5 JUIN 1947 Le plan Marshall, ou *European Recovery Program*, vise à stabiliser les économies européennes et à contrer l'influence communiste. Plus de 12 milliards de dollars sont alloués à la reconstruction, ce qui consolide les alliances transatlantiques.

14 MAI 1948 Les Etats-Unis sont le premier pays à reconnaître officiellement l'Etat d'Israël, posant les bases d'une alliance stratégique durable au Proche-Orient.

4 AVRIL 1949 Les Etats-Unis, avec plusieurs pays européens, fondent l'Organisation du traité de l'Atlantique nord (Otan) pour contrer la menace soviétique. Elle devient un pilier de la politique de défense américaine.

25 JUIN 1950 La guerre de Corée éclate lorsque la Corée du Nord, soutenue par l'URSS et la République populaire de Chine, envahit la Corée du Sud. Sous mandat des Nations unies, les Etats-Unis dirigent une coalition pour repousser l'agression nord-coréenne. Les positions se stabilisent autour du 38e parallèle. La guerre se termine en 1953 par un armistice qui laisse la péninsule divisée de part et d'autre de cette frontière.

19 AOÛT 1953 La CIA et le MI6 britannique orchestrent un coup d'Etat pour renverser en Iran le Premier ministre Mohammad Mossadegh. L'opération réinstalle au pouvoir le chah Mohammad Reza Pahlavi.

7 MAI 1954 En Indochine, la défaite française à Diên Biên Phu précipite l'intervention des Etats-Unis, qui prennent la relève comme principal soutien du gouvernement sud-vietnamien contre les communistes.

NOVEMBRE 1955 Après des attaques des troupes du Viêt-minh soutenu par la Chine et l'URSS, le déploiement de troupes américaines s'accroît.

29 OCTOBRE 1956 Soutenu par la France et le Royaume-Uni, Israël attaque l'Egypte après la nationalisation du canal de Suez par le président égyptien Nasser. Les Etats-Unis, sous la présidence d'Eisenhower, exercent des pressions diplomatiques intenses pour forcer le retrait des forces israéliennes, françaises et britanniques.

17-19 AVRIL 1961 La CIA organise un débarquement d'exilés cubains à Cuba, deux ans après le départ du dictateur Fulgencio Batista et la révolution menée par Fidel Castro. Le débarquement dans la baie des Cochons est un échec.

16-28 OCTOBRE 1962 Le monde frôle la guerre nucléaire quand les Etats-Unis découvrent des missiles soviétiques à Cuba. Un accord finit par être trouvé, avec le retrait des missiles en échange de la promesse américaine de ne pas envahir Cuba et de retirer secrètement des missiles de Turquie.

22 NOVEMBRE 1963 Kennedy est assassiné à Dallas et remplacé par son colistier Lyndon Johnson. Poursuivant un temps les objectifs de détente, Johnson intensifie l'engagement au Vietnam à partir de 1964.

31 MARS 1964 Les Etats-Unis soutiennent militairement le coup d'Etat du maréchal Castelo Branco au Brésil pour lutter contre la menace communiste dans le pays.

31 JANVIER 1968 L'offensive du Têt par les forces nord-vietnamiennes marque un tournant dans la guerre du Vietnam. Bien que repoussée, elle choque une opinion publique américaine déjà divisée, qui défend peu à peu la fin de l'engagement au Vietnam.

21-28 FÉVRIER 1972 Le président Nixon effectue une visite d'Etat en Chine et rencontre Mao Zedong. Les Etats-Unis affirment leur soutien à un règlement pacifique de la question de Taïwan.

27 JANVIER 1973 Les accords de Paris sont signés, qui mettent fin à l'engagement direct des Etats-Unis dans la guerre du Vietnam. Ce retrait s'achève en 1975 avec la chute de Saigon prise par les communistes.

11 SEPTEMBRE 1973 Craignant l'établissement d'une tête de pont soviétique en Amérique du Sud, la CIA soutient, au Chili, le coup d'Etat du général Pinochet, qui renverse le président Allende nouvellement élu.

7 SEPTEMBRE 1977 Le président Carter rend au Panama la souveraineté du canal du même nom. Il abandonne le soutien américain au dictateur Debayle au Nicaragua, ce qui ouvre la voie à la révolution sandiniste, d'inspiration socialiste.

17 SEPTEMBRE 1978 Sous la médiation de Carter, le président égyptien Anouar el-Sadate et le Premier ministre israélien Menahem Begin signent les accords de paix de Camp David.

24 DÉCEMBRE 1979 L'URSS envahit l'Afghanistan pour y soutenir le gouvernement communiste. Les Etats-Unis répondent en finançant et en armant divers groupes armés de moudjahidines islamistes.

1981-1985 Le président Reagan prend le contre-pied de Carter en décidant l'invasion de la Grenade pour renverser le gouvernement marxiste, puis en soutenant les Contras, groupes armés antisandinistes au Nicaragua. L'administration américaine autorise un trafic d'armes vers l'Iran qui finance les Contras, ce qui provoque un scandale médiatique.

23 MARS 1983 Reagan dévoile l'Initiative de défense stratégique, surnommée « Star Wars », un programme ambitieux qui vise

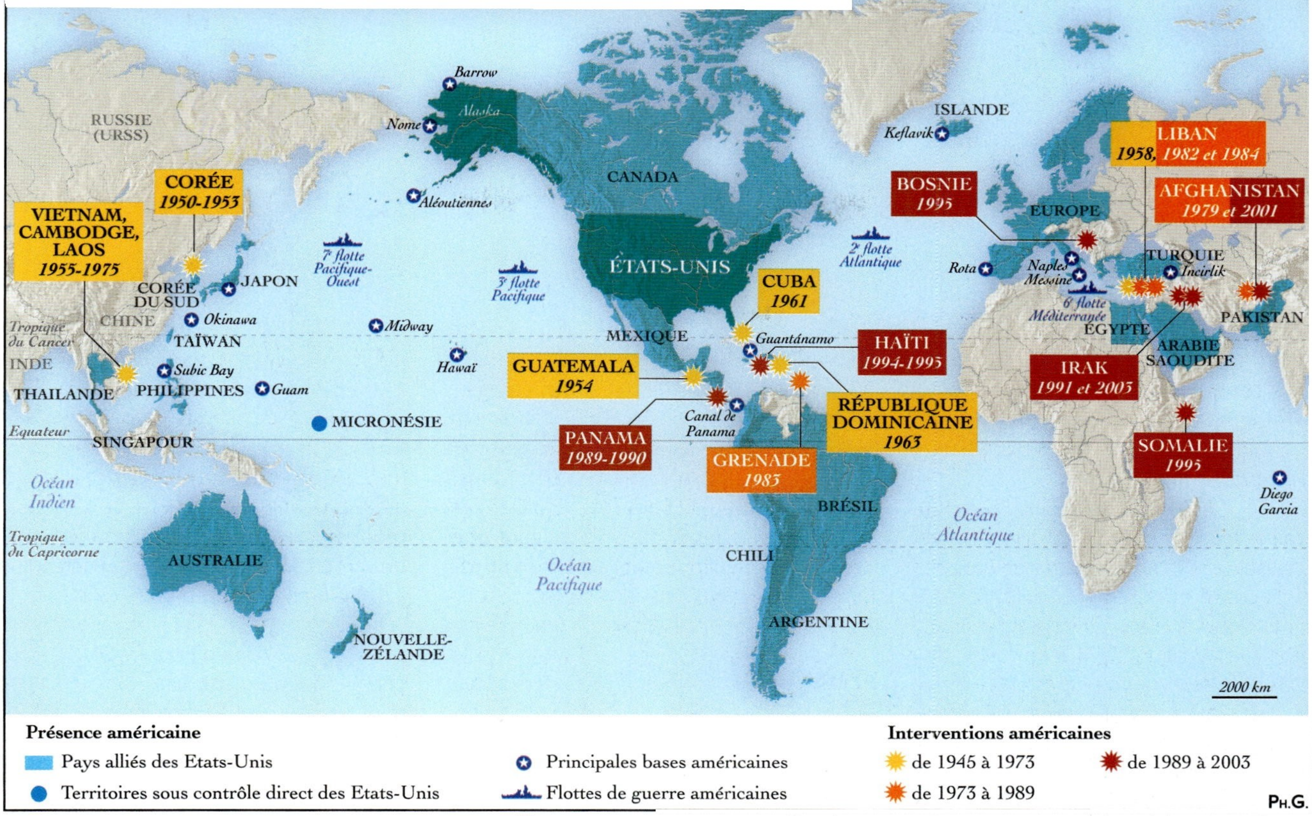

CARTE DE « VISITES » Dans l'après-guerre, la superpuissance américaine s'affirme en réaction à la propagation communiste à travers le monde. La guerre froide justifiera la plupart des interventions, jusqu'à l'avènement du « monde multipolaire ».

à développer un système de défense antimissile spatial pour protéger les Etats-Unis d'une attaque nucléaire soviétique.

12 JUIN 1987 Devant la porte de Brandebourg à Berlin-Ouest, Reagan appelle le leader soviétique Mikhaïl Gorbatchev à abattre le mur de Berlin.

9 NOVEMBRE 1989 La chute du mur de Berlin annonce l'effondrement du bloc communiste et la fin de la guerre froide. Le 26 décembre 1991, l'URSS se dissout officiellement, confirmant la suprématie des Etats-Unis en tant que seule superpuissance mondiale.

17 JANVIER 1991 A la tête d'une coalition internationale, les Etats-Unis libèrent le Koweït, que l'Irak avait envahi en août 1990. L'offensive, menée sous l'égide des Nations unies, entraîne toutefois le massacre de Kurdes et de chiites qui avaient été incités à la rébellion contre le régime de Saddam Hussein.

14 DÉCEMBRE 1995 Les Etats-Unis jouent un rôle central dans la fin de la guerre en Bosnie-Herzégovine, précédant l'effondrement de la Yougoslavie. Les accords négociés à Dayton sont signés à Paris, avec le soutien direct du président Clinton. Ils mettent fin à trois ans de guerre et redéfinissent les frontières des Balkans.

24 MARS 1999 Les Etats-Unis encouragent des frappes aériennes de l'Otan contre la République fédérale de Yougoslavie. L'opération vise à mettre fin à la répression menée par les forces serbes contre la population albanaise du Kosovo. Elle n'est pas autorisée par le Conseil de sécurité de l'ONU. Les frappes se poursuivent pendant 78 jours, pour forcer le président Milosevic à accepter un accord de paix. L'intervention aboutit à la mise en place d'une administration intérimaire des Nations unies au Kosovo.

11 SEPTEMBRE 2001 Les attentats contre les tours du World Trade Center et le Pentagone tuent près de 3 000 personnes et conduisent le président Bush à déclarer la « *guerre contre le terrorisme* ». Le 7 octobre, une coalition internationale menée par les Etats-Unis envahit l'Afghanistan pour déloger les talibans et éliminer l'organisation terroriste Al-Qaïda. C'est le début de la plus longue guerre de l'histoire des Etats-Unis, qui se prolonge jusqu'en 2021.

20 MARS 2003 Prétextant la présence d'armes de destruction massive, qui ne seront jamais trouvées, les Etats-Unis envahissent l'Irak. Le conflit est mené sans le soutien de l'ONU et suscite des critiques internationales. Après une offensive éclair et l'arrêt officiel des combats le 1er mai suivant, une guerre asymétrique se met en place, les forces d'occupation américaines affrontant la guérilla de l'Armée islamique en Irak. Les Etats-Unis se retirent militairement en 2011 et laissent le pays et la région dans le chaos.

NOVEMBRE 2004 Les Etats-Unis financent la « Révolution orange » en Ukraine, visant à destituer le président prorusse Viktor Ianoukovitch.

19 MARS 2011 La France et le Royaume-Uni mènent une intervention de l'Otan en Libye. L'opération aérienne permet de renverser Mouammar Kadhafi, mais plonge le pays dans l'anarchie.

NOVEMBRE 2013 Les Etats-Unis soutiennent une nouvelle révolution en Ukraine, après la décision du nouveau gouvernement prorusse de ne pas s'associer à l'Union européenne. L'« Euromaïdan » aboutit à l'ouverture d'un front russe dans le Donbass.

JUILLET 2014 Face à la proclamation de l'Etat islamique (Daech), les Etats-Unis dirigent une coalition internationale pour mener des frappes aériennes en Irak et en Syrie, toutefois sans y soutenir le régime de Bachar el-Assad. La coalition entame son retrait de Syrie à partir de 2019.

FÉVRIER 2022 Après l'invasion de l'Ukraine par la Russie, les Etats-Unis jouent un rôle majeur dans le soutien militaire, financier et humanitaire au gouvernement de Volodymyr Zelensky. Le gouvernement américain prend la tête d'une coalition de soutien des pays de l'Otan, qui verse plus de 300 milliards d'euros en deux ans pour favoriser la résistance ukrainienne.

L'ESPRIT DES LIEUX

126 Il était un petit navire

En s'inspirant directement de la tapisserie de Bayeux, une équipe de charpentiers s'est lancée dans la construction d'une réplique de *La Mora*, l'embarcation de Guillaume le Conquérant dans son expédition vers l'Angleterre.

Et aussi

Les très riches heures du cardinal

Pour fêter sa réouverture, le musée Jacquemart-André accueille une partie des trésors de la Galerie Borghèse, somptueux miroir de la Renaissance et du baroque italiens.

Aigle et cygne Page de gauche, en haut : Ernst Jünger (1895-1898) et le sculpteur français Serge Mangin en 1991. Ci-Contre : *Léda*, par Michele Tosini, vers 1565-1570 (Rome, Galleria Borghese).

Le contemplateur solitaire
Ernst Jünger en 1996 dans le salon de sa maison, au cœur de la campagne allemande. L'écrivain a alors 100 ans. Il continuera d'écrire jusqu'à sa mort, deux ans plus tard. Autour de lui, les témoignages d'une soif de connaissance restée intacte ; et de multiples voyages autour du monde, d'où il revenait chaque fois plus inquiet de l'évolution des sociétés modernes, et de leur négligence de la nature.

Jünger, la noblesse du reclus

Par Luc-Antoine Lenoir

On retient le soldat qu'Ernst Jünger fut dans la première partie de sa vie. On connaît moins la quête qu'il mena ensuite jusqu'à sa mort, à 102 ans, en 1998. Sa maison de Wilflingen, intouchée, raconte un homme libre et insolite, et son œuvre marquée par la clairvoyance sur l'histoire, le temps et la politique.

SAGE SAVANT En haut : portrait vers 1955. Ernst Jünger, à peine sexagénaire, est alors installé à Wilflingen, en Haute-Souabe, depuis quelques années, et entame la seconde partie de son œuvre littéraire. A gauche : la maison dite du Grand Forestier, depuis le portail du château de la famille von Stauffenberg. Ci-dessus : des tiroirs présentant des scarabées, dans les armoires à insectes, situées dans le hall du premier étage. Au fil de ses voyages et de ses recherches, Ernst Jünger accumulera une connaissance entomologique colossale, et donnera son nom à une vingtaine de taxons.

La neige de Stuttgart, le long des routes, était noire : polluée par les particules du monde industriel. Elle retrouve peu à peu sa blancheur dans la campagne où se succèdent plaines et bois, petites villes, villages. Après l'autoroute à vitesse libre, on serpente doucement et presque à plat. Avant Riedlingen, où coule le Danube naissant, Wilflingen, en Haute-Souabe, offre quelques maisons et granges à colombages, des odeurs de lisier ou de bonne cuisine rurale. Dans l'effrayant chaos de l'après-guerre, la famine y sévissait moins que dans ce qui restait des agglomérations. Ernst Jünger s'y installa – après Ravensburg et Überlingen – pour d'autres raisons : refusant, puisqu'il estimait n'avoir jamais été nazi, d'être « dénazifié » à coups d'enquêtes et d'interrogatoires comme le reste de la Wehrmacht, il ne pouvait publier d'écrits dans les zones d'occupation britannique ou américaine. L'administration française, qui régente alors le Land provisoire de Wurtemberg-Hohenzollern, est moins regardante. En 1950, les Stauffenberg, d'une branche éloignée de l'auteur de l'attentat contre Hitler, lui confient la maison qui, depuis plusieurs siècles, accueillait le forestier de leur domaine. Cinq ans plus tôt, elle avait abrité Pierre Laval fugitif pendant quelques semaines. Jünger s'y installe avec sa femme Gretha, son secrétaire Armin Mohler et la femme de celui-ci. Il a déjà 55 ans. Il ignore qu'il vient à peine de quitter la première moitié de sa vie.

Dans ce logis un peu épais d'allure, aux boiseries plus hospitalières, il arrive pourtant lourd de nombreux souvenirs. Après une enfance à la fois mélancolique et impétueuse en Basse-Saxe, Jünger s'était engagé à 19 ans, en août 1914. Blessé quatorze fois dans les combats de la guerre de 1914-1918, il était devenu un héros de l'armée. Son dantesque récit *Orages d'acier* (1920) l'avait fait connaître d'un plus grand public encore. Grâce à son courage célébré entre tous, il était devenu, sans vraiment le désirer, une figure des milieux nationalistes conservateurs. A Wilflingen, il doit surtout tourner la page du second conflit mondial, dans lequel il a tenu un rôle étrange. L'entre-deux-guerres avait été un bouillonnement et, pour lui, un intermède civil, au cours duquel, avec *Le Travailleur* (1932), il avait pris part au débat sur l'avènement de la modernité technique et ses conséquences sociales. Avec le nazisme, il avait certes partagé l'idéal de redressement d'une Allemagne nationaliste et capable d'insuffler dans la paix les vertus de la guerre, mais il avait d'emblée méprisé son approche populiste, ses *« ridicules »*, son antisémitisme et son inculture. Il avait refusé toutes les avances du parti. Puis publié l'étonnant *Sur les falaises de marbre* (1939), exploit romanesque, dénonciation onirique du tyran (même si elle est aujourd'hui toujours discutée). Mais en 1939, son prestige a incité Hitler à le vêtir à tout prix de vert-de-gris, fût-ce à l'état-major d'occupation, à Paris. Il a fréquenté l'intelligentsia de la ville, rendu des services aux opposants de l'ombre, peut-être autant saboté que servi. Sa lecture de la Bible a parfois donné un accent chrétien à ses *Journaux parisiens,* sans que Jünger n'entame de conversion pour autant. Sous le nom de Kniébolo, il y a copieusement dénoncé le Führer. Ces temps suspendus sont derrière lui : il vient de renoncer à sa maîtresse en France, Sophie Ravoux, à l'armée et à toute illusion politique.

Il sait désormais, alors que naît l'Allemagne fédérale, que le temps de l'action est pour lui révolu. Mais le programme reste à fixer. Pourquoi la campagne ? *« Le séjour dans un village est à notre époque plus favorable à la productivité de l'homme qui a une activité intellectuelle que le séjour dans une grande ville »*, expliquera-t-il simplement, bien plus tard, à son biographe français Julien Hervier. Dans le hall, les visiteurs d'aujourd'hui passent en revue deux bustes sur une maie : Ernst et son frère cadet (parmi cinq enfants), Friedrich Georg (1898-1977), philosophe, les deux s'alimentant leur vie durant, nourrissant une correspondance dense et permanente. Le reste du rez-de-chaussée a été transformé en petit musée. Sur la légende plus que l'œuvre : lectures et exploits de jeunesse, engagement dans la Légion étrangère sans l'accord paternel… et la guerre, omniprésente, véritable genèse d'une vie.

Mais la maison de Wilflingen est celle du temps de paix. Son symbole est ici, près d'un beau poêle de masse, une absurde petite serviette rose sagement pliée. Jünger prend chaque matin un bain à la température naturelle de l'eau froide, cinq degrés ou moins en hiver. Il ne rechigna jamais à évoquer nonchalamment le rite salutaire. On pousse un peu loin les détails : l'after-shave de Jünger, la marque de rasoir de Jünger… Temps de paix : hormis sa toilette, que va faire ce soldat-né d'un état qu'il ne connaît pas vraiment ? Après le drame nazi, l'Allemagne se reconstruit et, partout en Occident, la technique définit la société. Alors Jünger, prescient, réplique. Dès 1951, il publie le *Traité du rebelle ou le recours aux forêts,* vademecum de résistance au rationalisme et aux institutions devenues *« suspectes »* : *« La grande surprise des forêts est la rencontre avec soi-même, le noyau inaltérable du moi, l'essence dont se nourrit le phénomène temporel et individuel. Cette rencontre, qui peut tout faire pour la guérison et le triomphe sur la crainte, tient aussi, en morale, le rang le plus haut. Car elle mène jusqu'à cette strate qui fonde toute vie sociale et contient depuis les origines toute communauté. »*

Dans ces « forêts » et dans tous les refuges naturels pour l'homme devant l'histoire, l'écrivain s'adonne à une passion rare : la collection d'insectes. Dans un large couloir, à l'étage, on ouvre pour

> Il était devenu une figure des milieux nationalistes conservateurs.

© LUC-ANTOINE LENOIR. © ALAMY STOCK PHOTO/HEMIS.FR © BERTHOLD STEINHILBER/LAIF-REA.

nous une paire de volumineuses armoires remplies de tiroirs eux-mêmes peuplés d'énormes ou minuscules coléoptères, par milliers, soigneusement épinglés et étiquetés. Plus encore que son œuvre, Jünger affirmait que la vingtaine d'insectes portant son nom dans la taxonomie feraient perdurer sa mémoire. Lors de ces *« chasses subtiles »*, il procède à la découverte scientifique par hasard, et en tire une conclusion : *« La nature contemplative de l'esprit cherche à se satisfaire dans la révélation, et sa nature active dans la connaissance. On pourrait également dire qu'à travers la connaissance, le monde est conçu comme travail, et à travers la révélation comme jeu – ces deux mots dans la plus haute acception qu'on puisse leur donner. »*

Face au rationalisme, l'amateur éclairé remet à sa juste place le pouvoir de l'intuition et de la bonne fortune. Le monde s'adonne alternativement à un nouveau *negotium* (qu'on pourrait dire *technico-commercial*) et à une anesthésie consommatrice ; il faut l'équilibrer dans l'*otium* et l'exercice fécond et ouvert de l'esprit. Jünger s'adonne lui-même néanmoins à une consommation frénétique : celle des lieux. Il a *« besoin »* de la Méditerranée au moins une fois par an, de Paris, du reste du monde. Sous prétexte de prélèvements d'insectes, il visite tous les continents, rencontre intellectuels et scientifiques, est nommé chef de tribu au Liberia. Ses murs à Wilflingen en sont les témoins : coquillages, peaux de serpent, carapaces de tortue, main de fatma orientale… Toute la maison devient cabinet de curiosités, où se sédimentent les souvenirs. Pourquoi sont-ils absents des maisons contemporaines « épurées » ?

Après ce vestibule, vient l'antre de l'écrivain. Tout le reste est *« le royaume de ma femme »*, dira-t-il. Jeunes admirateurs, vieux écrivains ou politiciens comme Mitterrand et Kohl, tous se pressèrent ici des décennies durant, au seuil de cette bibliothèque, pour capter l'aura, pour déchiffrer le génie dans les alignements de livres le long des étagères qui ploient tranquillement. Plus encore qu'ailleurs, la pièce est chaleureusement encombrée. Au rebord d'une fenêtre, des portraits encadrés, panthéon personnel des proches, dont ses deux fils, morts avant lui, l'un sur le front italien en 1944, l'autre en 1993. Nul ne sait véritablement les tourments qui furent les siens lors de ces épisodes. Pour les ouvrages qui ceignent la pièce, on est bien en peine de définir la moindre orientation générale, et c'est heureux : Origène côtoie la mythologie mexicaine, les volumes de la Pléiade, de vieux grimoires à titre en gothique et Spengler ou Cioran, des rangs entiers de romans puis de traités d'entomologie. Un constat : peut-être une bonne moitié des ouvrages est d'auteurs français en français.

Il faut imaginer que dans le carré de chauffeuses en cuir, Ernst Jünger s'adonna, outre à la lecture, à une activité plus originale : la consommation de psychédéliques, poursuivant une exploration des drogues entamée dans les hôpitaux militaires de la Grande Guerre. Après l'éther, le haschich ou l'alcool, sont ici expérimentés la mescaline, la psilocybine (champignons) et le LSD, en compagnie de son découvreur et ami « psychonaute », le chimiste Albert Hofmann. Le roman poétique *Visite à Godenholm* en 1952 en est le fruit. L'inventaire des effets, *Approches, drogues et ivresse,* sera publié en 1970. Loin d'un usage bassement « récréatif », l'écrivain rétif à la foi des Eglises contemporaines se montre stupéfait des sensations spirituelles prodiguées par les substances, qu'il entrevoit comme des portes vers le divin. Conscient des risques, il les referme toutefois, et les prises ne deviendront jamais régulières. Elles

LE JEUNE HOMME VERT Page de gauche : le bureau d'écriture de la maison de Wilflingen, ensoleillé et entouré d'une volumineuse bibliothèque. Sur la même table, Ernst Jünger préparait les insectes recueillis lors de ses « *chasses subtiles* », avant de les classer. Ci-dessus : portrait d'Ernst Jünger vers 1920, arborant notamment la Croix de fer et la médaille « *Pour le Mérite* », dont il sera le dernier récipiendaire à titre militaire. A droite : la Forêt-Noire, dans le Land de Bade-Wurtemberg. Dans son *Traité du rebelle* (1951), l'écrivain utilise l'image du « *recours aux forêts* » comme moyen de préserver sa liberté individuelle.

auront néanmoins modifié « *durablement* » l'ensemble de ses perceptions.

Ponctuées par les périples intérieurs et extérieurs, les années coulent à Wilflingen, avec un passage bien sombre toutefois : la maladie puis la mort de Gretha en 1960, entourée d'un cycle dépressif et improductif pour Ernst, jusqu'au remariage avec Liselotte Lohrer, son archiviste, en 1962. Liselotte est aimée du village, lui, respecté comme un trésor local. Peu à peu, la vie reprend, les voyages et les publications de plus en plus abondantes. Jünger rouvre son journal et entame en 1965 le recueil *Soixante-dix s'efface*. Le titre se réfère à un passage de la Vulgate : « *Les jours de tous nos ans ne vont ordinairement qu'à soixante et dix années.* » C'est alors son propre âge. Vers l'Europe, l'Afrique ou l'Asie, Jünger part toujours aussi régulièrement et écrit son effroi devant la catastrophe écologique en cours, l'uniformisation esthétique et l'effacement de modes de vie millénaires. Il se console dans l'entretien de son jardin, dans lequel il voit d'ailleurs une activité particulièrement noble, sans visée utilitaire mais qui lui permet de s'ancrer dans le rythme cosmique et les saisons. Avec ses hellébores, ses jasmins, le hêtre, le thuya et les fruitiers, le petit enclos devient un objet de fascination très présent dans ses écrits, la biologie végétale source de symboles et d'abstractions. Deux petits-enfants y jouent bientôt.

On avance vers la grande table rectangulaire du bureau. Elle offre plusieurs places, pour plusieurs métiers. Sur la partie large, le chasseur d'insectes étudie ses spécimens, déploie son matériel, ses pinces, ses étiquettes. Sur la partie étroite à gauche, l'écrivain se consacre à un manuscrit ou une lettre. L'hiver, le soleil réchauffe son visage, aidé par une peau de mouton déployée sur le fauteuil. Sur le mur d'en face, une collection de sabliers. Ils répondent étrangement à un petit hall non loin, aux murs couverts de calendriers sur les thèmes de la peinture : Vermeer, Monet et d'autres. Ils sont tous de l'année 1998, bloqués sur le mois de février. Jünger mourut le 17, et on ne toucha plus à rien. Les pièces transpirent la solitude. Tout ici est obsession du temps physique, et détachement de celui des hommes.

Jünger n'en est pas misanthrope pour autant, loin de là. Dans ses grandes promenades autour du village, il pose des questions et cherche le philosophe dans chaque paysan. Le Jünger des portraits peut sembler froid comme l'eau de la Forêt-Noire ; celui du quotidien est affable. Ceux qui l'ont connu aiment décrire les journées buissonnières de sa longue

vieillesse : réveil tardif, bain glacé donc, écriture, affaires courantes ou correspondance (parmi tant d'autres, Heidegger, Schmitt ou Gracq), peu ou pas de déjeuner, jardinage ou marche de plusieurs kilomètres, dîner puis à nouveau écriture et lecture. Dans une chambre d'une simplicité biblique – un lit, une armoire, une chaise –, Jünger dort seul dix heures par nuit, éventuellement moins lorsqu'un livre le passionne.

On s'interroge : entre les *trips* au LSD et le rythme rigide d'un officier né sous Guillaume II, entre les chasses aux papillons et la médaille *« Pour le Mérite »* méritée dans les combats les plus sanglants de 1914-1918, qui est donc vraiment ce diable d'homme ? Le raide chroniqueur des errements du progrès, l'homme drapé dans la dignité perdue de la civilisation a fait de sa porte de chambre une mosaïque d'autocollants potaches, et collectionne les pancartes *« Do not disturb »* d'hôtels comme un adolescent. Une facette émerge : son *excentricité* totale. Et c'est affaire sérieuse que résister à la matrice qui appauvrit les âmes, en continuant à rire et à aimer, bref s'exiler en restant là, bien parmi les vivants.

Sa vie à Wilflingen rejoint finalement son œuvre et la figure spécifique de l'« anarque », qu'il avait clairement définie dans le très important roman *Eumeswil* (1977). Un dictateur, le Condor, règne sur l'Etat du même nom (qui renvoie à Eumène, un diadoque d'Alexandre le Grand). Son autoritarisme est doux : la presse est manipulée mais pas interdite, on festoie... Le Condor tient en revanche fermement en main le devenir politique de la cité et se rit de ses opposants officiels ou clandestins, tous sous contrôle. Plus aucune religion n'est pratiquée. Pour financer ses études d'histoire, Martin Venator travaille comme barman au service du Condor. Sans secours spirituel et méprisant les anarchistes (*« partenaires du monarque qu'ils rêvent de détruire »*), il adopte l'attitude de l'anarque.

Jünger dépasse ici son *Traité du rebelle,* écrit trois décennies plus tôt. Sceptique et stoïque par nature, l'anarque ne prend pas au sérieux la politique ; il cherche à régner sur lui-même, en transigeant avec la société et non en s'en détachant, comme un animal s'adapte à la nature. Il est le citoyen que le système ne peut vouloir contrôler sans entraîner le régime vers l'inacceptable. En définitive, cet exil intérieur préserve l'humanité au fil du temps et des projets politiques (*« Anarque, tout historien de naissance l'est plus ou moins »*). L'écrivain l'affirme : avec Eros et la création artistique, la posture mentale de l'anarque est la troisième voie de résistance dans les temps de nihilisme. Sa conversion au catholicisme, deux ans avant sa mort, alimente depuis les discussions : l'écrivain s'était-il ouvert un nouveau chemin de salut ? Selon Julien Hervier, celle-ci tenait plus des conventions que de la révélation. Pour Ernst Jünger, *« le guerrier est anarchique, le soldat non (...). Le Christ est anarchique, saint Paul ne l'est pas. Comme cependant l'anarchie, c'est la normale, elle existe aussi en saint Paul et explose parfois violemment en lui. Ce ne sont pas là des antithèses, mais des degrés. L'histoire mondiale est mue par l'anarchie. En un mot : l'homme libre est anarchique, l'anarchiste ne l'est pas »*. Toute l'œuvre forgée à Wilflingen, par un homme dont la jeunesse fut dévorée par l'histoire, prouve qu'on peut s'extraire avec éclat de son emprise lorsque les temps le nécessitent.

• Nous remercions pour leur aide le professeur Julien Hervier, Monika Miller et toute l'association Ernst und Friedrich Georg Jünger Gesellschaft, Adrien Renouard, ainsi que Luc Brouilly, directeur du monastère de Heiligkreuztal près de Riedlingen.

L'ancien couvent cistercien fondé au XIIIe siècle constitue une visite, voire un hébergement de choix pour tout séjour dans la région : Am Münster 7, 88499 Altheim-Heiligkreuztal. Rens. : www.kloster-heiligkreuztal.de

© LUC-ANTOINE LENOIR. © JACQUES BOURRIER. © THOMAS RABSCH/LAIF-REA.

BEAU TEMPS Page de gauche, en haut : la collection de sabliers dans le bureau d'Ernst Jünger. En dessous : les étagères de livres et de souvenirs de Wilflingen. Une grande partie de la bibliothèque est en français. Ci-dessus : l'écrivain devant le kiosque de son jardin, en 1996. Il y recevait régulièrement des lecteurs et admirateurs, inconnus ou renommés.

LIEUX DE MÉMOIRE

Par Marie-Laure Castelnau

A l'Assaut de la citadelle

Saint-Vidal, forteresse millénaire d'Auvergne, a retrouvé depuis peu sa splendeur. Après l'avoir restauré, son propriétaire a décidé de faire revivre ce château fort resté longtemps endormi.

© ERIC SANDER. © ROCHER MISTRAL. © CHRISTOPHE RABLAT/CLIN D'OEIL PONOT.

Terre ancestrale Page de gauche : au cœur du pays d'Auvergne, non loin du Puy-en-Velay, Saint-Vidal est l'un des châteaux forts les mieux conservés de la région. Ci-dessus : l'été, des spectacles nocturnes retracent l'histoire de France et de la région dans la cour du château. Page de gauche, en bas : Vianney d'Alançon, descendant de la famille qui était propriétaire de Saint-Vidal à l'origine, a acheté la forteresse de ses ancêtres en 2016.

« C'*était un rêve d'enfant !* » En 2016, Vianney d'Alançon, alors jeune entrepreneur de 30 ans, fait l'acquisition de la forteresse de Saint-Vidal, l'un des châteaux forts les mieux conservés d'Auvergne. Lorsqu'il apprend que le lieu est à vendre, cet enfant du pays n'hésite pas longtemps. Juste le temps de réunir ses fonds et d'obtenir un prêt. Impossible de laisser passer cette occasion… le château a appartenu à la famille de sa mère depuis son origine – sans doute le XIe siècle – jusqu'à la fin du XVIIIe siècle. « *J'ai toujours eu une passion pour l'histoire et la culture française : l'architecture, les cathédrales, les châteaux forts, la musique, la peinture et les traditions populaires* », raconte l'heureux propriétaire.

A cinquante minutes de Saint-Etienne, Saint-Vidal est nichée en terre du Velay, une contrée « *vraiment poétique et belle,* selon l'historien Francisque Mandet. *Ces montagnes glacées ou pleines de feu selon que le ciel se transforme ; ces dômes de sable calcinés que les pluies ou le soleil nuancent de teintes noires, brunes, violettes ; ces roches cyclopéennes inclinées sur les abîmes et qu'on prendrait de loin pour des châteaux qui s'écroulent ; ces antiques forteresses foudroyées par les vengeances de tant de siècles, si fières, si menaçantes encore (…). Tout, oui tout, dans ce pays aimé, charme et inspire* ».

Comme la plupart des citadelles, celle de Saint-Vidal, dont la construction date du XIe siècle, est bâtie sur un site plus ancien. Les historiens évoquent à son emplacement une motte féodale du IXe siècle. Contrairement à de nombreuses forteresses européennes, notamment sa célèbre voisine Polignac, dont le donjon domine fièrement tout le pays alentour du haut de son terre-plein de basalte, la forteresse de Saint-Vidal n'est pas située sur un sommet. Elle est posée sur les pentes d'une colline, bordant une vallée où coule paisiblement une petite rivière, la Borne. « *Cette position s'explique sans doute par l'attachement d'Antoine II de La Tour, qui devait transformer en forteresse sa demeure ancestrale. Cela n'empêcha pas Saint-Vidal de jouer un rôle de premier plan dans l'histoire de la région, en particulier au cours des guerres de Religion* », explique Bertrand du Vignaud, auteur d'un beau livre sur l'histoire de la forteresse.

La famille de La Tour de Saint-Vidal en hérita probablement en 1266, grâce au mariage d'Adhémare de Goudet, dernière descendante des seigneurs du lieu, avec Hugues de La Tour. Le modeste château originel de Saint-Vidal devait prendre de plus en plus d'importance grâce à la famille qui, au fil des années, l'agrandit, le renforce, l'embellit, jusqu'à en faire le monument remarquable que l'on peut admirer de nos jours, la forteresse n'ayant subi qu'assez peu de modifications depuis la Renaissance. Du XVe siècle datent son plan et son allure générale : une cour centrale entourée

de tours rondes, une grande salle à manger d'étage. *« Tout comme Roquetaillade, Villebon ou Druyes-les-Belles-Fontaines, Saint-Vidal s'inscrit dans la lignée prestigieuse des châteaux forts de France qui ne sont pas situés sur une hauteur mais qui ont néanmoins résisté aux envahisseurs, aux outrages du temps et à la négligence des hommes »*, écrit Bertrand du Vignaud.

Le château avait été réaménagé dans le goût Renaissance par Antoine Ier de La Tour, qui s'était hissé au rang des puissants seigneurs du Velay et se parait des titres de seigneur de Saint-Vidal, de Vaudragon, baron de Beaufort, de Cénaret et de Saint-Quentin : ouverture des fenêtres ornées de pilastres, construction d'une galerie dans la cour et surtout du grand portail de style italien, très nettement inspiré des ouvrages de l'architecte Serlio. On connaît peu de choses sur sa vie, mais on suppose qu'il fut tué au siège de Calais en 1558.

Son fils Antoine II domine l'histoire du château et de la famille. *« Il est le parfait représentant de la "race gothique" évoquée par Ronsard dans un poème fameux : guerrier redoutable, préférant l'action à la négociation, appelé aux plus hautes charges*, raconte encore Bertrand du Vignaud. *Il eut la charge difficile d'être confronté à une période des plus sombres et difficiles de l'histoire de France : celle des guerres de Religion. »* L'historien Francisque Mandet le décrit comme *« petit, laid, irascible, vindicatif et fort souvent de mauvaise humeur... vêtu avec la plus grande simplicité »*. Haut en couleur, il fut nommé gouverneur militaire du Velay et lieutenant du roi en Languedoc par le connétable Anne de Montmorency en 1562. Le roi Henri III lui conféra les charges prestigieuses de gouverneur et sénéchal du Gévaudan et gouverneur du Velay.

Au cours des guerres de Religion, Antoine II devint l'un des chefs du parti catholique et finalement de la Ligue. Ses connaissances dans le domaine de l'artillerie, dont il fut nommé grand maître par la Ligue, l'aidèrent à transformer la demeure de son père en puissante et redoutable maison forte : aménagement d'un glacis au pied des murailles, élévation d'un nouveau donjon pourvu de canonnières... Grâce à lui, Saint-Vidal devint véritablement imprenable, ainsi que le siège de 1591 devait brillamment le prouver.

Le 12 juillet de cette année-là, quelques mois à peine après la mort de son plus célèbre occupant, la forteresse de Saint-Vidal fut en effet assiégée sur ordre d'Henri de Navarre. Jacques de Chambaud, à la tête de 800 hommes, s'étant emparé des canons du fort voisin de Polignac, fit tirer sur elle, du haut des collines avoisinantes, plus de 300 coups de canon. Les impacts et les boulets témoignent, sur les murailles et dans les tours, de la vivacité de la canonnade. Découragée par le manque de vivres et par le nombre des assaillants, la garnison de Saint-Vidal était sur le point de capituler lorsque son commandant, Pierre Portal, apprit que ses soldats seraient tous pendus s'ils se rendaient. Cette nouvelle galvanisa l'enthousiasme des assiégés et encouragea leur chef à refuser toute reddition. Impressionnées par un tel courage et par la solidité des murailles, les troupes de Chambaud levèrent le siège et Saint-Vidal ne fut pas prise.

La forteresse perdit définitivement son rôle militaire au XVIIe siècle : sur ordre de Richelieu, le gouverneur de Languedoc, Henri II de Montmorency, fit enlever les canons qu'elle abritait encore. Dès lors, les siècles passèrent et avec eux les propriétaires successifs (les Rochefort d'Ally, les Porral), chacun réalisant des aménagements et décors intérieurs (boiseries, cheminées, percement de fenêtres...) pour améliorer le confort de la demeure. Des querelles et partages de famille inextricables conduiraient cependant à la vente du domaine à l'évêché du Puy au début des années 1920. Après une relative période d'oubli au XXe siècle, le château a eu la bonne fortune de trouver des acquéreurs qui sauvegardèrent, entretinrent, aménagèrent et meublèrent avec passion ce témoin essentiel du patrimoine auvergnat, depuis la famille Sahy qui en avait fait l'acquisition en 1930, jusqu'à Vianney d'Alançon, lointain descendant d'Antoine de La Tour.

Passionné par le patrimoine, cet entrepreneur dans l'âme s'est lancé avec courage dans la restauration et la renaissance de Saint-Vidal depuis 2016. Pour cela, il a réussi à convaincre les autorités locales de le soutenir, trouver des partenaires, diriger les artisans, susciter du bénévolat et fédérer des passionnés autour d'une association. En dehors d'un certain nombre de salles ouvertes à la visite une vingtaine d'années auparavant, le monument présentait de sérieux problèmes à régler d'urgence avant même de songer à d'autres projets. Afin d'ouvrir la demeure au public sans tarder, Vianney d'Alançon mit en route deux chantiers parallèles : l'un portant sur les travaux d'urgence, l'autre sur la restitution d'éléments disparus. D'abord menés sous la direction de Didier Repellin, architecte en chef des Monuments historiques, puis de Thomas Bricheux, architecte du patrimoine, ces travaux ont été réalisés par des entreprises locales.

Témoin du système de défense remarquable, l'ensemble formé par le donjon et les tours a été restauré avec soin. Parallèlement, la réhabilitation d'une quinzaine de salles a été lancée. Les salons et chambres, datant principalement du XVIIIe siècle, ont été aménagés et meublés pour pouvoir accueillir des hôtes.

Parmi les grandes découvertes du chantier de restauration, une fresque exceptionnelle, datant du XVIe siècle, a été mise au jour dans la salle à manger. Dans la suite Marquis de Rochefort

PHOTOS : © ERIC SANDER.

UNE FEMME À SA FENÊTRE Page de gauche : les galeries voûtées de la cour du château, couvrant deux étages, ont fait l'objet d'un soin tout particulier durant la rénovation de l'édifice. Ci-dessus et ci-contre : parmi les nombreuses belles découvertes qu'a réservées le chantier de restauration, une fresque du XVIe siècle a été mise au jour dans la grande salle à manger.

d'Ally, sous des boiseries, se trouvait de même un décor exceptionnel : des peintures murales dont le décor héraldique (suite d'armoiries parmi lesquelles celles des Saint-Vidal) est daté de la fin du XIIIe siècle. La salle des Croisades, couverte d'un plafond à la française du XVIIe siècle, a été entièrement décorée des armoiries des principales familles d'Auvergne, du Velay et du Gévaudan.

La restitution des galeries de la cour, couvrant deux étages, a été une autre partie importante du chantier, tout comme la restauration de l'ensemble des portails et fenêtres représentatifs du goût de la Renaissance. Enfin, l'inventaire de la forteresse dressé au XVIe siècle après la mort d'Antoine II faisait mention d'une chapelle aujourd'hui disparue. Une nouvelle chapelle a donc été créée.

Le chantier de ce château, classé au titre des Monuments historiques en 1958, « *fut d'une grande complexité technique*, raconte Thomas Bricheux. *Mais grâce au savoir-faire des compagnons, il a représenté une véritable aventure humaine et une expérience passionnante* ». Les travaux ont duré trois ans et ont coûté 5 millions d'euros, financés par des fonds propres, des subventions au titre des Monuments historiques, du mécénat (dont celui des familles Michelin et Dassault*), des prêts de banques.

Vianney d'Alançon a souhaité redonner vie à la forteresse de ses aïeux grâce à une visite du monument, un spectacle immersif et des spectacles nocturnes retraçant l'histoire de l'Auvergne et de la France à Saint-Vidal. Elle est ainsi devenue une attraction touristique importante de la région avec près de 20 000 visiteurs par an, mais aussi un pôle de développement économique local grâce à l'ouverture d'une brasserie et d'une taverne. Enfin, dans le logis sud de la forteresse, sept chambres et suites de luxe sont proposées à la belle saison. « *C'est important que le lieu soit habité le plus possible et cela permet d'assurer un revenu pour aider à l'entretenir* », explique son propriétaire.

De lieu de pouvoir, Saint-Vidal s'est transformé ainsi en lieu de mémoire et de divertissement. « *J'ai toujours considéré le patrimoine comme un moyen de rassembler et d'élever les hommes* », dit Vianney d'Alançon. Saint-Vidal lui aura servi de banc d'essai avant de se lancer dans un chantier d'une tout autre ampleur : celui qu'il poursuit depuis 2019 avec l'aménagement du Rocher Mistral, un parc à thème sur l'histoire de la Provence au château de La Barben.

- **Château et hôtel de Saint-Vidal, Le Bourg, 43320 Saint-Vidal. Rens. : saintvidal.com**

*** Le groupe Dassault est propriétaire du Figaro.**

À LIRE

La Forteresse de Saint-Vidal
Bertrand du Vignaud (textes) et Eric Sander (photos)
Editions de La Martinière
176 pages, 30 €

Par Albane Piot

Les très riches heures du cardinal

A l'occasion de sa réouverture, le musée Jacquemart-André expose une sélection exceptionnelle d'œuvres de la Galerie Borghèse.

GRANDS MAÎTRES
Page de gauche : *Léda et le cygne*, attribué à Giovanni Antonio Bazzi, dit le Sodoma, d'après Léonard de Vinci, avant 1517. Ci-contre : *La Dame à la licorne*, par Raphaël, vers 1506. En haut : *Buste du pape Paul V*, par Gian Lorenzo Bernini, dit le Bernin, marbre vers 1622-1623. C'est le cardinal Scipion Caffarelli-Borghèse, neveu du pape Paul V, qui fut à l'origine, au début du XVIIe siècle, de la somptueuse collection Borghèse à Rome.
Toutes les œuvres présentées dans les pages de cet article font partie de la collection de la Galerie Borghèse, à Rome.

Il est des hasards heureux, et celui qui a permis que la fermeture pour travaux du premier étage de la Galerie Borghèse coïncide avec la réouverture du musée Jacquemart-André n'est pas le dernier d'entre eux. Le musée romain ayant demandé à son homologue parisien de bien vouloir accueillir une partie de ses œuvres, principalement des peintures, le somptueux écrin que conçurent au XIXe siècle Nélie Jacquemart et Edouard André pour abriter leurs propres collections, principalement italiennes elles aussi, expose cet automne une quarantaine des plus grands chefs-d'œuvre de la Galerie Borghèse, des trésors, principalement de la Renaissance et du baroque, rarement prêtés, convoquant aussi bien Caravage que Raphaël, le Bernin, Rubens, Titien, Botticelli, le Dominiquin ou Antonello da Messina.

Intimiste et feutrée, magnifiquement éclairée, l'exposition engage à la contemplation de chaque œuvre, que l'on goûte une par une comme un privilège, une visite longtemps attendue que l'on ferait dans un cadre moins officiel et moins imposant que celui qu'elles ont coutume d'habiter. On y rencontre des œuvres, mais aussi un homme, Scipion Caffarelli-Borghèse (1577-1633). Son oncle maternel, Camille Borghèse, lorsqu'il fut élu pape sous le nom de Paul V, le fit venir à Rome depuis Pérouse où le jeune homme poursuivait ses études, le nomma cardinal et l'autorisa à porter le nom de Borghèse. Scipion devint ainsi, selon l'expression consacrée, cardinal-neveu. Corpulent et jovial, affable et courtois, habile à se faire des amis, il fit au Vatican une brillante carrière dans l'administration et dans la diplomatie.

Surtout, il s'enrichit, considérablement. Esthète, conscient de ce que l'art et le mécénat pouvaient apporter de prestige à sa famille et soutenu par son oncle dans cette visée, il usa de sa fortune pour faire bâtir palais et églises, et constituer l'une des plus brillantes collections privées de l'histoire.

Il fut le protecteur du Bernin, âgé d'à peine 15 ans quand il sculpta *La Chèvre Amalthée avec Jupiter enfant et un faune*, qui ouvre l'exposition au côté du *Buste du pape Paul V* et d'un bronze de *Neptune et un dauphin*. Pour la villa du cardinal, qui abrite la Galerie, le jeune prodige ferait, à 20 ans seulement, les quatre célèbres groupes emblématiques de son génie, à la fois violents et sensuels, réussissant la prouesse de faire vibrer et danser le marbre sous les plafonds dorés des salons. Le même Bernin qui savait aussi manier le pinceau et dont on peut admirer le puissant *Autoportrait à l'âge mur*, en peinture cette fois, et que le baron Otto Messinger offrit à la Galerie Borghèse en 1911, ainsi qu'un *Portrait d'un jeune garçon* acheté par l'Etat italien à Ludovico Chigi Albani della Rovere en 1919.

Sûr de son pouvoir et dénué de scrupules, Scipion Borghèse était prêt à tout pour mettre la main sur toute œuvre qui aurait pu éveiller sa convoitise. Ainsi celles de la collection du Cavalier d'Arpin – plus de cent peintures que Paul V confisqua pour les offrir à son neveu sous prétexte que le peintre possédait illégalement des armes à feu. Parmi elles se trouvaient le *Garçon à la corbeille de fruits* de Caravage, prodigieuse nature morte criante de vérité placée avec poésie dans les bras d'un jeune garçon en blouse blanche, l'épaule nue, des boucles brunes entourant son visage doux, encore poupin.

Du Cavalier d'Arpin lui-même, on admire *L'Arrestation du Christ*, peinte

FRUITS DE L'ESPRIT
Page de gauche : *Garçon à la corbeille de fruits,* par Caravage, vers 1596. Ce tableau, ainsi que *L'Arrestation du Christ* du Cavalier d'Arpin *(en bas, à gauche, 1598),* et une centaine d'autres furent saisis au Cavalier d'Arpin par le pape Paul V, qui le donna à son neveu Scipion. Ci-contre : *La Cène,* par Jacopo Bassano, vers 1546. Ci-dessous : *Concert (Le vol de l'amulette),* par Gerrit van Honthorst, vers 1620-1630.

sur cuivre, que d'aucuns ont considérée comme *« la plus belle œuvre que le Chevalier ait réalisée ».* Tout autour, des œuvres entrées bien plus tard dans les collections de la Villa Borghèse, comme le grand *Concert* de Gerrit van Honthorst, à qui son goût pour le clair-obscur caravagesque avait valu le surnom de « Gérard des Nuits », ou encore la tragique *Cène* de Jacopo Bassano, dont sourd l'inquiétude des apôtres cherchant du regard qui parmi eux pourrait être le traître annoncé par le Christ, lequel nous regarde franchement, pour nous convier, nous spectateurs, à faire notre examen de conscience.

Sans dogme ni programme, Scipion s'intéressait aussi bien à la peinture et à la sculpture de son temps qu'à l'art de la Renaissance italienne, autant florentine que vénitienne, et à l'Antiquité, mêlant entre elles les œuvres et les époques par pur plaisir esthétique et formel, les grands noms aux moins connus, du moment que l'œuvre était belle. Ayant souhaité qu'après sa mort sa collection ne fût pas dispersée, celle-ci passa aux générations suivantes et ne cessa d'être enrichie, comptant à la fin du XVIIe siècle environ 800 tableaux et une collection considérable d'antiquités qui serait achetée par Napoléon et placée entre 1807 et 1808 au musée du Louvre, dont elle fournit encore le Département des antiquités grecques, étrusques et romaines. Parmi les œuvres de l'exposition, une partie a été effectivement choisie par le cardinal, d'autres relèvent des enrichissements postérieurs.

Sur les cimaises du musée, on passe ainsi de Véronèse et son *Saint Jean-Baptiste* répondant aux questions de prêtres et de lévites élégamment vêtus, le doigt pointé vers le Christ qui arrive au loin, si jeune, encore, tandis qu'au premier plan, une femme à genoux, le corsage rose et soyeux et la chemise défaite, ploie vers le petit enfant qui

Pleine de grâce
Ci-contre : *La Vierge à l'Enfant avec saint Jean-Baptiste enfant et six anges*, par Sandro Botticelli, vers 1488-1490. Ci-dessus : *Portrait d'homme*, par Antonello da Messina, vers 1476. Page de gauche : *Sibylle*, par le Dominiquin, 1617. Scipion Borghèse acheta lui-même cette toile au Dominiquin. Le cardinal, connu pour son amour de la musique, était propriétaire d'un traité sur les sibylles, ces figures légendaires de la mythologie classique, qui transmettaient par leurs chants les prophéties divines aux hommes.

l'agrippe, au symbolisme sinueux et foisonnant d'un tondo de Botticelli, *La Vierge à l'Enfant avec saint Jean-Baptiste enfant et six anges*. Souveraine, la *Dame à la licorne* de Raphaël, placée à mi-corps devant le parapet d'une loggia, séduit par l'élégance de sa mise et de sa posture.

De Florence et Venise, on passe à Ferrare et Bologne, et au goût que Scipion nourrissait pour le fantastique et le mystère. C'est lui qui acheta au Dominiquin sa ravissante *Sibylle*, dont il inspira peut-être la composition, car on sait son amour de la musique, et aussi qu'il possédait un traité du XVIIe siècle sur les sibylles, ces figures légendaires de la mythologie classique qui chantaient aux hommes les prophéties qu'elles recevaient des dieux. Richement vêtue, assise devant une viole de gambe, la jeune femme tient une partition et un livre ouvert, les lèvres entrouvertes, comme prête à chanter. A l'arrière-plan, on distingue des feuilles de laurier, associées à Apollon, dieu de la musique et des arts, et des feuilles de vigne, associées, elles, à Bacchus, symboles de l'inspiration divine et terrestre. Dans la galerie de portraits qui suit, on s'arrête, médusé toujours par le talent supérieur d'Antonello da Messina devant son *Portrait d'homme*, de trois quarts sur un fond sombre, le vêtement rouge, le sourire légèrement esquissé, les yeux plantés dans les nôtres.

Esthète, Scipion l'était aussi dans son appréciation de l'art religieux, que la Contre-Réforme a rendu foisonnant, voire grandiloquent, et qui se sécularise un peu en pénétrant les salons autant que les églises. La Vierge de *L'Adoration des bergers* de Jacopo Bassano a des sinuosités presque maniéristes, inclinée avec élégance moins sur

EXPRESSIONS CORPORELLES Ci-contre : *L'Adoration des bergers*, par Jacopo Bassano, XVIe siècle. En bas : *Suzanne et les vieillards*, par Pierre Paul Rubens, 1606-1607. Page de droite : *La Flagellation du Christ*, par Titien, vers 1568. L'œuvre, acquise sans doute en 1608, faisait partie de la toute première collection du cardinal Scipion Borghèse.

l'Enfant Jésus qu'elle porte que sur l'agneau, qui tient la première place au centre du tableau, figure de l'Agneau pascal, anticipation du sacrifice de la Croix. L'art alors explorait avec un intérêt renouvelé la représentation du corps humain, des émotions et de l'érotisme. La *Suzanne* de Rubens joue sur le contraste entre le corps nu, baigné de lumière, le visage effrayé et les joues

empourprées de la jeune femme, et les grimaces grotesques des vieillards libidineux. Le Christ flagellé de Titien, au torse athlétique portant la trace des coups, redresse la tête, héroïque. Le *Judith et Holopherne* de Baglione met l'accent sur la violence du drame.

S'ensuit, sur le modèle de la salle des Vénus qui exista au rez-de-chaussée du palais Borghèse, à Rome, dans le quartier du Champ de Mars, du temps de Giovanni Battista Borghèse (1639-1717), une réunion de beautés plus ou moins sensuelles ou lascives, où la *Vénus avec deux amours* d'Andrea Piccinelli, élégante et raffinée, l'*Amour et Psyché* de Jacopo Zucchi, résolument érotique et sophistiquée, *Léda et le cygne* d'après Léonard de Vinci, les ravissantes *Léda* et *Lucrèce* de Michele Tosini, et même une copie de *La Fornarina* de Raphaël, forment un cortège de beautés rares de part et d'autre de la splendide *Vénus bandant les yeux de l'Amour* de Titien.

Ces œuvres, acquises par Scipion ou par ses successeurs, étaient disposées soit au palais du Champ de Mars, résidence principale des Borghèse, soit dans la somptueuse villa que Scipion s'était fait construire sur la colline du Pincio, véritable musée avant la lettre qui toujours attira les foules. A l'entrée, le cardinal avait fait poser une plaque avec cette inscription destinée au visiteur : *« Ito quo voles, petito quae cupis, abito quando voles »* (« Va où tu veux, demande, cherche ce que tu aimes et repars quand tu veux »). Voilà les dispositions qu'exige aussi l'exposition du musée Jacquemart-André : qu'on y vienne en esthète, silencieux, méditatif, moins pour apprendre que pour goûter et se laisser subjuguer par tant de beauté.

« Chefs-d'œuvre de la Galerie Borghèse », jusqu'au 5 janvier 2025. Musée Jacquemart-André, 158, boulevard Haussmann, 75008 Paris. Taris : 18 €/9,50 € (7-25 ans). Tous les jours, de 10 h à 18 h. Rens. : musee-jacquemart-andre.com

À LIRE

Catalogue de l'exposition
Fonds Mercator Editions
208 pages
35 €

TRÉSORS VIVANTS

Par Sophie Humann

Il était un Petit Navire

A Honfleur, l'élite des charpentiers reconstruit le bateau qui conduisit Guillaume le Conquérant en Angleterre.

© LA PROD EST DANS LE PRÉ. © MANUEL COHEN/AURAURIMAGES. © CLUB PHOTOS HONFLEUR.

TOUTES VOILES DEHORS Ci-dessus : mars 2024, dans l'ancienne friche de Honfleur, les charpentiers viennent de commencer à équarrir à la hache la grume qui va devenir la quille de *La Mora*. Cette longue pièce de chêne sans aucun nœud, très rare, provient de la forêt de Bellême, dans le Perche. Le bateau de Guillaume, d'origine viking *(page de gauche)*, est représenté sur la tapisserie de Bayeux, réalisée entre 1066 et 1083 *(en bas)*.

Ils s'étaient rassemblés le 1er août 1066 dans l'estuaire de la Dives, dont la baie mordait la terre normande plus profondément qu'aujourd'hui. Ils avaient 776 bateaux de toute taille, peut-être davantage, et 7 000 à 8 000 hommes, plus les chevaux, tous accourus, de gré ou de force, pour suivre Guillaume jusqu'en Angleterre. L'Anglo-Saxon Edouard le Confesseur avait fait, disait-on, du jeune duc normand son héritier. Hélas, à peine le vieux roi avait-il fermé les yeux, le 5 janvier précédent, que Harold, l'un des principaux barons du royaume, s'était fait couronner, malgré sa promesse de soutenir Guillaume. Le duc de Normandie venait donc de réunir en un temps record une armée de chevaliers et une flotte capable de traverser la Manche pour conquérir ce trône qui lui revenait de droit. Tous les seigneurs et les ecclésiastiques normands avaient participé.

D'après la *Ship List* conservée à la Bodleian Library d'Oxford et copiée au XIIe siècle sur la liste originale, probablement rédigée à l'abbaye de Fécamp entre 1067 et 1072, les demi-frères du duc – Odon, l'évêque de Bayeux, et Robert de Mortain – avaient fourni respectivement 100 et 120 navires. L'abbaye de Saint-Ouen, à Rouen, n'en avait offert que 15, mais elle avait envoyé 100 chevaliers. Quelques semaines plus tard, la flotte, après une escale à Saint-Valery-sur-Somme, débarquait sur la côte anglaise désertée par les troupes de Harold, parties au nord combattre le roi norvégien Harald. La suite, c'est la bataille de Hastings, le 14 octobre 1066 et la conquête de l'Angleterre…

Le plus grand des navires de cette flotte normande, c'était celui que la duchesse Mathilde avait offert à Guillaume – un *eschei* (*skeid*, en norrois), long bateau d'origine viking, dont la *Ship List* nous apprend le nom : *La Mora*, anagramme, sans doute, du mot « amour ». En avril dernier, la construction d'une réplique de ce bateau historique a démarré dans une ancienne friche en face du bassin de Honfleur, pour le bonheur des visiteurs, invités à suivre ce chantier d'archéologie expérimentale entièrement exécuté à la main avec des reproductions d'outils du XIIe siècle. François Neveux, ancien professeur à l'université de Caen et spécialiste de l'histoire médiévale normande, fait partie du comité scientifique du projet avec Pierre Bouet, expert de l'histoire normande et anglo-normande de langue latine, Eric Barré, de l'histoire maritime, ou Sophie Poirey, familière des arcanes du droit coutumier normand.

« Aucun vestige ni plan de La Mora *n'est parvenu jusqu'à nous, et pourtant les charpentiers vont réussir à construire un navire très proche de l'original,* affirme-t-il. *Nous possédons une représentation de* La Mora *sur la scène 38 de la tapisserie de Bayeux. Les chroniques de Guillaume*

de Poitiers et d'Orderic Vital permettent en effet de l'identifier, parmi les bateaux brodés, grâce à la description de sa lanterne au sommet du mât et d'un enfant debout qui montre l'Angleterre. D'après Guillaume de Poitiers le bateau de Guillaume était si rapide qu'à son arrivée en Angleterre, il crut avoir perdu le reste de la flotte ! »

La tapisserie de Bayeux apporte également des éléments historiques sur les techniques de construction des bateaux et les outils dans sa scène 36, où l'on voit des hommes en train d'équarrir (soit rendre carré) des troncs d'arbres avec des doloires, des haches, des herminettes. Le comité scientifique s'est aussi documenté auprès du musée d'Oslo, en Norvège, qui contient des vestiges de navires de l'époque viking du IXe siècle, mais surtout du musée-chantier de Roskilde, au Danemark, qui abrite les restes de cinq navires (les *Skuldelev*) contemporains de *La Mora*, trouvés au fond du fjord en 1962, et leurs répliques.

L'idée de restituer le bateau de Guillaume le Conquérant est venue à Alain Bourdeaux, avocat et marin passionné, attaché depuis plusieurs années à la Normandie, qui s'était impliqué dans l'aventure de *l'Hermione*, la reconstitution du navire sur lequel La Fayette traversa l'Atlantique pour rejoindre les insurgés américains. En 2018, il a créé une association, lancé la recherche de financement et les études. Il a réuni les historiens et l'architecte de marine Marc Ronet, qui a rédigé un avant-projet détaillé pour *La Mora*. Alain Bourdeaux est parvenu à convaincre les banques et les collectivités locales du bien-fondé de son projet et le département du Calvados de mettre à la disposition de l'association l'ancienne friche industrielle de la jetée Est abandonnée, idéalement située face au bassin de Honfleur, dont la réhabilitation a commencé en 2022.

Jean-Marie Rousseau a remplacé Alain Bourdeaux, mort en 2022. Il se montre particulièrement attaché à la vocation pédagogique et sociale du projet, qui comporte un café et quatre salles où toute l'histoire maritime de la région est évoquée avec soin, dans une scénographie immersive au décor magnifique. *« Nous voulons apprendre aux jeunes les fondements de la Normandie,* explique-t-il. *Nous souhaitons accueillir largement les familles, le public scolaire. Et puis, surtout, nous avons une politique d'insertion des jeunes en difficulté. Nous voulons les aider, leur proposer des emplois. Ce sont ainsi des élèves de la Fondation des Apprentis d'Auteuil qui ont construit la forge du chantier.* »

Juste à côté de la forge, sous une grande halle, une dizaine de compagnons charpentiers travaillent donc en alternance devant le public, sous la direction de Yannick Begoc, fils et petit-fils de charpentiers de marine depuis huit générations et responsable des chantiers navals Bernard, spécialisés dans la construction et la restauration de bateaux en bois. Etablis à Port-en-Bessin, dans le Calvados, et à Saint-Vaast-la-Hougue, dans la Manche, ils se sont associés pour l'occasion au chantier naval du Poudreux à Honfleur. *« C'est un chantier très différent de celui de* l'Hermione, *sur lequel j'ai travaillé en 2009-2010,* reconnaît le charpentier. *Nous avions beaucoup d'informations et construisions avec des moyens modernes. Ici, nous utilisons des techniques et des outils identiques à ceux du XIe siècle. Tout est particulier. On réapprend tout, y compris à travailler avec la nature…* »

Le défi le plus important de ce chantier, c'est en effet la recherche des bois. Les charpentiers vont eux-mêmes chercher dans les forêts avoisinantes les chênes dont ils ont besoin. Celui dont ils ont déjà tiré la longue pièce qui sert de quille au navire provient de la forêt de Bellême, dans l'Orne, gérée par l'ONF. Parmi les collaborateurs du projet de restitution de *La Mora*, il y a en effet Loïc Desmonts, qui dirige aujourd'hui les ateliers du même nom fondés dans l'Eure il y a dix-sept ans par son père Rémy. Les ateliers Desmonts, spécialisés dans l'équarrissage et la taille à la main, viennent de reconstruire la charpente médiévale de la nef de Notre-Dame de Paris et ont déjà travaillé avec l'ONF pour trouver les bois nécessaires.

« Comme à Notre-Dame, nous travaillons sur du bois vert, fendu dans le sens de la longueur, ce qui signifie qu'il ne doit pas avoir un défaut, explique-t-il. *Un seul nœud rend le bois impossible à ouvrir. Le point faible du bois, ce sont les rayons nodulaires. Nous fendons de manière qu'ils soient parallèles à la forme de la planche. Puis nous plantons les clous perpendiculairement à ces rayons. Pour la quille, nous avions besoin d'une pièce de 22 m de long. Nous l'avons trouvée sur un chêne de deux cents ans, dans la haute futaie, sur une parcelle qui est une véritable réserve du patrimoine : elle vient également de fournir une pièce pour la cathédrale de Beauvais en cours de restauration !* »

D'autres pièces du bateau, celles des membrures, plus petites et cintrées, seront recherchées dans des forêts privées comme celle de Saint-Gatien, gérées sur le mode du taillis sous futaie, où les troncs des chênes sont plus petits mais les houppiers plus imposants.

La construction d'un bateau de type viking se déroule en trois étapes. La première consiste à fabriquer la charpente axiale : une longue pièce de bois carrée pour la quille, ce que font actuellement les charpentiers, ainsi que les deux étraves. Les bordages (planches) seront ensuite fixés à clin (c'est-à-dire en débordant les uns sur les autres comme des tuiles) sur la quille avec des rivets forgés à la main. L'intérieur sera tapissé de 40 pièces de chêne, les varangues. Il ne restera plus qu'à faire les trous pour les rames, à tisser la voile et à enduire le bateau pour le rendre étanche. Avec ces embarcations légères, rapides grâce à leur double énergie, à voile et à rames, qui pouvaient facilement être hissées sur les plages et remonter les fleuves, les Vikings avaient conquis toutes les mers du Nord.

Sur le chantier, Yannick, Loïc ou Mike Dennis, un charpentier britannique qui a aussi travaillé à la charpente de Notre-Dame, viennent prendre des conseils auprès de Thomas Finderup, un Danois qui a construit depuis vingt ans une dizaine de navires du même type que *La Mora* et connaît extrêmement bien les vestiges de bateaux du XIe siècle retrouvés à Roskilde. Thomas Finderup vient un mois sur deux à Honfleur avec sa valise pleine d'outils – herminette, haches, doloires… – semblables à ceux qui sont représentés sur la tapisserie de Bayeux et avec lesquels il travaille depuis des années. « *J'ai beaucoup travaillé en Norvège*, raconte-t-il, *où les charpentiers construisaient encore couramment ce type de bateaux jusqu'à la Seconde Guerre mondiale, mais jamais je n'ai fait de bateau aussi grand que* La Mora *: 35,5 m sur 5,5 m. Il faut être précis au millimètre près quand nous taillons les râblures, ces entailles qui viennent recevoir les premières planches de chaque côté de la quille, car les angles changent. Nous comparons tout le temps avec les gabarits.* »

Les charpentiers débordent d'imagination pour fabriquer leurs outils eux-mêmes sur le chantier : tarières, cuillères, maillets, rabots semblables à ceux du Moyen Age sont sculptés dans les chutes de bois une fois les grumes équarries. Mike, qui a passé des milliers d'heures à observer les photos de l'ancienne charpente de Notre-Dame pour comprendre les traces d'outils laissées par les compagnons du Moyen Age, a mis au point des prototypes et fabriqué un tour à bois. Les clous et les têtes de haches sont forgés sur place par Antonin Decreux, coutelier et ferronnier d'art dans le Berry, qui s'inspire aussi d'outils retrouvés en Suède en 1936 dans un coffre de l'époque viking, au fond d'une tourbière à Mästermyr, dans le Gotland.

Si le public est au rendez-vous pour que le budget du chantier soit bouclé en 2027, la nouvelle *Mora* sera mise à l'eau dans le cadre des festivités du millénaire de la naissance de Guillaume le Conquérant. Et si le bureau Veritas donne son accord pour sa navigation, en 2030, elle traversera la Manche à son tour.

LE LONG DES FJORDS CLAIRS
Page de gauche : Thomas Finderup a bâti plusieurs bateaux vikings, dont le *Sea Stallion from Glendalough*, naviguant ici devant les falaises de Douvres. C'est une réplique du *Skuldelev 2*, reconstitué d'après une épave trouvée en 1962 dans un fjord du Danemark. La flotte de Guillaume (*ci-contre, scénographie immersive à Honfleur*) était composée de tels bateaux.

AVANT, APRÈS

Par Vincent Trémolet de Villers

Mélancolie européenne

Selon Albert Speer, l'architecte du IIIe Reich, quand, en février 1942, Berlin a appris le suicide de Stefan Zweig et de son épouse, le petit monde nazi a fêté la fin tragique de l'auteur du *Monde d'hier* comme une victoire politique. Hideuse satisfaction des barbares comme oraison funèbre. Quelques semaines plus tôt, l'écrivain en exil au Brésil s'était rendu à Barbacena, dans la ferme de la Croix-des-Ames où vivait depuis des années Georges Bernanos. « *Le romancier des ténèbres* » face à l'écrivain des Lumières, le catholique à la réputation d'antisémite devant le Juif fuyant le nazisme. De cette entrevue, nous ne savons rien, mais voilà plus de vingt ans qu'elle hante Sébastien Lapaque. L'écrivain, critique littéraire au *Figaro*, a grandi depuis son plus jeune âge à l'ombre de Bernanos. Cette passion en a déclenché une autre, celle du Brésil, un pays comme une promesse qui tient dans ses bras grands ouverts les couleurs, le mouvement, les sensations, les lumières, le rythme, les saveurs qui réchauffent l'existence. D'académie littéraire en monastère jésuite, Sébastien Lapaque a enquêté pour tenter de percer le mystère de cette conversation. Il s'est plongé dans l'œuvre de Zweig et dans les milliers de pages de sa correspondance. Son livre n'est ni un essai ni un roman, c'est une méditation puissante et pénétrante sur ses admirations.

À LA CROISÉE DES ÂMES Dans une méditation puissante, Sébastien Lapaque évoque la visite que, début 1942, Stefan Zweig *(à gauche)*, fuyant le nazisme, rendit à Georges Bernanos *(à droite)* dans sa ferme de la Croix-des-Ames au Brésil.

Quand il sait, Sébastien Lapaque se fait précis ; quand il ne sait pas, il invente. Un dialogue imaginaire entre Zweig et Bernanos scande le livre. Dialogue incisif, profond, nourrissant. On y retrouve l'Autrichien, veste claire, cravate nouée, qui maintient, dans ses gestes et ses mots, les formes révolues de la *Mitteleuropa*. Face à lui, œil de feu, jambes meurtries par un accident de moto, l'écrivain des âmes qui ne décolère pas contre l'Allemagne, Vichy, les écrivains : « *J'ai acheté deux cents vaches*, écrit vraiment Bernanos, *et gagné, du même coup, le droit de ne plus me dire "homme de lettres" mais vacher, ce qui me paraît bien préférable.* » Sa vision est celle d'un monde qui a définitivement basculé dans des guerres sans fin parce que sans but : « *On ne se battra pas pour une foi, mais par rage de l'avoir perdue, d'avoir perdu toute noble raison de vivre, et dans le frénétique espoir d'anéantir, avec l'adversaire, le principe même du mal dont on aura oublié la cause.* » L'agnostique l'interroge sur sa foi. « *C'est une larme tombée du ciel* », répond Bernanos ; « *une goutte d'espérance dans un océan de doute* », reprend Zweig. Le doute étreint l'exilé et le désespoir le dévore quand il voit, au Brésil même, des milliers d'Allemands pavoiser leur maison du drapeau à la croix gammée. A des milliers de kilomètres de l'Autriche, il n'est pas à l'abri. Le nazisme comme devenir du monde entier, telle est l'angoisse de Stefan Zweig.

Après sa mort, de nombreuses enquêtes biographiques chercheront la piste d'un assassinat de la Gestapo maquillé en suicide. Sébastien Lapaque n'épouse pas cette hypothèse. Sa recherche est spirituelle. C'est dans les psaumes communs aux juifs et aux catholiques que Bernanos et Zweig se retrouvent. Exhumant de l'œuvre foisonnante de l'Autrichien deux nouvelles – *Dans la neige* et *Le Chandelier enterré* – qui témoignent de l'attachement de l'écrivain à la religion juive, relevant sa présence à la synagogue quelques semaines avant sa mort, signalant le livre de prières posé sur la table de nuit de son épouse, Sébastien Lapaque cherche dans la mystique la dernière quête de Stefan Zweig. « *Le monde de mon langage a disparu pour moi et ma patrie spirituelle, l'Europe, s'est détruite elle-même* », laisse-t-il comme explication avant de mourir. Avait-il cherché, secrètement, jusqu'au bout, à ouvrir les portes du ciel, lui qui écrivait quarante ans plus tôt : « *Merveilleuse est la prière. Par sa grande promesse, elle endort la peur, par ses litanies psalmodiées, elle assoupit les tourments de l'âme, et sur son aile murmurante, elle élève les cœurs lourds jusqu'à Dieu…* »

À LIRE

Echec et mat au paradis
Sébastien Lapaque
Actes Sud
336 pages
22,50 €